Jorge und Demián Bucay

# Eltern und Kinder

Vom Gelingen einer
lebenslangen Beziehung

Aus dem Spanischen
von Lisa Grüneisen

S. FISCHER

MIX
Papier aus verantwortungsvollen Quellen
FSC® C083411
FSC
www.fsc.org

Erschienen bei S. FISCHER

Die Originalausgabe erschien 2015 unter dem Titel
*El difícil vínculo entre padres e hijos*
bei Editorial del Nuevo Extremo, S. A., Buenos Aires

Die Übersetzung folgt der Ausgabe *Padres e hijos.*
*Herramientas para cuidar un vínculo fundamental*,
erschienen bei RBA Libros, S. A., Barcelona 2016.

Satz: Fotosatz Amann, Memmingen
Druck und Bindung: CPI book GmbH, Leck
Printed in Germany
ISBN 978-3-10-397286-3

# Inhalt

# Danksagung


Fabiana,
erste Leserin, unbestechliche Korrektorin
und unschätzbare Stütze.

Den Patienten,
die uns die Erlaubnis gaben, ihre Geschichten
in diesem Buch zu veröffentlichen.

José Rehin,
wie immer.

Hugo Dvoskin,
der so großzügig mit seinem Wissen
und seiner Anerkennung ist.

Meinen Kindern,
Wegweisern für meine Einstellung zum Elternsein
und unfreiwilligen Leidtragenden meiner Mängel
auf diesem Feld. (D. B.)

Claudia
und ihrer wunderbaren Familie. (J. B.)

# Vorwort

Ein gemeinsames Buch zu schreiben ist keine einfache Angelegenheit. Es bedeutet, Kompromisse zu finden oder, falls das nicht möglich ist, unterschiedliche Ansichten in gegenseitigem Respekt beizubehalten.

Es bedeutet auch, eine Arbeitsweise zu finden, bei der das, was da entsteht, vom einen zum anderen fließen und sich in diesem Fluss verändern kann.

Während der Arbeit an diesem Buch stellten wir erfreut fest, dass die Aufgabe, die wir uns gestellt hatten, exakt die Richtung nahm, die es brauchte, um eine Beziehung zwischen zwei Menschen zu schaffen.

Man kann nur dann von einer Beziehung sprechen, wenn aus der Begegnung zwischen dir und mir etwas Neues entsteht. Ein *Wir*, das sich vom Dir und vom Mir unterscheidet.

Als Therapeuten wissen wir, dass der Einzelne in einer gesunden Beziehung niemals vollständig in diesem *Wir* aufgeht. Ganz im Gegenteil werden das *Ich* und das *Du* respektiert und verstärkt.

In jeder gesunden Beziehung gibt es diese drei Instanzen: *ich, du, wir*. So auch in diesem Buch.

Deshalb findest du hier drei Arten von Texten. Einige stammen aus der Feder von Demián; darin erzählt er von den Erfahrungen mit seiner eigenen Familie und schildert seine Gedanken dazu. Andere sind in Gemeinschaftsarbeit entstanden – vierhändig und zweimündig sozusagen. Sie sind das Ergebnis von manchmal mehr, manchmal weniger kontroversen Gesprächen, die wir über die Inhalte und Zielsetzungen dieses Buches geführt haben. Einige wenige habe ich allein geschrieben. Es sind meine bescheidenen Anmerkungen und Überzeugungen, die vermutlich nicht immer die Zustimmung meines Sohns finden. Sie sind aus der Perspektive von dreißig Jahren mehr Lebenserfahrung geschrieben, einer Lebenserfahrung, die er irgendwann auch haben wird … In dreißig Jahren!

Vielleicht fragst du dich beim Lesen, aus wessen Feder was stammt. Deshalb haben wir unterschiedliche Typographien benutzt, die folgende, wenn ein Text von Demián stammt, und wieder eine andere, wenn ich spreche. Allerdings würden wir uns wünschen, dass beim Lesen irgendwann in den Hintergrund tritt, welcher Autor gerade spricht, und dass du dich auf deine eigene Leseerfahrung konzentrierst, um herauszufinden, was dir weiterhilft und was nicht.

*Eines Tages verschwand der große und weise Laotse aus dem Tempel, in dem er täglich zu Tausenden Schülern sprach, die in den Gärten saßen und begierig seinen Worten lauschten. Wochenlang suchten seine treuesten Schüler die Umgebung ab und sandten schließlich Boten aus, die in ganz China nach ihm Ausschau halten sollten. Doch alle Bemühungen blieben vergeblich. Niemand wusste, wohin er gegangen war und warum. Keiner hatte ihn gesehen.*

*Einige Monate später wartete ein Händler am Ufer des Min-Flusses auf die Fähre, die ihn auf die andere Seite bringen sollte. Es wurde schon dunkel, als der Fährmann mit seinem einfachen Kahn anlegte und ihm die Hand reichte, um ihm an Bord zu helfen. Der Reisende gab ihm eine Münze und machte es sich für die Überfahrt bequem. Der alte Fährmann nahm das Geld entgegen, steckte es in seine Tasche, nickte zum Dank und machte dann die Leinen los.*

*Der Fluss floss ruhig dahin, und am Himmel prangte ein riesiger, strahlender Mond, der zum Reden einlud. Vielleicht begann der Reisende deshalb, von seinen Sorgen zu erzählen, von seiner Familie, den halbwüchsigen Kindern, seinen Geschäften. Der Fährmann hörte aufmerksam zu und machte so kluge Bemerkungen, dass der Reisende staunte.*

*Als sie das andere Ufer erreichten, gab der Mann dem Fährmann eine weitere Münze für seine Ratschläge, die dieser demütig annahm. In diesem Moment sah der Reisende zum ersten Mal das Gesicht des Mannes, der ihn über den Fluss gerudert hatte, und erkannte ihn.*

*»Du!«, rief er. »Du bist Laotse! Was machst du hier? Halb China ist auf der Suche nach dir. Deine Schüler sind verzweifelt und wollen sich nicht damit abfinden, dass sie auf deine täglichen Unterweisungen verzichten müssen.«*

*»Ohne es zu wollen, war ich auf einmal berühmt geworden«, sagte Laotse. »Die Menschen strömten von weit her herbei, um Rat und Hilfe zu suchen. Dass mir der Ruf eines weisen, erleuchteten Mannes vorauseilte, hatte zur Folge, dass die Wahrheit, die aus meinem Mund kommen mochte, hinter die Tatsache zurücktrat, dass ich es war, der sie aussprach.«*

*Der Reisende begriff immer noch nicht, warum Laotse weggegangen war, und sagte vorwurfsvoll:*

*»Aber Meister, wir können nicht auf dich und deine Weisheit verzichten. So viele dürsten nach deinen Worten, deinem Licht, deinen Ratschlägen.«*

*Laotse lächelte und sagte:*

*»Ich sage immer noch dieselben Dinge wie früher im Tempel, und auf den, der sie hört, haben sie wohl dieselbe Wirkung. Aber wenn dieser Jemand jetzt nach Hause kommt und erzählt, welche Erkenntnis er getroffen hat, sagt er nicht mehr voller Stolz, dass er das von Laotse gehört hat, sondern er sagt einfach: ›Das hat mir ein Fährmann erzählt.‹«* J. B.

# I

# Was heißt das: Eltern sein?

## Von Wichtigem und Nebensächlichem

Bevor wir in diesem Buch über die Eltern-Kind-Beziehung sprechen, soll zunächst geklärt werden, was eine solche Beziehung überhaupt ausmacht. Was ist das Wesen des Elternseins? Was macht diese Rolle aus? Wie wird man zur Mutter oder zum Vater?

Um das zu definieren, muss man zunächst das Wesentliche vom Nebensächlichen unterscheiden – also das, was das Elternsein wirklich ausmacht, und das, was dazugehören kann, aber nicht muss.

Zur besseren Veranschaulichung möchte ich folgende Geschichte erzählen, in der es, passend zum Thema, um meinen jüngsten Sohn geht.

Der Kleine, ein niedlicher, blondgelockter Engel (diese Beschreibung ist natürlich absolut objektiv!), konnte noch nicht sprechen, da hatte er schon gelernt, sich das Handy ans Ohr zu halten und so zu tun, als würde er telefonieren: »Aaaa?«

Allerdings machte er anfangs dasselbe auch mit der Fernbedienung. Klare Sache: ein schwarzes, rechteckiges Ding mit vielen Tasten, ungefähr handtellergroß. Natürlich kapierte er bald, dass die Fernbedienung etwas anderes war, und begann damit vor dem Fernseher herumzufuchteln, statt sie sich ans Ohr zu halten. Zu dieser

Zeit bekam er ein Spiderman-Spielzeugtelefon geschenkt. Dieses Spielzeugtelefon war rot, kleiner als ein echtes Telefon und ließ sich zuklappen (niemand bei uns zu Hause benutzt noch ein Klapphandy). Trotzdem klappte er es sofort auf und drückte auf den Tasten herum, worauf ein Klingelton und eine Stimme ertönten, hielt es sich ans Ohr und sagte klar und deutlich: »Aaaa?« Woher wusste der Kleine, dass dies ein Telefon war? Offensichtlich begriff er, dass ein Telefon weder schwarz noch handtellergroß noch rechteckig sein musste, noch musste es Tasten haben, aber es musste klingeln und eine Stimme ertönen. Das heißt, er unterschied das Wesentliche vom Nebensächlichen. Und er lag richtig: Ich habe Telefone in Form eines Fußballs gesehen, und Handys mit Touchscreen haben keine Tasten, aber alle klingeln und »sprechen«. Genau darin besteht das »Prinzip Telefon«. Darin liegt das Wesentliche; alles andere, ganz gleich, wie üblich es ist, sind Nebensächlichkeiten. Anders gesagt: Wenn du nicht klingelst und man nicht durch dich sprechen kann, bist du kein Telefon, tut mir leid.

Was also ist das Wesentliche am Elternsein? Was genau macht uns zu Eltern? Um diese Frage zu beantworten, greifen wir in gewisser Weise auf dieselbe Methode des Abgleichens zurück, die der Kleine aus der Geschichte anwendet, um herauszufinden, was ein Telefon ist und was nicht.

Im Jahr 2010 kam der US-amerikanische Film *The Kids Are Allright* in die Kinos, in dem eine der Figuren zwar der Vater ist, seiner Rolle aber nicht gerecht wird, und eine andere zwar nicht der Vater ist, aber dessen Position einnimmt. In dem Film geht es um die Frauen Nic und Jules, ein lesbisches Paar, und um ihre beiden Kinder, die achtzehnjährige Joni und den fünfzehnjährigen Laser. Gleich am Anfang erfahren wir, dass beide durch künstliche Befruchtung aus dem Samen ein und desselben Spenders entstanden sind (Hollywood eben!).

Laser, der gerade diese Phase des Erwachsenwerdens durchlebt, in der man auf der Suche nach sich selbst ist, möchte Kontakt zum biologischen Vater herstellen und überredet seine Schwester Joni, bei der Samenbank anzurufen und nach den Angaben zu fragen, weil man dafür volljährig sein muss. Joni gibt schließlich nach, nicht ohne zu betonen, dass sie es nur für ihn tut.

Wie sich herausstellt, ist Paul, der Samenspender, ein ziemlicher Kindskopf. Er fährt Motorrad, führt ein improvisiertes Bio-Restaurant und hat häufig wechselnde Beziehungen. Aber Jonis Anruf macht ihn neugierig, und er beschließt, sich mit den beiden zu treffen.

Die Begegnung ist für beide Kinder aufwühlend, auch wenn sie unterschiedlich reagieren. Während Laser, der hohe Erwartungen hatte, keine Gemeinsamkeiten mit seinem biologischen Vater erkennen kann, fühlt sich Joni von Pauls Freigeist angezogen. Als Jules und Nic von dem Treffen ihrer Kinder mit ihrem biologischen Vater erfahren, beschließen sie, Paul ebenfalls kennenzulernen.

Zunächst sind alle durcheinander. Laser hatte gehofft, durch Paul die männliche Seite zu entdecken, die er vermisst, Joni sieht in ihm die Projektion ihres Wunschs, sich von ihren Müttern abzunabeln, Nic fühlt sich in ihrer Autorität bedroht, und Paul selbst glaubt, dies sei die Gelegenheit, endlich Vernunft anzunehmen.

Am Ende enttäuscht Paul alle, inklusive sich selbst. Es wird klar, dass er der Situation nicht gewachsen ist, weil er eben nicht der Vater der Kinder ist, ganz gleich, wie viele Gene sie teilen.

Ein aufschlussreiches Gespräch zwischen ihm und Laser nimmt diesen Schluss bereits vorweg:

»Kann ich dich was fragen?«, sagt Laser.

»Klar.«

»Wieso hast du Samen gespendet?«

Das ist eine ganz entscheidende Frage. Man kann sich vorstellen, wie der Junge sie jahrelang mit sich herumgetragen hat, um sie genau in diesem Moment seinem biologischen Vater zu stellen. Paul versucht sich mit einem Witz herauszureden:

»Na ja, ich dachte, es macht mehr Spaß als Blut spenden.«

Aber Laser lacht nicht. Er will eine richtige Antwort.

»Ich hatte Leuten damit helfen wollen«, sagt Paul schließlich. »Weil sich viele Menschen zwar Kinder wünschen, aber es geht nicht …«

Es ist ein netter Versuch, aber Laser ist nicht überzeugt und hakt nach:

»Wie viel hast du dafür gekriegt?«

»Wieso willst du das wissen?«, fragt Paul zurück.

»Ich bin nur neugierig.«

Aber wir ahnen, dass es nicht nur Neugier ist. Als pubertierender Teenager lautet die Frage für Laser: Was bin ich wert?

»Der Satz war sechzig Dollar pro Becher«, sagt Paul schließlich.

»So wenig?«

»Das war viel Geld für mich«, entschuldigt sich Paul, »und mit der Inflation wären das heute neunzig Dollar …«

Aber natürlich ist Pauls Antwort nicht zufriedenstellend. Laser sucht in der Biologie nach Antworten auf Hunderte von Fragen, die sich nicht durch die Gene beantworten lassen, sondern nur mit dem Herzen. Auch Joni hat Paul zum Abschied etwas mitzugeben. Keine Frage, keinen Vorwurf, sondern einen Satz, der von ganz tief drinnen kommt. Sie sagt:

»Ich hätte mir nur gewünscht, du wärst … besser.«

Besser.

Wie, besser?

Sicherlich ein besserer Vater!

Es ist eine Erwartung, die Paul nicht erfüllen kann. Nicht

weil er ein schlechter Mensch wäre. Er wirkt eher wie jemand, der vor einer Herausforderung steht, die er sich nicht ausgesucht hat und auf die er nicht vorbereitet ist. Er wird einfach ins kalte Wasser geworfen und bekommt gesagt: »Los, jetzt sei mal Vater.« Niemand, der bei klarem Verstand ist, würde mit etwas anderem rechnen als mit krachendem Scheitern.

Was folgern wir daraus?

Die Tatsache, dass Kinder die Erbinformationen ihrer Eltern in sich tragen, sie also »vom selben Blut sind«, ist ohne Frage ein wichtiger Aspekt der Elternschaft (nicht umsonst gibt es DNA-Tests, um eine Elternschaft juristisch nachzuweisen). Aber »wichtig« heißt eben nicht zwingend »notwendig«. Biologische Verwandtschaft macht uns nicht automatisch zu Müttern oder Vätern, und umgekehrt hindert uns ihr Fehlen nicht daran, Eltern zu sein.

Wenn es nicht die Chromosomen sind, was ist dann das Wesentliche am Elternsein?

Kommen wir noch einmal auf den Film zurück und zu der Frage, wer denn nun der Vater der Kinder ist.

Die These, dass Paul der Vater ist, weil er die Hälfte seiner Gene beigesteuert hat, haben wir bereits verworfen, weil wir zu dem Schluss gelangt sind, dass dieser Umstand nicht entscheidend ist.

Eine zweite Antwort wäre, dass die Kinder schlichtweg keinen Vater haben. Aber schon der Filmtitel widerspricht dieser Antwort. *The Kids Are Allright*. Ist es nicht so, dass Kinder für eine gesunde seelische Entwicklung eine Vater- und eine Mutterfigur brauchen? Suggeriert der Film, dass Kinder »okay« sein können, obwohl sie keinen Vater haben? Ich denke nicht. Wer den Film schon gesehen hat oder ihn anschaut, nachdem er das hier gelesen hat, wird sofort erkennen, wer im täglichen Leben die Rolle des Vaters einnimmt: Es ist Nic, eine der beiden Mütter. Sie geht jeden Tag zur Arbeit, sie ist die Ernährerin der Familie, diejenige, die strenger zu den Kindern ist, ihnen Grenzen setzt und moralische Werte vermittelt, diejenige, die am Kopfende des Tisches sitzt … Diejenige also, die nachdrücklich und liebevoll die Rolle des Vaters übernimmt und ausübt (eines ziemlich »klassischen«, archetypischen Vaters, ehrlich gesagt, aber eben die des Vaters). Die Aussage des Films lautet nicht, dass man auch ohne Vater »okay« sein kann; vielmehr stellt er in Frage, dass man dafür unbedingt ein Mann sein muss. Nic nimmt die Vaterfunktion ein, und so könnten wir sagen, dass sie der Vater ist, obwohl sie eine Frau ist. Dasselbe gilt natürlich auch umgekehrt: Frau zu sein ist keine Grundvoraussetzung für Mutterschaft, auch wenn es die Regel ist. Auch ein Mann kann gegebenenfalls sehr gut die Mutterrolle ausfüllen.

## Zu Eltern wird man

Die Kunst, ein guter Vater oder eine gute Mutter zu sein, besteht vor allem darin, diese Aufgabe angemessen zu erfüllen. Zu Eltern wird man, indem man als Eltern handelt, denkt und fühlt. Ein Kind geboren zu haben reicht nicht aus, um sich als Eltern zu betrachten, und folglich auch nicht, um von den Kindern als solche anerkannt zu werden.

*Ich bin der Ansicht, dass zum Vater- oder Muttersein mindestens drei Dinge gehören, die durch unser Umfeld, unsere Gefühle und unser Verhalten bestimmt werden: der gesellschaftliche Status als Eltern, die elterliche Liebe und die Ausübung der elterlichen Pflichten. Drei Dinge, die nicht von unbegrenzter Dauer sind, wie wir so gerne glauben, und die zudem selten gleichzeitig beginnen oder enden.*

*Ich muss hier an Edgar Rice Burroughs' Geschichte von Tarzan denken, an Mogli, den Jungen aus Rudyard Kiplings* Dschungelbuch, *und an viele ähnliche Figuren, die als Waisenkinder von einem Muttertier oder einer Herde adoptiert werden, die sich um sie kümmert, sie ernährt und beschützt, aber auch erzieht. Sie sind keine »tierischen Babysitter«, sondern richtige Ersatzväter und -mütter für das jeweilige Kind.*

*Ich persönlich kenne niemanden, der von Affen oder Wölfen aufgezogen wurde, aber es kommt gar nicht so selten vor, dass eine Person von außerhalb der Familie oder gar eine Institution die Vater- oder Mutterrolle einnimmt. Ich lernte einmal einen Mann kennen, dessen leibliche Mutter sich nicht um ihn kümmern konnte und ihn deshalb in die Obhut einer Tante gab, die bereits eine ganze Kinderschar zu versorgen hatte. Dieser Mann erzählte in der Therapie, dass er von klein auf jeden Tag zu einem Fußballplatz ging, der sich ein paar Straßen weiter befand, und den Großteil seiner Zeit dort verbrachte. Irgendwann blieb er auch zum Essen dort und unterhielt sich stundenlang mit den Leuten aus dem Verein. Ich habe keinen Zweifel, dass er diesen Verein als Erwachsener mit einem ähnlichen Gefühl der Verbundenheit und Dankbarkeit betrachtete, wie andere Menschen sie für ihre Eltern empfinden. Ein Gefühl, das nicht schwer zu verstehen ist, wenn man seine Geschichte kennt, und das man als Außenstehender dennoch nicht nachempfinden kann. Tatsächlich kam der Mann unter anderem in meine Praxis, weil er ständig Streit mit seiner Frau hatte, die eifersüchtig darauf war, wie viel Zeit und Aufmerksamkeit er seinem geliebten Verein widmete (und ja, es ist ganz natürlich, dass man früher oder später mit seiner Schwiegermutter hadert!).*

Zusammenfassend lässt sich sagen, dass Eltern die Menschen sind, die dich großgezogen haben. Aber das ist nicht die ganze Wahrheit. Was noch hinzukommt, ist die bewusste Entscheidung, die Verantwortung für ein Kind zu übernehmen.

Nach unserem Verständnis sind Vater und Mutter nicht nur die Personen, die dich versorgt, gekleidet, beschützt und erzogen haben. Sie haben vor allem eine bewusste Entscheidung getroffen: »Dies ist mein Sohn, dies ist meine Tochter, und ich werde für sie sorgen mit allem, was dazugehört.« Dabei muss betont werden, dass dieser willentliche Vorgang des Annehmens aus freien Stücken auch und gerade dann notwendig ist, wenn es sich um ein leibliches Kind handelt, denn:

**Um wirklich Vater oder Mutter zu sein, muss man seine eigenen Kinder annehmen, sie adoptieren.**

Auch wenn wir uns mit dieser Aussage keine Freunde machen, weil sie allem widerspricht, was die meisten Menschen gelernt haben, sind wir der festen Überzeugung, dass jedes Kind in diesem Sinne »adoptiert«, also angenommen wurde. Wir glauben, dass es irgendwann im Leben einen Moment gibt, in dem Vater und Mutter, jeder für sich und vielleicht nicht zum selben Zeitpunkt, beschließen, ihr Kind als zu sich gehörig anzusehen, als Verlängerung und Teil ihrer selbst, als ihr eigen Fleisch und Blut. Entschieden schwerer zu verdauen ist, dass diese Entscheidung für das eigene Kind keine »natürliche« ist; sie geschieht nicht von allein und ergibt sich nicht automatisch aus der Tatsache, dass sie dieses Kind gezeugt, geboren und offiziell anerkannt haben.

Bei den meisten Frauen findet diese »Adoption« im Laufe der Schwangerschaft statt. Wenn die Mutter das Kind nach der Geburt in den Armen hält, hatte sie schon genügend Zeit, das Neugeborene als ihr Kind anzunehmen. Für den Vater (auch das gilt für die Mehrheit, nicht für alle) gestaltet sich der Prozess ein bisschen schwieriger, vielleicht, weil die intensive Bindung zum Kind fehlt, die eine Schwangerschaft für die Mutter mit sich bringt. Solange sich das Kind im Mutterleib befindet, spürt der Mann das Baby nicht, er ist nicht tagtäglich vierundzwanzig Stunden mit ihm in Kontakt, vierzig Schwangerschaftswochen lang. Für den Vater ist das Kind zunächst nur eine Idee, eine Vorstellung, die langsam heranreift. Die Geburt ändert erst einmal nichts an diesem Gefühl. In den ersten Lebensmonaten des Kindes ist der Vater kaum mehr als eine undeutliche Gestalt, die manchmal neben der Mutter steht. Das Neugeborene hat nur Augen, Hände und ein Lächeln für seine Mutter, die es stillt, die mehr Zeit mit ihm verbringt und deren Geruch und Stimme ihm vertraut sind. Der Mann bleibt häufig ein wenig außen vor, was die Beziehung zu seinem Kind angeht, oder er schließt sich selbst aus. Die Ursache dafür liegt sowohl in der Biologie wie auch in gesellschaftlichen Übereinkünften begründet.

Auch wenn Väter heute in der Regel versuchen, sich in dieser Phase aktiv einzubringen, als wollten sie intuitiv den Adoptionsprozess beschleunigen, liegt die Hauptverantwortung dafür, dass dieser Prozess des Annehmens gelingt, vor allem bei der Mutter. Sie ist diejenige, die dem Partner Raum geben muss. Nur wenn sie sich ein wenig zurücknimmt und etwas von ihrer Fürsorge abgibt, kann sich die Bindung zwischen Vater und Kind festigen.

Als mein ältester Sohn zur Welt kam, musste er zunächst auf die Neonatologie, weil er drei Wochen zu früh geboren wurde (meine Frau hatte eine Schwangerschaftsgestose) und seine Lunge noch ein wenig Zeit und Sauerstoff benötigte, um sich vollständig zu entwickeln. Eine Krankenschwester bat mich, mitzukommen, als sie das Kind zur Station brachte, und wies mich an:

»Sie bleiben hier bei dem Kleinen, bis es ihm bessergeht.«

Ich gehorchte, weniger weil ich überzeugt war, dass es das Richtige war, sondern weil ich nicht wusste, was ich sonst tun konnte. Da saß ich nun allein mit diesem Baby, das mit seinem Händchen einen meiner Finger umklammerte, schaute es an und sagte mir: »Das ist also mein Sohn …« Ich sah ihn wieder und wieder an und stellte erstaunt fest, dass ich dieses Wesen überhaupt nicht kannte.

Ich empfand nicht diese Welle von Liebe, von der ich dachte, sie würde mich überrollen. Wenn ich ehrlich bin, hätte ich lieber gewusst, wie es meiner Frau ging, die gerade einen Notkaiserschnitt hinter sich hatte. Schließlich wagte ich es, eine der Schwestern zu fragen:

»Kann ich ein paar Minuten zu meiner Frau?«

»Nein. Der geht's gut«, sagte die Schwester kurz angebunden. »Sie bleiben hier.«

»Aber …«, begann ich, doch der strenge Blick der Krankenschwester genügte, um zu begreifen, dass meine Bitte weder Gehör finden würde noch moralisch vertretbar war.

Eine Stunde, die mir wie eine Ewigkeit vorkam, saß ich dort und hielt die Hand des Kindes, das immer mehr zu meinem Sohn wurde, dann kam der Kinderarzt herein und horchte das Baby ab. Er lächelte und sagte, die Atmung habe sich normalisiert, ich könne nun zu meiner Frau. Als ich das Kind in die Arme der Krankenschwester legte und das Zimmer verließ, spürte ich plötzlich eine tiefe emotionale Verbundenheit und die unumstößliche Gewissheit, dass dieses Kind mein Sohn war, mit allem, was das mit sich brachte.

Nicht wenige Männer plagen in diesen ersten Momenten heftige Schuldgefühle, weil sie für ihr Kind nicht die unbändige Liebe empfinden, die sie doch angeblich empfinden müssten. Diese Liebe, von der alle immer erzählen, auch ihre eigenen Väter, wenn sie vom Tag der Geburt berichten.

*Die folgende, angeblich wahre Geschichte hat nichts mit Eltern und Kindern zu tun, aber vielleicht hilft ihr Witz uns trotzdem zu verstehen, wie manche Dinge laufen.*

*Ein älterer Herr kommt auf seinen Stock gestützt zum Arzt.*

*»Doktor«, sagt er, als er dem Arzt gegenüber Platz nimmt, »Sie müssen mir helfen. Ich glaube, ich habe ein ernsthaftes Problem …«*

*»Dann erzählen Sie mal, worum es geht.«*

*»Sehen Sie, Doktor, ich wohne ein paar Straßen von hier, direkt am Park. Jeden Freitag treffe ich mich mit ein paar Bekannten aus dem Viertel in der Kneipe an der Ecke, und dann prahlen alle mit ihren sexuellen Abenteuern.«*

*»Und wo ist das Problem?«*

*»Na ja, Serafín ist fünfundachtzig und hat eine vierzigjährige Freundin, die ihn fast um den Verstand bringt. Sie will die ganze Zeit Sex, und um sie nicht zu verlieren, bleibt ihm nichts anderes übrig, als sie jedes Mal zu befriedigen, wenn sie Lust hat. Er hat jeden Tag Sex, manchmal sogar zweimal täglich … Der alte Berto, der Älteste in der Runde und ein überzeugter Junggeselle, behauptet, dass er sich mit dem Zimmermädchen aus dem Hotel de la Avenida trifft, mit der Tochter des Ladenbesitzers und mit einer früheren Freundin und dass er mit allen Sex hat … Selbst bei meinem alten Schulfreund Juancito, er ist fünfundachtzig wie ich, steht uns jedes Mal der Mund offen, wenn er erzählt, wie oft und wie leidenschaftlich er Sex hat …«*

*»Und?«, fragt der Arzt, dem immer noch nicht klar ist, worauf der Mann hinauswill.*

*»Na ja, meine Frau und ich sind seit zweiundfünfzig Jahren verheiratet. Ich liebe sie und finde sie nach wie vor attraktiv. Wir schlafen noch immer miteinander, heute zum Beispiel, und haben beide großen Spaß daran, aber ehrlich gesagt komme ich danach ein, zwei Wochen nicht mal auf die Idee, es wieder zu tun. Und dann höre ich meine Freunde reden und schäme mich beinahe für meine armseligen Bemühungen im Bett. Was soll ich tun, Doktor?«*

*»Ganz einfach, mein Freund. Lügen Sie auch!«*

Aber beim Elternsein geht es nicht darum, sich selbst etwas vorzumachen und an dem alten Mythos festzuhalten, dass Blut dicker ist als Wasser. Wenn wir einsehen würden, dass diese Zeit des Annehmens ein normaler, gesunder Prozess ist, wäre es leichter für uns, eine enge, gute Bindung zu unseren Kindern zu schaffen.

Manchmal, wie in dem Beispiel mit dem zu früh geborenen Baby, bringt ein einziges Ereignis die Wende, andere Male (und das ist weitaus häufiger) dauert es ein bisschen länger, manchmal sogar Monate. Aber wenn wir Geduld haben und keine Gefühle erzwingen wollen, sondern alles auf uns zukommen lassen, wird die Beziehung inniger und stärker werden, je mehr Zeit wir miteinander verbringen, bis schließlich jene einzigartige, unauflösliche Bindung entsteht, die das Verhältnis zwischen Eltern und Kindern ausmacht.

Erinnern wir uns an die erste Begegnung zwischen Antoine de Saint-Exupérys kleinem Prinzen und dem Fuchs:

Der kleine Prinz möchte mit dem Fuchs spielen, doch der antwortet, dass er nicht mit ihm spielen könne, weil er noch nicht gezähmt sei.

»Was bedeutet ›gezähmt‹?«, fragte der kleine Prinz.

»Das ist eine Sache, die in Vergessenheit geraten ist«, sagte der Fuchs. Es bedeutet: ›eine Bindung eingehen‹. Noch bist du für mich nur ein kleiner Junge wie hunderttausend andere kleine Jungen. Ich brauche dich nicht, und du brauchst mich nicht. Ich bin für dich nur ein Fuchs wie hunderttausend andere. Aber wenn du mich zähmst, werden wir einander brauchen. Dann wirst du für mich einzigartig sein auf der Welt. Und ich werde für dich einzigartig sein … Wenn du einen Freund willst, zähme mich.«

»Wie soll ich das anstellen?«, fragte der kleine Prinz.

»Du musst geduldig sein«, antwortete der Fuchs. »Erst setzt du dich in einiger Entfernung von mir ins Gras. Ich werde dich aus den Augenwinkeln betrachten, und du wirst nichts sagen. Aber jeden Tag kannst du dich ein bisschen näher von mir hinsetzen …«

Darum geht es: eine Bindung mit unseren Kindern eingehen. Ein Band zwischen uns zu knüpfen, das uns die Gewissheit gibt, dass unsere Kinder einzigartig für uns sind und wir für sie. Das ist es, was uns zu Eltern macht, nicht die gemeinsamen Gene.

## Eine Frage der Entscheidung

Folgende Situation wird des Öfteren als problematisch heraufbeschworen, obwohl sie es eigentlich gar nicht ist: Nachdem ein Mann viele Jahre zusammen mit seiner Frau das gemeinsame Kind erzogen hat, erfährt er »die Wahrheit«, dass dieses Kind nämlich nicht seines ist. Verständlicherweise kann dieser Mann nun der Mutter des Kindes Vorwürfe machen, weil sie ihn angelogen hat. Aber dem Kind gegenüber ändert sich nichts: Er ist und bleibt der Vater, denn er hat dieses Kind erzogen und die Entscheidung getroffen, die Vaterrolle zu übernehmen. Es wäre keine Option, nun aus verletztem Stolz oder damit die Mutter »nicht damit durchkommt« nicht länger der Vater sein zu wollen. Er kann die Bindung, die entstanden ist, nicht einfach kappen, und falls er aus irgendeinem Grund doch den Kontakt abbricht, wird er furchtbar leiden. Wenn eine Frau oder ein Mann ein Kind verlässt, ohne darunter zu leiden, liegt dem wahrscheinlich eine schwere seelische Störung zugrunde, oder aber die Person war diesem Kind niemals Mutter oder Vater gewesen.

Hier sei auf das berühmte Urteil König Salomos verwiesen, von dem im 1. Buch der Könige im Alten Testament berichtet wird. Salomo war der Sohn König Davids und der Überlieferung nach ein weiser Mann. Wenn es Streit unter seinen Untertanen gab, fragten sie ihn um Rat, weil sie darauf vertrauten, dass durch sein Urteil wieder Ruhe und Frieden einkehrten.

Eines Tages kamen zwei Frauen zu ihm, die beide kürzlich ein Kind zur Welt gebracht hatten; aber während das eine Kind lebte und wohlauf war, war das andere bei der Geburt gestorben. Beide Frauen beteuerten nun, die Mutter des lebenden Kindes zu sein, und wandten sich an König Salomo.

Der weise König hörte sie an, und da jede von ihnen auf ihrer Aussage beharrte, sprach er:

»Schluss mit dem Jammern und Klagen! Man bringe mir ein Schwert; da beide im Recht zu sein scheinen, möge man das Kind in der Mitte teilen und jeder von ihnen eine Hälfte geben.«

»Dann soll es so sein«, sagte die erste Frau. »Die da wird mein Kind jedenfalls nicht bekommen.«

»Nein«, rief darauf die zweite. »Hört auf! Tut ihm nicht weh. Gebt ihr das Kind.«

Da sah Salomo die zweite Frau wohlwollend an, wies mit dem Finger auf sie und befahl:

»Gebt dieser Frau das Kind. Sie ist die Mutter.«

Üblicherweise wird die Geschichte so verstanden, dass Salomo eine Art Trick anwandte, um herauszufinden, wer die wahre Mutter ist und wer eine Lügnerin. Ich denke, dass Salomo nicht von detektivischem Scharfsinn geleitet wird, von tiefer Weisheit (es heißt, dass Salomo weise war, nicht schlau …). Es geht nicht darum, dass die echte Mutter lieber ihr Kind hergeben würde, als ihm Schaden zuzufügen, sondern darum, dass diejenige, die auf das Kind verzichtet (welche von beiden es auch ist), genau aus diesem Grund die wahre Mutter ist. Diese Frau wird zur Mutter, indem sie entscheidet, es lieber wegzugeben, als dem sicheren Tod auszuliefern, und die andere schließt sich selbst als Mutter aus, weil sie das Kind lieber tot sieht als bei der anderen Frau. Dabei könnte die Frau, die einwilligt, das Kind zu teilen, durchaus die biologische Mutter sein. In diesem Sinne enthüllt das Urteil nicht zwingend die »Wahrheit«; aber mit Sicherheit hat Salomo die Frau gefunden, die das Kind mehr liebt, und das macht sie zu seiner wahren Mutter.

*In einem kleinen Dorf kamen zwei Frauen zum Bürgermeister, der gleichzeitig auch der Dorfrichter war. Beide behaupteten, die Mutter eines Kindes zu sein, das man unten am Fluss gefunden hatte.*

*Der Mann war nicht besonders klug, aber er hatte in der Bibel die Geschichte von Salomo gelesen und wollte dem Weisesten aller Weisen nacheifern.*

*»Hört auf zu streiten!«, befahl er. Da er weder ein Schwert besaß noch Soldaten hatte, ließ er den Metzger holen und befahl ihm: »Hack das Kind in der Mitte entzwei und gib jeder dieser Frauen eine Hälfte.«*

*Die beiden Frauen sahen sich verdutzt an, und die Dorfbewohner verstummten. Nur der Metzger begehrte auf, als er begriff, was man von ihm verlangte:*

*»Das ist Wahnsinn … Ich soll ein Kind in der Mitte durchhacken? Bist du verrückt geworden? So was mache ich nicht!«*

*Der Bürgermeister lächelte zufrieden. Dann erhob er sich und verkündete feierlich:*

*»Der Fall ist gelöst. Der Metzger ist die Mutter!«*

Scherz beiseite: Elternschaft, so lässt sich abschließend festhalten, beruht auf der bewussten Entscheidung, diese Funktion auszuüben. Sie ist kein naturgegebener Rang und kein Orden, den man sich einfach an die Brust heftet.

# 2
# Bedingungslose Liebe

## Das Beste und das Schlimmste

Erst wenn wir selbst Eltern werden, können wir nachvollziehen, wie treffend die Aussage derer ist, die uns diese Erfahrung voraushaben, nämlich dass Elternsein (das gilt für Mütter wie Väter) etwas ist, das sich nur schwer beschreiben lässt.

Erst jetzt merken wir, wie viel Wahrheit in so manchem dieser Sätze steckt, die sie uns mitgegeben haben. Sätzen wie diesem: »Das erste Kind verändert dein ganzes Leben.«

Jede frischgebackene Mutter, jeder frischgebackene Vater würde das unterschreiben. Noch bevor wir unser Kind »adoptieren«, wie wir es im vorigen Kapitel nannten, spüren, ahnen, erkennen wir, dass unser Leben nie mehr so sein wird wie vorher. Etwas hat sich radikal verändert.

Ein guter Freund, vierfacher Vater, formulierte es etwas anders, sehr treffend und noch viel beunruhigender:

»Vater sein ist das Beste, was dir im Leben passieren kann … Und das Schlimmste.«

Das Beste wegen all dem, was wir schon längst wissen: Da ist das Gefühl der Erfüllung, wenn wir unsere Kinder ansehen oder im Arm halten. Die Freude, sie lachen zu hören. Die tiefe Rührung, wenn wir sie bei ihren Entdeckungen begleiten. Das große Glück, sie zu einzigartigen Persönlichkeiten heranwachsen zu sehen.

Und das Schlimmste, weil all das auch eine Kehrseite hat: den Schmerz, sie leiden zu sehen, die Sorge, nicht zu wissen, wie man ihnen helfen kann, die bodenlose Angst, ihnen könnte etwas zustoßen.

*Mein ältester Sohn hatte uns überredet, ihm ein Mofa zu kaufen. Ich war der Überzeugung, dass er ganz gut auf sich aufpassen konnte, und war nicht beunruhigt, wenn er mit seinem kleinen Flitzer im Viertel herumfuhr. An jenem 14. Dezember war ich allein zu Hause, als das Telefon klingelte.*

*»Jorge?«, fragte eine Stimme.*

*»Ja, wer ist da?«*

*»Ich bin's, D., ein Freund Ihres Sohns. Ihr Sohn hatte einen Unfall und liegt im Krankenhaus.«*

*»Einen Unfall?«*

*»Mit dem Mofa. Er ist mit einem Lastwagen zusammengestoßen.«*

*»Wie geht's ihm? Ist er okay?«*

*Die Antwort war ein entsetzliches Schweigen, bis der Junge schließlich herausbrachte:*

*»Besser, Sie kommen zum Krankenhaus …«*

*Seither sind viele Jahre vergangen, und das Ganze ist nur noch eine böse Erinnerung, aber noch jetzt, während ich dies schreibe, beginne ich zu zittern, schnürt es mir die Kehle zu, genau wie damals. Ich begann wie von Sinnen zu schreien und raste mit dem Auto zum Krankenhaus, parkte genau vor der Notaufnahme und schob den Wachmann beiseite, der mich aufforderte, auf den Arzt zu warten. Als ich meinen Sohn schließlich auf einer Trage sitzen sah, mit einer kleinen Platzwunde an der Stirn und einem aufgeschürften Knie, spürte ich, wie meine Seele in mich zurückkehrte, und während wir beide vor Schreck weinten, sagte ich zu ihm und zu mir:*

*»Ganz ruhig, alles ist gut … Gott sei Dank ist alles gut.«*

*Niemals zuvor und niemals danach habe ich eine solche Angst ausgestanden.*

Oder wie unser Freund sagte:

Kinder sind das Beste und das Schlimmste, was dir im Leben passieren kann …

Dieser kleine Satz, der eher ein Gefühl ist als eine Erkenntnis, dieser Satz, den wir immer wieder hören und der in unserem Inneren widerhallt, führt uns zu einer Frage: Warum wollen wir eigentlich Kinder haben?

## Warum Kinder?

Wenn ich bislang noch nicht Vater oder Mutter bin und mir keiner genau sagen kann, was das bedeutet … man mir sogar prophezeit, dass eine große Verantwortung auf mir lasten wird, weil ich für lange Zeit für ein schutzloses, verletzliches Lebewesen verantwortlich sein werde, und alles, was ich dafür bekomme, die reine Freude an seiner Existenz ist … wie kann ich etwas wollen, von dem ich keine Ahnung habe, was es ist, und das eine so zwiespältige »Presse« hat?

Es gibt mehrere mögliche Antworten, von denen drei auf der Hand liegen:

Instinkt

Gesellschaftliche Erwartungen

Der Wunsch nach etwas Bleibendem

### *Der Instinkt*

Man könnte argumentieren, dass der irrationale Wunsch nach Kindern auf dem Instinkt zur Arterhaltung beruht, dem sogenannten Muttergen (wie man gemeinhin sagt) oder Vatergen (das aber bei Wissenschaftlern wie Laien weniger Akzeptanz zu finden scheint). Der Kinderwunsch erscheint hier als Ausdruck eines genetischen Codes, als Weiterführung des Strebens nach individuellem Fortbestehen, eine biologische Programmierung, durch die ich zum Bestandteil einer Art werde. Das würde erklären, warum ich mich fortpflanzen möchte, ohne diesen Wunsch zu hinterfragen und allen Bedenken zum Trotz. Eine Bestrebung, die nichts mit Bewusstsein oder freiem Willen zu tun hat.

Viele stellen diese Motivation in Zweifel und argumentieren, dass dann ja sofort ein Kinderwunsch entstehen müsste, sobald die biologischen Voraussetzungen zur Fortpflanzung gegeben sind. Aber so läuft das natürlich nicht.

Ganz offensichtlich wird dieser Instinkt (wie so viele andere) heutzutage der Vernunft untergeordnet und durch die Gefühle gefiltert. Denn auch wenn alle (oder fast alle) Heranwachsenden sich ihrer sexuellen Bedürfnisse bewusst und bereit sind, diese auszuleben, haben sicherlich nur wenige den Wunsch, sofort Eltern zu werden. In der heutigen Zeit ist das Verlangen nach sexuellen Beziehungen immer weniger an die Absicht gekoppelt, ein Kind zu bekommen. Nicht nur dass Sex immer seltener in der Absicht stattfindet, ein Kind zu zeugen; auf der anderen Seite werden auch immer mehr Kinder geboren, ohne dass die Eltern vorher Sex miteinander hatten (weil sie adoptiert oder durch künstliche Befruchtung gezeugt wurden). Diese Situation, die vielleicht in naher Zukunft immer öfter thematisiert wird, ist schon heute ein Argument gegen die Instinkttheorie und wird zunehmend zum Problem, wenn es um das Thema ungewollte Schwangerschaften geht, weil der Gedanke an mögliche Folgen für die Jugendlichen beim Sex immer mehr in den Hintergrund rückt. Nach unserer Auffassung hat sich beim Thema Elternschaft der Instinkt weitgehend vom Verlangen gelöst. Der Instinkt reicht längst nicht mehr als Erklärung dafür aus, dass sich zwei Menschen ins Abenteuer des Elternseins stürzen.

Wenden wir uns also der zweiten Hypothese zu.

### *Gesellschaftliche Erwartungen*

Wenn der Kinderwunsch nicht automatisch mit Erreichen der Zeugungsfähigkeit entsteht, sondern in einer je nach Kultur vorgegebenen Lebensphase, müssen wir zu der Schlussfolgerung gelangen, dass der gesellschaftliche Druck offensichtlich eine entscheidende, wenn nicht gar die ausschlaggebende Rolle für unsere Motivation zum Kinderkriegen spielt. Der Zeitpunkt mag je nach Epoche und kulturellem Umfeld variieren (vor zehn Jahren begann eine Frau in den westlichen Ländern diese gesellschaftliche Erwartungshaltung mit etwa zwanzig zu spüren, vor fünfzig Jahren etwa mit siebzehn und heute erst weit jenseits der fünfundzwanzig), aber er ist an einem bestimmten Ort zu einer bestimmten Zeit immer ungefähr gleich. Es gibt ein Alter, in dem wir feststellen, dass alle um uns herum allmählich in diese Lebensphase kommen, und wir darüber nachzudenken beginnen, ob wir das auch in Betracht ziehen sollten …

Diesem gesellschaftlichen Druck scheint der Gedanke zugrunde zu liegen, dass man im Leben gescheitert ist, wenn man keine Kinder hat, und dass man diese Herausforderung in einem bestimmten Alter angehen muss, weil es sonst zu spät ist. Eine absurde Vorstellung, denn man scheint immer noch davon auszugehen, dass die Lebenserwartung bei etwas über fünfzig liegt und Erstgebärende mit gerade mal fünfundzwanzig Jahren aus medizinischer Sicht bereits »zu alt« seien. (Heute gilt diese Etikettierung allenfalls für Frauen, die mit über vierzig zum ersten Mal schwanger werden).

Wenn man nun beide Hypothesen miteinander verbindet, könnte man schlussfolgern, dass der Instinkt zur Arterhaltung nicht unbedingt ausschlaggebend für die individuelle Entscheidung für eine Schwangerschaft ist, diese aber viel mit der gesellschaftlichen Erwartungshaltung zu tun hat, dass Kinder einfach »dazugehören«.

Die Bedeutung dieser gesellschaftlichen Konditionierung lässt sich nicht bestreiten, doch die Überzeugung, dass ein Leben ohne Kinder sinnlos ist, hat in unserer Gesellschaft zunehmend an Gewicht verloren. Deshalb glauben wir nicht, dass in heutigen Zeiten der gesellschaftliche Druck der Hauptantrieb für den Wunsch nach eigenen Kindern ist.

Mir ist bewusst, dass die Argumente, die gegen diese zweite Hypothese sprechen, nicht so stichhaltig sind wie jene, die wir bei der ersten Theorie ins Feld geführt haben. Und doch sagt mir meine persönliche und berufliche Erfahrung, dass familiärer oder gesellschaftlicher Druck zwar in Einzelfällen eine wichtige Rolle spielen mag, aber nie der wirklich ausschlaggebende Faktor ist. Um sich für Kinder zu entscheiden, braucht es mehr; es braucht etwas, das bestimmte Emotionen in Gang setzt und seinen Ursprung in tieferen Bereichen der eigenen Persönlichkeit hat. Das ist natürlich meine persönliche Sichtweise, denn ehrlich gesagt widerstrebt mir die Vorstellung, dass etwas so Existentielles wie die Beziehung zu den eigenen Kindern auf dem banalen Wunsch beruht, es anderen recht zu machen. Sicher, die wertvollsten Dinge erfahren wir oft durch Irrtümer ... Trotzdem kann ich mit der Theorie vom gesellschaftlichen Auftrag nichts anfangen und halte mich an die Argumente, die das Gegenteil belegen, ganz gleich, wie angreifbar sie sein mögen (gut möglich, dass es mir weniger um die Wahrheit geht als darum, mich auf das zu fokussieren, was in meinen Augen und, so hoffe ich, auch in denen der anderen gut und richtig ist).

### *Der Wunsch nach etwas Bleibendem*

Wenn der Kinderwunsch weder unmittelbar auf die Instinkte noch auf gesellschaftlichen Druck zurückzuführen ist, bleibt noch eine Möglichkeit: das menschliche Bedürfnis nach Fortbestand, nach etwas, das über das eigene Sein hinausgeht. Der Wunsch, etwas Bleibendes zu hinterlassen, wenn unsere eigene Zeit abgelaufen ist. Ohne Frage erfüllen Kinder auf die eine oder andere Weise dieses Bedürfnis; sie geben uns nicht nur das Gefühl, sondern auch die Gewissheit, dass etwas bleibt. Aus biologischer Sicht besteht nach meinem Tod etwas von meinem genetischen Material fort, denn meine Kinder teilen diese Gene mit mir. Gesellschaftlich gesehen wird mein Nachname weitergegeben, sofern meine Kinder diesen tragen. Und auf persönlicher Ebene lebe ich in ihren Erinnerungen weiter und wirke durch das, was ich gesagt oder getan habe, in ihrem Denken, Fühlen und Handeln fort …

Wenn es darum geht, etwas Bleibendes zu hinterlassen, sind Kinder mit Sicherheit ein Weg, dieses Ziel zu erreichen. Und doch hättest du recht, wenn du sagtest: »Ich kann mich nicht entsinnen, dass das meine Absicht gewesen wäre, als ich anfing, über Kinder nachzudenken.«

Die Entscheidung für Kinder fällt normalerweise nicht in eine Lebensphase, in der wir uns zunehmend mit dem Gedanken beschäftigen, was von uns bleibt. Diese liegt mehr zum Ende des Lebens hin oder zumindest im reiferen Alter; es ist die Phase, in der uns die Vorstellung des nahen oder möglichen Todes darüber nachdenken lässt, was wir hinterlassen werden. Nach unserer Erfahrung befassen sich unter Dreißigjährige eher selten mit solchen Gedanken, und wenn doch, werden Kinder nicht unbedingt als das Mittel der Wahl angesehen.

Der Begriff des Bleibenden wird heutzutage oftmals überfrachtet und zielt eher auf das kollektive Gedächtnis ab. Es geht um Dinge, die ein ganzes Land verändern, wie Wissenschaft, Kunst, Sport und dergleichen mehr. Wenn man uns bittet, an »etwas Bleibendes« zu denken, kommt uns höchstwahrscheinlich eine Person in den Sinn, die einen wichtigen gesellschaftlichen Beitrag geleistet hat, der künftige Generationen beeinflusst oder voranbringt. Es ist nicht zu erwarten, dass man an jemanden denkt, der schlichtweg Kinder bekommen hat, auch wenn wir alle zustimmen werden, dass die Aufgabe, Kindern ein guter Vater oder eine gute Mutter zu sein, eine der größten Herausforderungen im Leben ist.

Möglicherweise schwingt der Wunsch, in den eigenen Kindern weiterzuleben, immer unter der Oberfläche mit, aber man erwähnt ihn nicht, weil es so wichtigtuerisch und egoistisch klingt (»Durch meine Kinder werde ich unsterblich sein!«). Wahrscheinlich spielt dieser Wunsch bis zu einem gewissen Grad bei jeder Suche, jeder Schwangerschaft und jeder Geburt eine Rolle. Aber dennoch ist er nach allem, was wir bisher festgestellt haben, kein hinreichender Grund, Kinder zu bekommen. Er ist ein zusätzlicher Faktor, das Salz in der Suppe, aber nicht die Basis.

Um zur Ausgangsfrage zurückzukommen: Wenn die Instinkte zu wenig ausgeprägt sind und auch der gesellschaftliche Auftrag als Motivation nicht trägt, wenn der Wunsch nach etwas Bleibendem nicht mächtig genug ist: Was ist es dann? Woher rührt unser Wunsch, Kinder zu haben? Was ist der eigentliche Antrieb? Wonach suchen wir, wenn wir uns ein Kind wünschen?

### *Der wahre Grund*

Auch nachdem ich selbst bereits Kinder hatte, wusste ich lange Zeit nicht, was ich auf diese Frage antworten sollte. Es war meine Frau, die mich mit verblüffender Selbstverständlichkeit auf die Antwort brachte. Nachdem ich all die Theorien abgewogen hatte, von denen hier die Rede ist, und noch einige mögliche Gründe mehr (persönliche, armselige und auch spekulative), suchte ich wie so oft den Austausch mit meiner Frau. Ich fragte sie also offen heraus:

»Warum bekommt man ein Kind?«

»Ganz einfach«, sagte sie. »Um Liebe zu geben.«

Klar! Die Antwort hallte wie ein Peitschenhieb in meinem Hirn wider. Das war der Grund! Warum hatte ich das nicht früher erkannt? Wahrscheinlich, weil ich ein Mann bin … Es brauchte eine Frau und Mutter, um auf diese Lösung zu kommen. Vielleicht sind auch viele Leserinnen (nicht Leser) schon vor mir zu diesem Ergebnis gelangt, ohne so lange grübeln zu müssen.

Nehmen wir also diesen brillanten Beweis weiblicher Weisheit und formulieren unsere Antwort auf die oben gestellte Frage:

**Es gibt tatsächlich viele Gründe, Kinder zu bekommen, aber der wichtigste von allen ist unser Wunsch, Liebe zu geben.**

Deshalb bekommen wir Kinder: um sie zu lieben.

Natürlich gibt es noch viele weitere Gründe: damit das Leben weitergeht, für uns selbst, damit wir nicht alleine sind, damit sie erreichen, was wir nicht erreicht haben, damit sie für uns sorgen, wenn wir alt sind … Die Liste ist lang, und vielleicht kommen wir später noch auf den einen oder anderen Punkt zurück, aber im Grunde wünschen wir uns Kinder, um durch sie einen Ausdruck für unser Bedürfnis zu lieben zu finden.

Eines möchten wir aber klarstellen: Das menschliche Bedürfnis, Liebe zu geben, das in dem Wunsch Ausdruck findet, Kinder zu haben, hat wenig bis nichts mit dem ebenso menschlichen Bedürfnis zu tun, geliebt zu werden. Bei der Betrachtung der besonderen Beziehung zwischen Eltern und Kindern ist diese Unterscheidung wesentlich.

Bei allen anderen emotionalen Beziehungen (Partnerschaft,

Freundschaften, Weggefährten) setzen wir mehr oder weniger bewusste Gegenseitigkeit voraus. Wir hoffen und erwarten, genauso wiedergeliebt zu werden, wie wir lieben, genauso Anerkennung zu finden, wie wir Anerkennung geben, genau dieselbe Zuwendung zu bekommen, die wir geben. Bei Kindern wäre das ein Trugschluss. Wenn wir solche Erwartungen an sie stellen, verlangen wir Unmögliches von ihnen. Tatsächlich sind sie zu ebenso großer und tiefer Liebe fähig, wie wir sie ihnen geben, aber erst später: dann nämlich, wenn sie selbst Kinder haben.

Es ist natürlich wünschenswert und auch gar nicht so selten, dass Kinder ihre Eltern lieben. Aber diese Liebe ist in keiner Weise in dieser Beziehung angelegt und hängt vielmehr von der gemeinsamen Geschichte ab (wie dies in jeder Beziehung der Fall ist).

*Wenn eine Mutter oder ein Vater keine Liebe für ihr oder sein Kind empfindet, muss ich als Psychiater davon ausgehen, dass diese Frau oder dieser Mann ein gravierendes Problem hat. Wenn aber ein Sohn oder eine Tochter den Vater oder die Mutter nicht liebt, kann ich aus professioneller Sicht nicht ohne weiteres daraus schließen, dass es sich zwingend um etwas Pathologisches handeln muss. Man müsste zunächst einen genaueren Blick auf die konkreten Umstände werfen, um die Ursache für diese fehlende Liebe herauszufinden – falls es sie gibt.*

Das Verhältnis zwischen Eltern und Kindern ist keine Straße, die in beide Richtungen führt. Zwar würden wir nicht so weit gehen, zu behaupten, dass es eine Einbahnstraße ist (die von den Eltern zu den Kindern führt), aber zweifellos herrscht in der einen Richtung mehr Verkehr als in der anderen, und das muss auch so sein.

Es liegt in der Natur der Dinge, dass das Verhältnis zwischen Eltern und Kindern asymmetrisch angelegt ist, und zwar immer zugunsten der Kinder: Die Eltern haben mehr Verantwortung als die lieben Kleinen, sie haben mehr Pflichten und weniger Vorteile, und man erwartet von ihnen, dass sie stets bereit sind, viel zu geben und wenig zu bekommen.

Man könnte das ungerecht nennen. Darauf gibt es zwei mögliche Reaktionen:

Jawohl, es ist ungerecht. Na und?

Es wäre nur dann angebracht, von Gerechtigkeit oder Ausgewogenheit zu sprechen, wenn es so etwas wie eine vorherige Abmachung gäbe. Es liegt aber in der Natur der Sache, dass es die nicht gibt. Die Entscheidung, dass da nun ein Kind ist, wurde völlig einseitig getroffen, von den Eltern nämlich. Folglich kann man von den Kindern nicht verlangen, dass sie eine Entscheidung mittragen, bei der sie keinerlei Mitspracherecht hatten. Teenager auf der ganzen Welt brüllen es heraus, wenn sie wütend auf ihre Eltern sind: »Ich habe euch nicht darum gebeten, auf die Welt zu kommen!« Und das Schlimme ist: Sie haben recht, auch wenn sie es aus der Wut heraus sagen und meistens in Situationen, in denen diese Aussage völlig unangemessen und unfair ist. Kluge Eltern lassen sich nicht davon provozieren, sondern könnten erwidern: »Das ist richtig, mein Kind, es war nicht deine Entscheidung. Es war unsere Entscheidung, und wir sind froh, sie getroffen zu haben. Du musst trotzdem die Verantwortung für dein Leben übernehmen, wenn du nicht scheitern willst.«

Andererseits: Vielleicht ist es gar nicht so ungerecht. Die Entschädigung für all die Mühen und die große Verantwortung, die wir als Eltern tragen, ist mindestens genauso groß. Folgender Satz stand einmal auf einer Hauswand in Buenos Aires zu lesen und drückt genau aus, was wir meinen:

»Lieber Kinder haben als Eltern.«

## Eine einzigartige Liebe

Meistens ist es jedoch so, dass auch die Kinder ihre Eltern lieben (auch wenn wir nicht genau wissen, warum) und, noch überraschender, dass die Liebe groß ist. Trotzdem gelten für Eltern und Kinder, was diese Liebe betrifft, deren sie sich gegenseitig versichern, nicht dieselben Bedingungen. Denn nur von Seiten der Eltern – und das ist einzigartig bei zwischenmenschlichen Beziehungen –, ist die Liebe **bedingungslos.**

Meine Frau führt regelmäßig folgende »Diskussion« mit unserem Ältesten:

Er: Ich hab dich lieb, Mama.

Sie: Ich dich auch.

Er (der immer gewinnen und das letzte Wort haben will): Aber ich hab dich mehr lieb.

Sie: Tut mir leid, in diesem Fall hast du keine Chance.

Und meine Frau hat recht. Sosehr es den Jungen auch wurmen mag, in diesem Wettstreit kann er nur ein ums andere Mal den Kürzeren ziehen. Er wird uns niemals mehr lieben können als wir ihn, nicht mit derselben Intensität und nicht auf dieselbe Weise, denn seine Liebe zu uns wird nie bedingungslos sein – und das wäre auch nicht gut.

Stellen wir die Definition von Liebe fürs Erste zurück und fragen uns zunächst: Was heißt das, bedingungslos? Nach unserem Dafürhalten bedeutet es eben genau das: ein Gefühl, das an keine Bedingungen geknüpft ist. Eine Liebe, die einfach da ist, unberührt von dem, was geschieht oder wie sich das geliebte Wesen verhält. Keine Frage, wir lieben unsere Kinder auch dann, wenn sie uns Kummer bereiten, wenn sie uns nicht gut behandeln, wenn sie nicht mehr mit uns reden wollen, wenn sie uns, kurz gesagt, nicht lieben … Selbst im schlimmsten aller Fälle werden wir sie weiterhin lieben. Warum? Nun, weil sie unsere Kinder sind. Sie sind ein Teil von uns, und das ist unumkehrbar.

Vor einiger Zeit erzählte ein Patient in einer Therapiesitzung, dass seine neunjährige Tochter ihn fragte:

»Papa, du hast mich doch lieb, oder?«

»Sehr«, antwortete der Vater aufrichtig. »Mehr als alles andere auf der Welt.«

»Und warum?«

»Was für eine Frage! Du bist meine Tochter!«, antwortete er, als wäre es das Offensichtlichste.

»Hm … Aber das weiß ich doch schon.«

Die Kleine hatte das Gefühl, dass ihr Vater ihre Frage nicht wirklich beantwortet hatte. Seine Antwort zeigt im Grunde, dass es keine Antwort auf diese Frage gibt, auch wenn das den beiden nicht bewusst war: Bedingungslose Liebe braucht keine Gründe.

Aber das Mädchen wollte eigentlich etwas anderes wissen.

»Ich meine, was genau liebst du an mir?«

Diesmal war die Antwort nicht so einfach. Der Vater musste eine ganze Weile nachdenken. Vielleicht um das Kind so zu sehen, als wäre es nicht seine Tochter, als ob es möglich wäre, sie nicht zu lieben, und den Blick unvoreingenommen auf das zu richten, was Liebenswertes an ihr war. (Das Gespräch endete schlussendlich mit seiner Beteuerung, dass er sie auch lieben würde, wenn sie ganz anders wäre.)

Unserer Meinung nach lohnt es sich, darüber nachzudenken, wie das Mädchen auf diese Frage kam, denn wenn man Kinder hat, wird man früher oder später eine Antwort darauf finden müssen. Wenn Kinder sich aufmachen, ihr eigenes Leben zu leben, richtet sich ihr Blick auf die anderen, und sie stellen sich die Frage, ob außer den Eltern jemand in der Lage sein wird, sie zu lieben. Das Mädchen spürt instinktiv, dass andere sie nicht zwangsläufig lieben werden, »weil es eben so ist« (unbewusst ist ihr klar, dass nur die Liebe der Eltern bedingungslos ist), und genau deshalb will sie wissen, welche Vorzüge und liebenswerten Eigenschaften sie besitzt, um das Interesse anderer Menschen zu wecken.

Nebenbei bemerkt ist dies der einzige unerwünschte Nebeneffekt bedingungsloser Liebe: Sie ist ein Gefühl, das nicht allzu viel über denjenigen aussagt, dem man es entgegenbringt. Sie sagt nichts darüber aus, was derjenige sich erarbeitet oder verdient hat oder was er zu tun imstande ist. Die Liebe und Anerkennung der Eltern sind für ein Kind enorm wichtig, um ein gesundes Selbstwertgefühl aufzubauen; aber wenn ich in meinem weiteren Leben daran zweifle, liebenswert zu sein, wird mir die Liebe meiner Eltern keine große Hilfe sein, denn ihrer Liebe kann ich mir immer gewiss sein, unabhängig davon, wie wenig liebenswert ich für andere bin (ob tatsächlich oder nur in meiner Einbildung).

*Ich erinnere mich, dass meine Mutter immer zu mir und meinem Bruder sagte:*

*Wenn du dich so und so benimmst ...*

*Wenn du so bist ...*

*Wenn du solche Antworten gibst ...*

*Wenn du das und das nicht änderst ...*

*Dann wird dich keiner mögen!*

*Und ich, der von klein auf rebellisch und aufmüpfig war, fragte eines Tages, um sie aus der Reserve zu locken:*

*»Keiner wird mich mögen? Du auch nicht?«*

*Worauf sie mit der Schläue einer Mutter, die dich genau durchschaut, antwortete:*

*»Doch, ich werde dich immer lieben. Aber ich bin deine Mutter, das zählt nicht!«*

Die Intuition des Mädchens war also richtig: Niemand wird sie so bedingungslos lieben wie ihre Eltern; bei allen anderen braucht es dafür Gründe, eine gemeinsame Geschichte und gemeinsame Erlebnisse, Vertrauen, Anziehungskraft und vieles mehr. Es muss an dieser Stelle festgehalten werden, dass nicht nur die Liebe der Kinder zu ihren Eltern nicht bedingungslos ist, sondern dass überhaupt niemand außer den Eltern zu einer solchen Liebe in der Lage ist. Wir beteuern denen, die wir lieben, gerne, dass wir sie immer lieben werden, ganz egal, was passiert. Die klassischen Eheversprechen wie »in Gesundheit und Krankheit«, »in Reichtum und Armut«, »bis dass der Tod uns scheidet« beteuern eine bedingungslose Liebe, von der wir wissen, dass wir sie nicht geben können.

Im Alltag fragen wir gerne Dinge wie:

»Würdest du mich auch lieben, wenn ich zwanzig Kilo mehr wiegen würde?«

»Natürlich!«

»Würdest du mich auch lieben, wenn ich arm wäre?«

»Selbstverständlich!«

Nicht dass diese Antworten eine Lüge wären. Aber es stimmt einfach nicht, dass wir den anderen immer lieben werden, »ganz egal, was passiert«. Wir beteuern das, weil wir es für den größten Liebesbeweis halten. Wenn Liebe an Bedingungen geknüpft ist, erscheint sie uns weniger wertvoll, aber das ist nicht so. Die Liebe zu unserem Partner, unseren Freunden oder Eltern steht immer in einem Verhältnis zu dem, was in der Beziehung zwischen uns passiert. Es ist nicht so, dass wir den- oder diejenige immer gleich stark lieben, unabhängig davon, was geschieht oder was der andere tut, und umgekehrt bleibt auch ihre Liebe nicht unverändert. Wenn ein Freund dich immer wieder um Geld bringt, ist es nicht nur wahrscheinlich, dass du ihn irgendwann nicht mehr magst, es ist sicher auch gesünder. Wenn jemand seinen Partner oder seine Partnerin schlecht behandelt, ist zu erwarten, dass die Liebe irgendwann erkaltet. Wenn der Exmann oder die Exfrau die gemeinsamen Kinder benutzt, um den anderen zu manipulieren, ist verständlicherweise auch der letzte Rest Zuneigung in Gefahr, der die Trennung möglicherweise überdauert hat.

*Mein Onkel Rafael erzählte gern einen Witz, der recht gut verdeutlicht, wie schmerzhaft Liebe sein kann, wenn sie Dinge voraussetzt, die nichts mit Liebe zu tun haben.*

*Jacobo fragt seine dreißig Jahre jüngere Freundin:*

*»Margarita, würdest du mich auch lieben, wenn ich mein gesamtes Vermögen verlieren würde?«*

*Sie schmiegt sich zärtlich an ihn und antwortet mit honigsüßem Lächeln:*

*»Natürlich, mein Hase … Und ich würde dich schrecklich vermissen!«*

Natürlich gibt es Dinge, die wir einem geliebten Menschen durchgehen lassen, jedem anderen aber nicht. Es gibt Eigenschaften, die wir an unserem Partner schätzen, die uns bei einem Fremden hingegen nicht sonderlich beeindrucken. Allerdings gibt es auch Fehler, die wir bei jedem anderen tolerieren, nicht aber bei dem Menschen, mit dem wir zusammenleben. Tatsache ist, dass wir nicht jede Eigenschaft aus Liebe ertragen – und es auch nicht sollten. Gleichzeitig können wir den anderen nicht umkrempeln wollen mit dem Argument, dass wir ihn doch lieben. Liebe ist nicht an Bedingungen gebunden; wahre Liebe lässt dem anderen seine Freiheit. Die stillschweigende oder explizite Erwartung, dass die Liebe des anderen bedingungslos zu sein habe, öffnet den schlimmsten Problemen, die zwei Menschen in einer Partnerschaft oder jeder anderen Art von Beziehung miteinander haben können, Tür und Tor.

*Jacques Lacan beschrieb die Liebe einmal auf sehr grausame, aber treffende Weise:*

*»Liebe ist, jemandem, den es nicht gibt, etwas zu geben, was man nicht hat.«*

*Mit anderen Worten: Liebe (in einer Partnerschaft) heißt, etwas Unmögliches von jemandem zu verlangen, den es so nicht gibt, also die bedingungslose Liebe unseres Partners vorauszusetzen, der im Grunde nicht unseren Vorstellungen entspricht.*

Der Horizont, nach dem jede gute Liebe streben sollte (und die Liebe zwischen Eltern und Kindern macht da keine Ausnahme), hat nichts mit der Bedingungslosigkeit des Gefühls zu tun, sondern mit dem, was Joseph Zinker sehr schön wie folgt beschreibt:

»Liebe ist die bloße Freude darüber, dass es den anderen gibt.«

Danach, so finde ich, sollten wir alle unsere Beziehungen ausrichten. Wir sollten lernen, den anderen dafür zu lieben, dass es ihn gibt, und uns freuen, dass er ein Teil unseres Lebens ist, ohne vorauszusetzen, dass er so oder so ist, oder zu erwarten, dass er sich ändert oder unsere Erwartungen erfüllt. Das ist wahre Liebe, und natürlich ist sie ziemlich schwer zu erreichen.

## Asymmetrische Verantwortung

Dem eigenen Kind sieht man alles nach. Zumindest wenn man darunter versteht, dass man es unverändert liebt; aber das heißt nicht, dass man kein Wort über sein Verhalten verliert. Ganz im Gegenteil: Wer seine Kinder liebt, sagt seine Meinung, kritisiert, nimmt Anteil, mischt sich ein und spricht vielleicht sogar ein Machtwort. Wenn das Kind nicht darauf reagiert oder uns herausfordert, provoziert, Widerworte gibt, dann kann man wütend sein oder traurig, aber man hört nicht auf, es zu lieben.

*Der Argentinier Arnaldo Rascovsky war ein anerkannter Experte auf dem Gebiet der Kinder- und Jugendpsychotherapie, seine Studien waren wegweisend für viele von uns Kinder- und Jugendtherapeuten. Rascovsky trat vehement für Kinderrechte ein und gab praktisch ausnahmslos den Eltern die Schuld an nahezu allen kindlichen psychischen Problemen. Das ging so weit, dass er einen schrecklichen Begriff für die elterliche Misshandlung von Kindern prägte: Filicidio – Mord an der kindlichen Seele. Der Begriff umfasste nicht nur körperliche und psychische Gewalt, sondern auch und in besonderem Maße das, was den größten Angriff auf die Integrität von Kindern bedeutet: sie zu ignorieren, ihnen keinerlei Aufmerksamkeit zu schenken, ihnen nichts zu geben, nicht mal ein böses Wort.*

*Im Laufe meines Berufslebens habe ich einige wenige Väter und Mütter kennengelernt, die alles dafür zu tun schienen, ihre Kinder wortwörtlich zu zerstören. Dennoch stimme ich nicht vollkommen mit der radikalen Haltung Rascovkys überein, der die Eltern für sämtliche Probleme ihrer Kinder verantwortlich macht. Zum einen, weil ich den Eltern nicht einmal theoretisch eine solche Macht geben will, und zum anderen, weil ich auch ganz wunderbare Kinder kennenlernen durfte, die in ein sehr toxisches Umfeld hineingeboren wurden, und umgekehrt. Dafür stimme ich zu hundert Prozent mit dem überein, was wir im Kollegenkreis scherzhaft »das Rascovsky-Rezept« nannten. Es ist nur ein einziger, aber zutiefst wahrer Satz, der am Anfang von allem steht: Kinder brauchen Liebe.*

Dieser Ratschlag mag aus dem Mund eines Fachmanns absurd klingen, insbesondere weil es nichts ist, was man als ärztliche Behandlungsmethode bezeichnen könnte (obwohl es manchmal gut wäre, wenn man jemanden zwingen könnte, echte Liebe für seine Kinder zu empfinden). Jemandem bedingungslose Liebe zu seinen Kindern zu verordnen wäre genauso absurd, wie einem Patienten zu sagen, er solle zwanzig Minuten die Luft anhalten. Wenn man Kinder hat, ist es die natürlichste Sache der Welt, sie zu lieben; man kann gar nicht anders, selbst wenn man wollte. Wir haben Eltern gesehen, die es wirklich versucht haben, weil sie (berechtigt oder nicht) furchtbar wütend auf ihre Kinder waren. Diese Eltern haben versucht, die Liebe zu ihren Kindern zu unterdrücken, auf Distanz zu gehen und jeden Kontakt abzubrechen, aber sie sind samt und sonders gescheitert. Selbst wenn es ihnen gelungen ist, sie nicht mehr zu sehen, haben sie es nicht geschafft, sie nicht mehr zu lieben, und sich so ins eigene Fleisch geschnitten. Viele von ihnen brauchten nicht das Rezept »Du wirst deine Kinder immer lieben«, aber sie hätten eines gebraucht, auf dem steht »Denk daran, dass sie dich nicht immer lieben werden«.

Diese Eltern leben in der Illusion, dass die Beziehung zu ihren Kindern ein gegenseitiges Geben und Nehmen sein sollte, und sie sind zutiefst enttäuscht, wenn das, was von der anderen Seite zurückkommt, nicht vergleichbar ist mit dem, was sie gegeben haben. Oder wie sie es anderen gegenüber ausdrücken: ihre Kinder seien undankbar, unfähig, sich für das erkenntlich zu zeigen, was sie bekommen haben. Diese Eltern vergällen sich nur allzu oft ihre letzten Jahre damit, dass sie auf ein Wort ihrer Kinder warten, das nie kommt. Sie begreifen nicht, dass die Anerkennung, die sie von ihren Kindern erwarten, einer unausgesprochenen Forderung gleichkommt: Das, was die Kinder bekommen haben, sollen sie bitte, wenn auch in anderer Münze, zurückzahlen.

Von den Kindern Dankbarkeit zu erwarten ist eine Haltung, die den Wert und die Bedeutung all dessen in Frage stellt, was wir als Eltern geben.

Wenn du mir etwas schenkst, sagen wir, ein Paar Schuhe, und du dann mit dem Finger auf mich zeigst, weil ich mich nicht gebührend bedanke, dann werde ich mit Sicherheit versucht sein, dir zu sagen:

»Dein Geschenk ist gar kein richtiges Geschenk. Es ist ein Tauschhandel: Schuhe gegen Dankbarkeit. Ein Geschäft, bei dem ich die Schuhe mit meiner Dankbarkeit bezahlen soll.«

Das soll keineswegs heißen, dass etwas daran auszusetzen wäre, wenn Kinder ihren Eltern dankbar sind. Ganz im Gegenteil. Aber die Kinder müssen selbst an diesen Punkt kommen, ohne Druck und Erwartungshaltung von Seiten der Eltern, denn damit machen diese alles zunichte, was sie zuvor in mühevoller Arbeit geschaffen haben.

Es gibt Eltern, die ihre Kinder in die Rolle von Schuldnern bringen, indem sie Sätze sagen wie: »Wenn du mal ausziehst, kannst du machen, was du willst, aber solange du …«, »Wenn ich die ganze Miete zusammenrechne, die du mir für all die Jahre zahlen müsstest …«, »Bei dem vielen Geld, das ich für deine Uni ausgebe, könntest du wenigstens anständig studieren« oder »Wir haben doch alles für dich getan …«. Das hat Folgen für die Kinder, denn ihnen bleiben nur zwei Möglichkeiten, die beide nicht gut sind. Entweder versuchen sie, der Schuld gerecht zu werden, in der sie bei ihren Eltern stehen, und werden zu Mustersöhnen und -töchtern, die alles tun, was man von ihnen erwartet, und dafür ihre eigenen Wünsche und Ziele zurückstecken. Oder sie versuchen, keine weiteren Schulden anzuhäufen, indem sie alles zurückweisen, was man ihnen anbietet (»Ich will nichts von dir, wenn du später alles aufrechnest.«). Unnötig zu sagen, dass beide Wege keine Bereicherung für ihr künftiges Leben sind.

Es gibt auch Kinder, die ihre eigenen Verdienste nicht sehen und sich manchmal ein Leben lang verpflichtet fühlen, die erhaltene Zuwendung zurückzugeben, damit ihre Eltern sich anerkannt und wertgeschätzt fühlen, obwohl diese das gar nicht einfordern. Kinder, die aus sich heraus das Gefühl haben, ihren Eltern etwas schuldig zu sein, und versuchen, die Erwartungen zu erfüllen, die andere in sie setzen, indem sie sich für ihre Eltern »aufopfern«, sie finanziell unterstützen oder, was gesellschaftlich anerkannter ist, sie pflegen.

*Es heißt, was man den eigenen Eltern verdankt, gibt man nicht ihnen zurück, sondern den eigenen Kindern.*

Ich würde ehrlich gesagt diese Schuldsache am liebsten ganz streichen. Alles, was ich von meinen Eltern mitbekommen habe (und das war nicht wenig), haben sie aus freien Stücken gegeben. Deshalb habe ich nicht das Gefühl, in ihrer Schuld zu stehen, auch wenn ich ihnen sehr wohl dankbar bin. Genauso würde ich nicht wollen, dass meine Kinder das Gefühl haben, mir etwas schuldig zu sein. Nicht einmal dann, wenn es letztendlich ihren eigenen Kindern zugutekommt. Wenn sie so weit sind, bedingungslos zu lieben, dann sollen sie das aus eigenem Antrieb und mit Freude tun (und die ist groß!) und nicht aus einer unterschwelligen, rückwirkenden Dankbarkeit heraus.

Ein Teil des elterlichen Auftrags ist es, die Kinder darin zu unterstützen, dass sie eines Tages, wenn sie das wollen, eine eigene Familie gründen können. Und dafür ist es unerlässlich, dass sie die Ursprungsfamilie verlassen.

Es mag grausam klingen, aber man lässt seine Familie im Stich.

Hey, jetzt übertreib mal nicht! Findest du nicht, dass »im Stich lassen« ein zu harter Begriff ist? Nein, finde ich nicht. Und besser, du liest das Folgende sehr aufmerksam, denn sonst sind Probleme vorprogrammiert.

Um eine eigene Familie zu gründen, muss man die Familie verlassen, in der man aufgewachsen ist, und zu einer anderen wechseln.

»Ich habe für diese oder jene Mannschaft gespielt, aber jetzt spiele ich für eine andere, wo man mir mehr zahlt.« »Ich hatte gemeinsam mit einem Geschäftspartner eine Firma, aber dann bin ich ausgestiegen und habe meine eigene gegründet.« Das nennt man hier und überall auf der Welt »im Stich lassen«. Und mit der Familie ist das nicht anders. Die Lösung kann nicht lauten, den Begriff durch einen anderen zu ersetzen, der weniger schlimm klingt. Die Lösung lautet, die Angst vor der Vorstellung zu verlieren, dass man die Seiten wechselt, denn manchmal ist es das einzig Richtige, was man tun kann.

Wenn Eltern zu viel Dankbarkeit erwarten oder nicht den geringsten vermeintlichen Verrat oder Verlust ertragen, torpedieren sie die Möglichkeiten ihres Kindes, sein eigenes Leben zu leben.

Die Geschichte von Juana, einer vierzigjährigen Patientin, zeigt, welche Folgen eine solche Haltung der Eltern haben kann.

Als Juana mit der Therapie begann, war sie seit zehn Jahren Single und lebte mit ihrer Mutter und einem jüngeren Bruder zusammen (der Vater war vor Jahren gestorben). Eines Tages kam sie ganz euphorisch in die Praxis. Sie hatte einen Mann kennengelernt und eine feste Beziehung mit ihm begonnen. Da der Mann in einer anderen Stadt lebte, wo er einen guten Job hatte, begann sich abzuzeichnen, dass sie irgendwann zu ihm ziehen könnte. Dann kam die Urlaubszeit, und Juana teilte ihrer Mutter mit, dass sie ein paar Tage zu ihm fahren würde. Die Mutter sagte vorwurfsvoll:

»Ausgerechnet jetzt, wo die Ferien beginnen? Kann ja sein, dass er dein Freund ist, aber ich bin deine Mutter und will auch etwas von dir haben!«

Als Juana diese Antwort hörte, erinnerte sie sich daran, dass ihre Mutter vor dreißig Jahren schon einmal etwas ganz Ähnliches gesagt hatte. Sie war damals zehn gewesen, und die

Familie war zusammen mit einem befreundeten Paar aus der Nachbarschaft, das Kinder im gleichen Alter hatte, an die Küste gefahren. Als die Ferien zu Ende waren, hatte die andere Familie ihr und ihrem Bruder angeboten, noch ein paar Tage länger zu bleiben und mit ihnen zurückzufahren. Obwohl ihre Mutter den anderen Eltern vollkommen vertraute, hatte sie das Angebot ausgeschlagen. Die Kinder baten und bettelten, aber sie blieb hart. Auf der Rückfahrt hatte Juana sich immer wieder gefragt, warum ihre Mutter ihr diese zusätzlichen Ferientage versagt hatte. Nach zweihundert Kilometern brach es schließlich aus ihr heraus:

»Warum konnten wir nicht noch bei unseren Freunden bleiben?«

Daraufhin hatte die Mutter sich umgedreht und gesagt:

»Mag sein, dass sie deine Freunde sind. Aber wir sind eure Eltern und wollen auch etwas von euch haben.«

Dreißig Jahre später erhielt Juana nun die gleiche Antwort. Diese Frau sah ihre Tochter noch immer mit denselben Augen wie das zehnjährige Mädchen von damals. Sie hatte nicht realisiert, dass diese mittlerweile eine Frau von über vierzig war, und glaubte immer noch, dass ihre Tochter dazu da sei, ihr eine Freude zu sein.

Man muss kein erfahrener Therapeut sein, um zu erkennen, dass Juanas langjährige Schwierigkeiten, eine Partnerschaft einzugehen und eine Familie zu gründen, viel mit ihrer Mutter zu tun hatten. Wie sollte sie auch, wenn das bedeutete, dass man sie ihrer Mutter »wegnahm«? Wie so viele andere Mütter und Väter hatte sich Juanas Mutter nie bewusstgemacht, dass die Zeit gekommen war, sich nicht länger an ihrem Kind zu erfreuen, sondern sich mit ihm zu freuen. Das ist eine der wichtigsten und zweifellos eine der schwersten Aufgaben, die wir als Eltern zu meistern haben.

Zur elterlichen Liebe gehört es auch, zu akzeptieren, dass

wir unsere Kinder großziehen, damit sie uns irgendwann verlassen können und wollen. Daran zeigt sich, dass Väter und Mütter ihre Sache gut gemacht haben.

# 3
# Ambivalente Liebe

*Anfangs lieben Kinder ihre Eltern;*
*wenn sie älter werden, halten sie Gericht über sie;*
*manchmal verzeihen sie ihnen.*
Oscar Wilde

## Idealisierung und Enttäuschung

Während die Liebe der Eltern zu ihren Kindern bedingungslos ist, ist das wesentliche Merkmal der Liebe der Kinder zu den Eltern die Ambivalenz. Das Höchste, was man von Kindern erwarten kann, ist, dass sie ihre Eltern ein bisschen lieben … und nicht allzu sehr hassen.

Wir wollen hier nicht definieren, dass jede Eltern-Kind-Beziehung »so zu sein hat«, sondern deutlich machen, dass diese Ambivalenz sogar unvermeidlich und wünschenswert ist.

Kinder brauchen diese beiden komplementären Gefühle, damit aus ihnen reife, unabhängige Erwachsene werden, die in der Lage sind, ihr ganzes Potential zu entfalten. Es geht nicht nur darum, dass Kinder ihre Eltern lieben und hassen müssen, sondern es geht darum, zu begreifen und zu akzeptieren, dass diese Gefühle der notwendige Ausdruck der Prozesse sind, die Kinder durchmachen müssen, um sich vollständig zu entwickeln.

Unsere Kinder werden uns für die Fürsorge, Zuneigung und Unterstützung lieben, die wir ihnen gegeben haben, also dafür, dass wir ihnen gegeben haben, was sie wirklich brauchten und wollten. Aber sie werden auch mit uns hadern, weil sie erkennen müssen, dass wir sie unvermeidlich auch geformt und mit unserem Da-Sein, unseren Ratschlägen und unserer Weltsicht bis zu einem gewissen Punkt eingeschränkt haben – ganz zu schweigen von anderen ärgerlichen Dingen, die wir ihnen sicherlich nicht erspart haben: Standpauken, Frust und Vorschriften, die ihnen absurd vorkamen. Niemand ist froh und dankbar, wenn er so behandelt wird, die eigenen Kinder schon gar nicht; wenn so etwas passiert, sind sie zu Recht wütend auf uns, im besten Fall, ohne deshalb aufzuhören, uns zu lieben.

In meiner Kindheit hatte sich zwischen mir und meinem Vater eine Art Gewohnheit entwickelt, fast ein Ritual. Wenn ich beim Lesen auf ein Wort stieß, das ich nicht verstand, ging ich zu meinem Vater (auch wenn ich warten musste, bis er abends von der Arbeit nach Hause kam) und fragte zum Beispiel:

»Papa, was bedeutet ›Pagode‹?«

Oder:

»Papa, was ist mit ›Aufhebung‹ gemeint?«

Oder:

»Pa, was bedeutet ›dantesk‹?«

Und mein Vater antwortete:

»Eine Pagode ist ein Bauwerk im chinesischen Stil.«

»Aufhebung ist, wenn ein Gesetz abgeschafft wird.«

»Dantesk kommt von Dante Alighieri, einem berühmten italienischen Dichter. Es heißt so viel wie übertrieben, eindrucksvoll oder wundersam.«

Mein Vater wusste immer eine Antwort und achtete darauf, bei seinen Erklärungen keine Begriffe zu benutzen, die ich nicht verstand. Ich kann es nicht mit Sicherheit sagen, aber meinem Gefühl nach ging das über Jahre so. Bis eines Tages etwas geschah, was ich niemals für möglich gehalten hätte (du kannst es dir schon denken ...).

Eines schönen Tages (oder vielleicht sollte ich lieber sagen, eines schlechten Tages) ging ich zu meinem Vater und fragte ihn, sagen wir mal (ich erinnere mich nicht mehr an das genaue Wort):

»Papa, was ist eine Feluke?«

Und mein Vater antwortete:

»Eine Feluke? Weiß ich nicht. Noch nie gehört.«

Diese Antwort haute mich vom Hocker. So sehr, dass ich es zunächst nicht glauben wollte: Bestimmt war es einer dieser Tricks, zu denen mein Vater griff, wenn er wollte, dass ich selbst auf die Antwort kam.

»Wie, du weißt es nicht?«, sagte ich.

»Ich weiß es nicht, Demi«, wiederholte er. »Wir können im Wörterbuch nachschlagen.«

Es war kein Trick. Mein Vater wusste wirklich nicht, was dieses Wort bedeutete. Noch schlimmer, in diesem Moment entdeckte ich, dass es ein Wort gab, das mein Vater nicht kannte. Das war unerhört! Ich hatte mir noch nie Gedanken darüber gemacht, aber bis zu diesem Augenblick war ich sicher gewesen, dass mein Vater *alle* Wörter kannte.

Ich hörte deswegen nicht auf, ihm Fragen zu stellen, aber von da an war jede Frage eher eine Prüfung als eine Suche nach Antworten. Meistens wusste er eine Antwort, aber nicht immer. Ich erinnere mich noch, wie traurig ich war; eine Illusion war zerplatzt. Und so ging es immer weiter, bis irgendwann unvermeidlich der Zeitpunkt kam, an dem mein Vater mir endgültig nicht mehr weiterhelfen konnte, wenn ich (der eine ziemliche Leseratte war) ein ausgefallenes Wort nicht kannte.

Ein neuer Schmerz. Das Undenkbare war geschehen: Ich hatte meinen Vater »eingeholt«.

Ich war nicht so dumm zu glauben, ich hätte ihn in jeder Hinsicht eingeholt; aber dennoch war mir klar, dass es zumindest möglich war, dass das Gleiche auch in anderen Bereichen passieren konnte.

Das Gefühl wurde von einem kleinen Kummer zu einer Art Schwindelgefühl und schließlich zur Sorge. Ich konnte mich nicht länger darauf verlassen, dass er alle meine Probleme löste. Mein Vater hatte nicht auf *alles* eine Antwort, und er würde nicht *immer* eine Antwort für mich haben.

Es gab einen Punkt, an dem ich auf einmal alleine war.

Wenn ich heute daran zurückdenke, war nicht das Wissen um seine Fehlbarkeit das Schlimmste, sondern dass unser kleines Ritual, das mir solche Freude gemacht hatte, vorbei war. Natürlich konnten wir es durch ein anderes ersetzen, indem wir zum Beispiel gemeinsam im Lexikon nachschlugen (wie langweilig!), aber ich spürte, dass diese faszinierenden Momente nie mehr wiederkommen würden.

Ich weiß nicht, ob mir damals bewusst war, was das in mir auslöste, aber heute weiß ich, dass ich gar nicht anders konnte, als wütend auf meinen Vater zu sein. Ich hasste ihn für seine Fehlbarkeit, seine Unvollkommenheit und dafür, dass ich herausfinden musste, dass er nicht die allmächtige Person war, für die ich ihn gehalten hatte. Ich war wütend, weil ich ihm irgendwie vorwarf, dass er mich das hatte glauben machen.

»Du hast gesagt, du würdest alle Wörter kennen!«, hätte ich ihm am liebsten vorgeworfen, aber ich tat es nicht. »Wie kannst du es jetzt wagen, mir zu sagen, dass du etwas nicht weißt? Du musst es wissen. Du hast es mir versprochen!«

*Ich habe meinem Sohn nie gesagt, dass ich alles wüsste, ich wäre gar nicht auf den Gedanken gekommen. Und selbstverständlich habe ich ihm nie so etwas versprochen, dennoch hat er es geglaubt. Und wenn ich es recht überlege … Wie hätte mein Sohn etwas anderes denken sollen? Hatte ich nicht bisher auf alle seine Fragen eine Antwort gewusst?*

*Aber zu meiner Entlastung: Was hätte ich machen sollen, um ihm diese Enttäuschung zu ersparen und in seinen Augen besser dazustehen?*

*Hätte ich mich öfter mal dumm stellen sollen? So tun, als wüsste ich etwas nicht, obwohl ich es doch wusste? Ich fand nicht, dass es gut für meinen Sohn gewesen wäre, ihn plump anzulügen, und das sehe ich nach wie vor so. Aus meiner Sicht hätte das bedeutet, ihn von einem Moment auf den anderen im Stich zu lassen und ihn frühzeitig in eine Welt voller Unsicherheit zu stoßen.*

*Ein Kind vorzeitig mit der harten Realität zu konfrontieren, die es so oder so irgendwann kennenlernen wird, zeugt nicht von Liebe und ist auch keine gesunde Form der Erziehung.*

Als Kinder sind wir so sehr auf unsere Eltern angewiesen und so abhängig von ihnen, sie sind in unseren Augen so groß und mächtig, dass es fast unmöglich ist, sie nicht zu idealisieren. Dieser Blick garantiert uns absolute Sicherheit. Wie könnten wir als Kinder beruhigt sein, wenn wir davon ausgingen, dass unser Leben in den Händen von verunsicherten, schwachen und zaghaften Menschen liegt, die sich jederzeit irren können? Bei sehr kleinen Kindern ist die Vorstellung, dass die Eltern alles wissen und alles können, nicht nur normal, sondern richtig und notwendig. Wenn dieses idealisierte Bild allerdings über die Kindheit hinaus bestehen bleibt, ist das unangebracht und kann schädlich sein.

*Als ich sechs Jahre alt war, brachte mein Vater mir das Schachspielen bei. Die ganze Grundschulzeit hindurch dachte ich, er sei einer der größten Schachspieler, die die Welt je gesehen hatte. Ich spielte gern gegen ihn, obwohl ich genau wusste, dass er mich manchmal gewinnen ließ. Fünfzig Jahre später schlägt hin und wieder einer von uns beiden vor, eine Partie Schach zu spielen, und wir haben viel Spaß dabei – auch wenn er genau weiß, dass ich ihn hin und wieder gewinnen lasse.*

Der US-amerikanische Schriftsteller Paul Auster veröffentlichte vor einigen Jahren ein Buch, in dem er wahre Geschichten versammelte, die von Radiohörern geschrieben wurden. Die Anthologie war nach einer der Geschichten benannt: *Ich glaubte, mein Vater sei Gott.*

Dieser Satz ist ein schönes, einfaches und überzeugendes Bild für die Idealisierung der Eltern, die wohl jeder erlebt hat (auch wenn man in jenen Momenten das Gefühl hat, der Einzige zu sein), und er weist gleichzeitig auf das Ende dieser großen Illusion hin. »Ich glaubte«, heißt es (was bedeutet, heute glaube ich es nicht mehr), was jeder Leserin und jedem Leser klarmacht, dass der Zauber irgendwann gebrochen wird und wir unsere Eltern so sehen, wie sie wirklich sind: als Menschen mit Vorzügen und Fehlern, Stärken und Schwächen.

Es ist ein schmerzlicher Moment, denn er konfrontiert uns mit der Tatsache, dass die schützende Blase, von der wir uns umhüllt glaubten, verschwunden ist. Wir sind nun sozusagen den potentiellen Gefahren der Welt ausgesetzt (oder sind uns zumindest dieser Möglichkeit bewusst) und müssen selbst Strategien finden, ihnen zu begegnen.

Die Enttäuschung darüber, dass auch unsere Eltern Grenzen haben, ist gesund und notwendig. Sie eröffnet uns einen neuen, fruchtbaren Raum, in dem man seinen eigenen Weg findet, sich seine eigene Meinung über die Welt bildet und zunehmend Verantwortung für sein eigenes Leben übernimmt. Ein Raum also, in dem man erwachsen wird.

## Spuren, die bleiben

In dem Disneyfilm *Rapunzel – Neu verföhnt* gibt es eine Szene, die das ambivalente Verhältnis der Kinder gegenüber ihren Eltern wunderbar illustriert.

Meiner Meinung nach lohnt es sich, einen genaueren Blick auf die Geschichte zu werfen, um zu verstehen, was da mit der Hauptfigur passiert. *Rapunzel – Neu verföhnt* erzählt eine Version des Märchens von dem Mädchen mit den langen Haaren, das von einer bösen Hexe in einen Turm gesperrt wird.

In der Disney-Version besitzt Rapunzels Haar magische Eigenschaften: Beim Singen eines bestimmten Liedes geht ein Leuchten von ihm aus, das Kranke heilen und das Altern rückgängig machen kann. Das ist der Grund, warum die Hexe Gothel die neugeborene Rapunzel entführt. Da Gothel weiß, dass die Eltern des Kindes, der König und die Königin, das Mädchen suchen werden, sperrt sie es in einen Turm. Jahre vergehen, in denen die beiden fernab von anderen Menschen zusammenleben wie Mutter und Tochter. Rapunzel wächst heran, und Mutter Gothel bleibt durch die magischen Haare des Mädchens ewig jung.

Zunächst einmal ist interessant, wie Gothel Rapunzel gefangen hält. Natürlich verriegelt sie die Tür, ja; aber sie weiß genau, dass sie Rapunzel damit nicht aufhalten wird, wenn diese wirklich fliehen möchte. Gothel bedient sich einer subtileren, wesentlich wirkungsvolleren Methode: Sie sorgt dafür, dass das Mädchen gar nicht nach draußen möchte. Aber wie schafft sie das? Sie macht ihr Angst. Gothel bringt Rapunzel bei, dass die Welt da draußen ein gefährlicher Ort ist, wo es Wölfe und Bären gibt, giftiges Efeu, Diebe und Mörder und vor allem die Männer, allesamt seelenlose, egoistische, unaufrichtige Verräter. Vor den Männern muss man sich in Acht nehmen. »Du bist ein schwaches, unbedarftes Ding«, sagt Mutter Gothel, »sie würden dich lebendig auffressen … Hier bist du in Sicherheit. Mama passt auf dich auf, Mama versteht und beschützt dich, und darum rate ich dir: Bleib bei mir; nur bei Mama bist du in Sicherheit.«

*Letztendlich sagt die Mutter schlicht und einfach: »Ich mache das alles nur für dich, auch wenn du nicht froh darüber bist, auch wenn ich dich in deiner Freiheit einschränke, auch wenn du mir nicht glaubst … Es ist nur zu deinem Besten!«*

*Zu deinem Besten?*

*Wirklich nicht sehr originell. Ist das nicht unser Totschlagargument, wenn es um Erziehung geht?*

*Ist es nicht eine Rechtfertigung den Kindern und uns selbst gegenüber, um über ihren Kopf hinweg zu entscheiden, manchmal aufgrund eigener Erfahrungen, genauso oft aber auch aus eigenem Unvermögen oder einer Laune heraus?*

Rapunzel vertraut ihr (natürlich, wie sollte sie auch anders? Sie kennt ja sonst keinen, hat noch nie eine andere Meinung, einen anderen Ratschlag gehört) und gehorcht. Und zur Empörung des Zuschauers ist sie auch noch dankbar dafür!

»Danke, Mama, dass du so gut auf mich achtgibst!«, könnte sie sagen.

Nun könnte man bezweifeln, dass diese Geschichte in Bezug auf das Eltern-Kind-Verhältnis (in diesem Fall das Mutter-Kind-Verhältnis) repräsentativ ist. Schließlich ist Gothel nicht Rapunzels richtige Mutter; die Mutter ist die Königin, die sie zur Welt gebracht hat. Aber wenn wir am Anfang dieses Buches sagten, dass die Eltern eines Kindes diejenigen sind, die den Entschluss gefasst haben, es großzuziehen, dann ist Gothel sehr wohl Rapunzels Mutter. Eine schlechte Mutter, ja, und was vielleicht noch schlimmer ist, eine böse Mutter, aber deswegen kann man ihr nicht den Titel Mutter versagen oder ihr gar den Einfluss absprechen, den sie auf ihre Tochter hat. Dass Gothel so ist, wie sie ist, ist zumindest mit ein Grund dafür, dass Rapunzel die ist, die sie ist.

Das lässt sich logischerweise über alle Väter und Mütter sagen, denn sie alle hinterlassen zwangsläufig Spuren bei ihren Söhnen und Töchtern.

Später dann – aber eben erst später – ist es Aufgabe der Kinder, an sich zu arbeiten und zu entscheiden, was sie aus diesen Spuren, diesen Narben, machen.

Oder um mit Jean-Paul Sartre zu sprechen: »Es kommt nicht darauf an, was man aus uns gemacht hat, sondern darauf, was wir aus dem machen, was man aus uns gemacht hat.«

Oder wie sagt John Bradshaw: »Was wir aus dem verletzten Kind machen, das in uns wohnt.«

Unsere Eltern prägen uns, und was noch entscheidender ist: Uns ist durchaus bewusst, dass diejenigen, die uns geprägt haben, unsere wahren Eltern sind. Und selbst wenn unsere Liebe zu ihnen nicht bedingungslos ist, kann man nur einen Vater oder eine Mutter weiterhin lieben, obwohl sie sich über unseren Willen hinweggesetzt und uns ihren Willen aufgezwungen haben. Bei jedem anderen, der so mit uns umginge, würden wir entsetzt die Flucht ergreifen.

*Ich erlaube mir hier eine kleine Randbemerkung, um das Ganze aus einem anderen Blickwinkel zu betrachten: Es gibt noch eine weitere Macht, die uns an diejenigen binden kann, die uns unterdrücken. Eine Macht, die der Liebe komplett entgegengesetzt ist, und das ist die Angst.*

Wenn Gothel nicht Rapunzels Mutter wäre, würde das Mädchen sich als Entführungsopfer fühlen und sich entsprechend verhalten. Aber das tut sie nicht. Sie hasst Gothel nicht und sieht sie nicht als Feindin an; sie beschwert sich lediglich, dass Gothels Fürsorge aus ihrer Sicht übertrieben ist und sie in ihrer Freiheit beschneidet.

Selbst am Ende, als Rapunzel erkennt, welche niederen Beweggründe ihre Mutter die ganze Zeit angetrieben haben, selbst dann, als Gothel sie verraten und zu ihrem eigenen Vorteil hintergangen hat, auch dann noch, als sie herausfindet, dass Mutter Gothel sie ihren biologischen Eltern geraubt hat, ruft Rapunzel unter Tränen, als Gothel stirbt:

»Nein, Mutter, nein!«, und sinkt schluchzend auf die Knie.

Sie sagt nicht, wie man vielleicht erwarten könnte:

»Na los, stirb endlich, du böse alte Vettel! Du hast den Tod verdient, nach allem, was du mir angetan hast …«

Es mag eine schmerzliche Vorstellung sein, aber die Situation zwischen Mutter Gothel und Rapunzel unterscheidet sich gar nicht so sehr von dem, was sich zwischen jedem Kind und seinen überfürsorglichen Eltern abspielen könnte.

»Moment! Jetzt aber mal langsam!«, werden alle Eltern mit verständlicher Empörung aufschreien, weil sie nicht mit einer so abstoßenden Figur wie dieser Gothel verglichen werden wollen. »Diese Hexe springt aus völlig selbstsüchtigen Gründen so mit Rapunzel um. Weil sie jung bleiben will. Wenn wir hingegen unsere Kinder in ihrer Freiheit einschränken, tun wir das nur zu ihrem Besten.«

Es gibt einiges, was sich auf diese Einwände gegen unsere »überzogene« Bemerkung sagen ließe.

Zunächst einmal ist gar nicht so klar, ob sich Gothels Motive so sehr von denen der meisten Eltern unterscheiden. Überlegen wir doch mal: Was will Gothel? Für immer jung sein. Und warum will sie das? Um attraktiv für die Männer zu sein? Der Film legt diesen Gedanken nicht nahe. Gothel tanzt keinesfalls auf allen Hochzeiten oder wirft sich jedem Mann in die Arme. Nein, sie ist die meiste Zeit bei Rapunzel im Turm. Wir könnten jetzt vermuten, dass sie die Zeit anhalten will, damit sich nichts verändert und alles so bleibt, wie es ist. Und wie sieht dieses Jetzt aus? Nun, Gothel und Rapunzel leben wie Mutter und Tochter in diesem Turm. Das, so glauben wir, ist es, was Gothel nicht verlieren will: Sie will nicht aufhören, Mutter zu sein.

Und wollen das nicht alle Väter und Mütter, die Kinder großziehen? Wenn wir sagen »Ich will nicht, dass ihnen etwas passiert«, geht es dann wirklich um sie? Oder ängstigt uns der Gedanke, sie zu verlieren? Wenn wir uns eingestehen, dass daran durchaus etwas Wahres ist, dann müssen wir zu dem Schluss kommen, dass entweder Mutter Gothels Beweggründe gar nicht so egoistisch sind, wie es auf den ersten Blick scheint, oder aber die Beweggründe der anderen Eltern nicht so edel sind ... Vielleicht sind sie gar nicht so weit voneinander entfernt.

Natürlich heißt das nicht, dass man aufhören sollte, seine Kinder zu beschützen oder sie vor Gefahren zu warnen, die man auf ihrem Weg vorhersehen kann. Und schon gar nicht sollte man sie einfach gewähren lassen, ohne jede Einschränkung oder Richtschnur. Das ist nicht der Weg, zu dem wir raten (das haben schon andere vor uns ausprobiert und sind gescheitert). Wir sagen lediglich, dass man sich bewusst sein sollte, dass uns nicht immer die Liebe dazu bewegt, in das Leben unserer Kinder einzugreifen, sondern dass andere Beweggründe dahinterstecken können. Diese mögen oft mit dem Gefühl von Liebe einhergehen, haben damit aber nichts gemeinsam außer der Person, auf die sie sich beziehen. Die Rede ist von der Angst, die Kinder zu verlieren, Angst in all ihren Formen. Die Kontrolle über ihr Leben zu verlieren. Und vor allem nicht verhindern zu können, dass sie uns verlassen.

Jeder weiß, dass es unsere größte Aufgabe als Eltern ist, unseren Kindern das Werkzeug an die Hand zu geben, damit sie uns irgendwann nicht mehr brauchen und flügge werden. Und doch können wir ihnen dabei im Weg stehen, wenn wir nicht aufpassen, weil wir Angst vor genau diesem Tag haben.

Dass Gothels Verhalten dem der meisten anderen Eltern gar nicht so unähnlich ist – selbst wenn wir finden, dass Gothels Beweggründe böse und niederträchtig sind, wir hingegen aus reiner Liebe handeln –, zeigt sich auch daran, dass die Argumentation dieselbe ist: »Ich schränke dich in deiner Freiheit ein, weil ich glaube, dass es besser für dich ist.« »Ich weiß besser als du, was gut für dich ist.« Oder: »Später wirst du mir dankbar sein.«

Selbst wenn das alles stimmt, hinterlässt es bei dem Objekt dieser Bevormundung ein zwiespältiges Gefühl: Ich liebe dich für deine Fürsorge und deine guten Absichten, und gleichzeitig hadere ich mit dir, weil du mir deinen Willen aufzwingst.

In der Literatur wie auch im täglichen Leben gibt es viele Beispiele von Menschen, die andere auf unerträgliche Weise wie Kinder behandeln. Ehemänner, Ehefrauen, Freunde, Vorgesetzte, Nachbarn und Regierende glauben sich im Recht, ihre Mitmenschen wie Kinder zu behandeln, die ihnen in der Folge natürlich am liebsten aus dem Weg gehen. In seinem Buch *Wie erziehe ich meine Eltern?* schlägt der Erziehungsexperte Alex J. Packer eine Übung vor, die wunderbar geeignet ist, sich in diese Situation hineinzuversetzen. Stell dir vor, ein befreundetes Ehepaar lädt zum Abendessen zu sich nach Hause ein; aber statt dich und deinen Partner wie Gäste zu behandeln, springen die beiden mit euch um, als wärt ihr kleine Kinder.

Als Susana, die Gastgeberin, die Tür öffnet, sagt sie als Erstes:

»Wir haben euch früher erwartet. Wir hatten neun Uhr ausgemacht, und jetzt ist es halb zehn. Findet ihr nicht, ihr hättet uns Bescheid geben können?«

»Schon ... Wir sind ein bisschen spät dran ...«, sagt ihr entschuldigend.

»Na gut«, sagt Susana. »Aber dass das nicht wieder vorkommt!«

Während sie euch ins Esszimmer führt, wendet sich Susana vertraulich an dich bzw. deine Frau und flüstert dir/ihr ins Ohr:

»Findest du nicht, dass diese Bluse ein bisschen zu tief ausgeschnitten ist für dein Alter? Die Leute reden schon ...«

»Ich ... Also, ich dachte ...«

»Okay«, meldet sich Susanas Mann Mario zu Wort, »das Essen ist fast fertig. He, langsam mit der Vorspeise! Sonst packt ihr das Fleisch nicht mehr.«

Du verschluckst dich beinahe an dem letzten Stückchen Salami, da legt Susana schon wieder los. Sie reibt sich genüsslich die Hände und sagt:

»Habt ihr uns noch was zu sagen?«

Du und dein Partner seht auch überrascht an. Um die Form zu wahren, sagst du schließlich:

»Nun ja ... Wir überlegen, nach Prag zu fahren.«

»Nach Prag? Seid ihr verrückt?«, sagt Susana. »Da ist es eiskalt um diese Jahreszeit, und dann die russische Mafia ...«

»Genau«, pflichtet Mario bei, wenn auch nicht ganz überzeugt. »Außerdem, findet ihr nicht, dass es bei der allgemeinen Wirtschaftslage und eurem Einkommen – so viel ist das ja nicht, ehrlich gesagt – besser wäre, das Geld fest anzulegen? Dann hättet ihr was für den Notfall. Ich meine ja nur ... Macht, was ihr wollt. Schließlich ist es euer Leben.«

Sehr wahrscheinlich werdet ihr nach so einem Abend zweimal überlegen, bevor ihr noch mal zu Mario und Susana geht, oder?

Und doch muss nicht daran erinnert werden, wie oft wir als Eltern unsere Kinder so behandeln. Und wir erwarten sogar, dass sie unsere Ratschläge wertschätzen und dankbar dafür sind. Wir machen das nicht aus völliger Ignoranz, sondern weil wir wissen, dass ihre Gefühle uns gegenüber zum Glück ambivalent sind und unsere Beziehung deswegen nicht scheitert.

»Gute Kinder« sind sich ihrer zwiespältigen Gefühle bewusst; weniger reflektierte klammern sich an ihre positiven Gefühle und lassen die Hand ihrer Eltern niemals los; oder sie sind in ihren negativen Gefühlen gefangen, ohne Nutzen aus ihnen ziehen zu können.

In diesem Sinne ist Rapunzel eine gute Tochter. Als ihr Drang, die gewohnten Grenzen zu überschreiten und herauszufinden, was sich jenseits des mütterlichen Kosmos befindet, übergroß wird und sie in Versuchung gerät, die Ratschläge ihrer Mutter in den Wind zu schlagen und aus dem Turm zu fliehen, zögert sie zunächst.

Rapunzel lehnt sich aus dem Fenster und schlingt ihr Haar um das Fensterkreuz, um sich an ihm herabzulassen wie an einem Seil.

»Ich werde es tun«, sagt sie sich. »Oder nein …«, zögert sie. »Doch«, beschließt sie dann und saust an ihrem langen blonden Zopf nach unten.

Wenige Zentimeter über dem Boden hält sie inne und schwebt ein paar Sekunden in der Luft, dann setzt sie vorsichtig den nackten Fuß auf den Boden und schließlich auch den anderen.

Dann steht sie vor dem Turm.

Alles ist neu und wunderbar. Sie läuft mit dem Wind um die Wette, bespritzt sich mit Wasser, lässt Erde durch ihre Finger rieseln …

»Ich kann's nicht glauben«, sagt sie zu sich selbst. »Ich hab's wirklich getan. Ich hab's getan!«

Doch dann fällt ihr wieder ein, was sie zumindest für ein paar Minuten verdrängen musste, um zu tun, was sie gerade getan hat. Ein leiser Schrei entfährt ihrem Mund:

»Ach! Mutter wird böse sein.«

Szenenwechsel: Rapunzel sitzt auf der Erde, eine Lilie in der Hand, und sieht nachdenklich aus.

»Es ist doch gar nicht so schlimm, oder? Wenn sie es nicht erfährt, tut es ihr auch nicht weh …«

Erneuter Szenenwechsel. Rapunzel in einer düsteren Höhle.
»Was soll ich nur tun? Es wird sie umbringen …«
Rapunzel spielt mit den Vögeln.
»Das ist so lustig!«
Rapunzel, mit gesenktem Kopf an einen Baum gelehnt:
»Ich bin eine schlechte Tochter … Ich werde zurückgehen.«
Rapunzel kullert einen Hang hinab:
»Ich will nie wieder zurück!«
Rapunzel liegt schluchzend auf dem Boden, das Gesicht in den Händen vergraben, aber sie widersteht der Versuchung, einen Schritt zurück zu machen. Sie bleibt mutig und stellt sich den Schuldgefühlen, die ihre Erziehung in ihr gesät hat.

### Ungehorsam sein und Wagnisse eingehen

Sich über die elterlichen Vorschriften hinwegzusetzen ist in doppelter Hinsicht schwierig. Man muss es aushalten können, den Eltern Schmerz zuzufügen, und man muss die Verantwortung für das übernehmen, was danach geschieht.

Wir waren »ungehorsam«, haben uns schlicht und einfach »anders entschieden« oder etwas »auf unsere Weise« gemacht. Deswegen sind wir nun auf uns gestellt und sind den Gefahren der Welt ausgeliefert – denn die gibt es in der Tat.

Mütter wie Gothel lügen nicht, sie geben lediglich Halbwahrheiten wieder oder stellen unangenehme Wahrheiten übertrieben dar. Es mag uns gefallen oder nicht, aber tatsächlich ist in der realen Welt nicht immer alles eitel Sonnenschein. Nicht alle werden uns mögen, nicht alle werden gut zu uns sein. Die Welt ist nicht bereit, uns vor allem Bösen zu beschützen.

Als Therapeuten haben wir schon oft die Klagen von Kindern gehört, die ihren Eltern vorwarfen, sie überbehütet zu haben. Sie nicht enttäuscht zu haben, wenn es nötig gewesen wäre. Sie daran gehindert zu haben, aus den Folgen ihres Handelns zu lernen, indem sie jeden Schaden von ihnen abwendeten, den ihr Handeln hätte verursachen können, um ihnen Kummer zu ersparen.

In dieser Hinsicht kann ich meinen Eltern nichts anlasten.

Ich war immer ziemlich gut in der Schule, das Lernen fiel mir leicht. Ich kann mich nicht erinnern, dass meine Eltern hinter mir her sein mussten, damit ich meine Hausaufgaben machte oder zur Schule ging. Darum kümmerte ich mich selbst. Dabei war es nicht so, dass ich gerne Hausaufgaben gemacht oder meine freie Zeit nicht genossen hätte; ich weiß noch gut, wie froh ich war, wenn wir mal nichts aufhatten oder die Schule wegen Unwetters ausfiel. Wie also lässt sich dieses ausgeprägte Verantwortungsgefühl erklären? »Wie haben deine Eltern das geschafft?«, könnte man nun fragen, wenn man nur ihnen diesen Erfolg zuschreiben wollte und nicht mir (und wie ungerecht wäre das!).

*Meine Kinder gingen beide auf dieselbe Grundschule, fünf Straßen von unserer Wohnung entfernt. Eine Stadtteilschule mit abblätterndem Putz, zerkratzten Pulten und sehr engagierten, freundlichen Lehrerinnen, wie meine Frau das mochte, und die keine überzogenen Anforderungen stellten, was wiederum ich gut fand.*

*Vielleicht wegen dieser Kombination begannen beide um die dritte Klasse herum nachlässig zu werden und mit den Hausaufgaben zu schludern. Meine Frau fühlte sich für die schulischen Leistungen der Kinder verantwortlich und fungierte die ganze Woche über als selbsternannte Familienpolizei:*

*Hast du die Hausaufgaben gemacht? Bist du mit der Karte fertig? Hast du für Erdkunde gelernt? Kannst du das Gedicht auswendig? Komm, ich frage dich die Tabellen ab!*

*Es war eine Situation, die zunehmend zu Reibungen, Streitereien und schlechter Stimmung führte.*

*Ich für meinen Teil hatte nie etwas von dieser Form elterlicher Kontrolle gehalten. Also schlug ich meiner Frau um des häuslichen Friedens willen vor, unseren Kindern, die damals sieben oder acht Jahre alt waren, die komplette Verantwortung für ihre schulischen Leistungen zu übertragen.*

*Mein Vorschlag war folgender: Wir würden mit ihnen reden und ihnen erklären, dass Schule, Hausaufgaben und Noten in ihren Zuständigkeitsbereich fielen und sie für die Ergebnisse verantwortlich waren. Nachdem wir lange darüber gesprochen hatten, beschlossen wir, es zumindest bis zum Ende des Schuljahrs zu versuchen. Dann sprachen wir mit den Kindern. Die Abmachung war klar: Weder ihre Mutter noch ich würden noch einmal von ihnen verlangen, dass sie lernten oder ihre Hausaufgaben machten; das war ganz allein ihre Sache.*

*Sie hörten zu und willigten eher überrascht als erfreut ein. Meine Frau wiederum war fest entschlossen, sich an die Abmachung zu halten, auch wenn sie sich fragte, wie sie sich beherrschen sollte, wenn die Kinder Gefahr liefen, die Klasse wiederholen zu müssen.*

*Unser Plan wurde schon bald auf die Probe gestellt.*

*Eines Nachmittags kam meine Frau vom Einkaufen zurück und fand Demián faul im Sessel vor, wo er Fernsehen schaute (um diese Uhrzeit saß er normalerweise an den Hausaufgaben). Wie nebenbei erkundigte sie sich:*

*»Na, was schaust du denn da?«*

*»Zeichentrickfilme«, antwortete Demián.*

*»Hast du keine Hausaufgaben auf?«*

*»Doch … Aber die mache ich später.«*

*»Wann, später?«, fragte sie entgegen der Abmachung.*

*»Papa hat gesagt, das dürfen wir selbst entscheiden«, argumentierte der kleine Schlaumeier.*

*»Ja, stimmt. Ich frage ja nur. Aber wäre es nicht besser, zuerst die Hausaufgaben zu machen und dann fernzusehen?«*

*»Nein«, sagte Demián eher aus naiver Ehrlichkeit als aus Trotz.*

*»Okay«, sagte meine Frau, auch wenn sie sich dabei auf die Zunge beißen musste, wie sie mir später gestand.*

*»Später« kam nie, und unser Sohn ging ohne Hausaufgaben zur Schule.*

*Am nächsten Tage kontrollierte die Lehrerin die Hausaufgaben nicht. Demián war mit seiner Schludrigkeit durchgekommen, ohne auch nur einen kleinen Preis dafür zahlen zu müssen.*

*Manchmal läuft es nicht so, wie man es sich vorstellt. Dann muss man ein bisschen nachhelfen.*

*An diesem Abend ersannen meine Frau und ich eine Strategie. Am nächsten Morgen ging ich noch vor Unterrichtsbeginn zur Schule, um mit der Lehrerin zu sprechen. Sie verstand sofort, was wir vorhatten, und war bereit, uns in unserem Vorhaben zu unterstützen. Wie Demián am Nachmittag geknickt erzählte, forderte sie im Unterricht von drei oder vier Kindern die Hausaufgaben vom Vortag ein, darunter auch Demiáns, der sie natürlich nicht hatte. Wie vorherzusehen, kam Demián mit einer Sechs im Hausaufgabenheft nach Hause, der ersten und letzten seines Lebens.*

Meine Eltern behaupten, dass sie von diesem Tag an nie mehr hinter mir her sein mussten, damit ich für die Schule und später für die Uni lernte. Bei meiner Schwester war es genauso, aber sie brauchte keine Sechs dafür. Ich erkannte, dass es Spaß machte, gute Noten zu bekommen, und so wie ich mich kenne, gefiel es mir sicherlich auch, zu den Lieblingsschülern meiner Lehrerin zu gehören (eine gute Note kann in gewisser Weise auch ein Liebesbeweis der Lehrerin sein: »Ich mag dich Eins mit Sternchen!« »Dich nur so Drei.« »Und dich fast gar nicht: Fünf minus.«). Damals lernte ich, und das war vermutlich auch der Sinn dieser etwas fragwürdigen Methode meiner Eltern: Wenn ich etwas kriegen wollte, musste ich mich ein bisschen dafür anstrengen (ganz egal, worum es ging), und dass ich es für mich machte und nicht, um meinen Eltern einen Gefallen zu tun.

Wenn elterliche Erziehungsmethoden zum Erfolg führen, liegt das natürlich nicht nur an der richtigen Strategie der Eltern, sondern vor allem daran, ob sie bei einem Kind auf fruchtbaren Boden fallen. Was wäre zum Beispiel passiert, wenn der Junge sich überhaupt nichts aus der schlechten Note gemacht hätte? Wenn es ihm egal gewesen wäre, ob die Lehrerin ihn mochte? Oder wenn er nicht erkannt hätte, dass es da einen Zusammenhang mit seiner Leistung gab? Was also wäre passiert, wenn gute Noten kein Ansporn für ihn gewesen wären? Was hätten wir als Eltern dann tun sollen? Eine gute Frage, mit der wir uns im Kapitel über Erziehung weiter beschäftigen werden, um hoffentlich Antworten darauf zu finden. Fürs Erste soll festgehalten werden, dass es durchaus hilfreich sein kann, Kindern hin und wieder Kummer und Niederlagen zuzumuten, wenn sie daraus positive Erkenntnisse gewinnen.

Vergleichen wir unsere vermeintliche Grausamkeit mit dem Verhalten jener Eltern, die ihre Kinder immer wieder in Schutz nehmen und ihnen helfen, Ausflüchte zu finden, um den Folgen ihres Handelns zu entgehen. Meistens tun sie das nicht, weil sie keine Grundsätze hätten, sondern, weil sie es nicht aushalten, ihre Kinder leiden zu sehen. Das mag sehr liebevoll wirken, aber in Wirklichkeit nehmen sie ihnen damit die Möglichkeit, dazuzulernen, denn das geht nicht ohne kleine Enttäuschungen. Sie tun ihnen einen schlechten Gefallen, wenn sie ihnen nichts an die Hand geben, um die Konflikte zu bewältigen, mit denen sie sich später auseinandersetzen müssen, wenn ihre Eltern die Rückschläge nicht mehr abfedern können oder es Probleme gibt, die nur sie selbst lösen können.

Und damit kommen wir zwangsläufig zum vorherigen Punkt zurück.

Die Ablösung der Kinder von den Eltern ist für beide Seiten schmerzhaft. Als Eltern müssen wir die Kinder loslassen und darauf vertrauen, dass sie ohne uns zurechtkommen und ihre

Sache gut machen (vielleicht sogar besser als wir). Als Kinder müssen wir den Schmerz aushalten, die Eltern zu verlassen, obwohl wir wissen, dass es nicht leicht für sie ist – und auch nicht für uns, wenn wir die ersten Male ohne ihre Hilfe zurechtkommen müssen.

In *Rapunzel – Neu verföhnt* kann sich Rapunzel erst aus ihrer Gefangenschaft befreien, als sie sich die Haare abschneidet. Da in ihrem Haar die Zauberkraft sitzt, die ihre Mutter jung hält, bedeutet das Abschneiden der Haare gleichzeitig, die Mutter dem Altern preiszugeben und zu akzeptieren, dass Gothel sterben wird, während sie, Rapunzel, weiterlebt.

Auch für Rapunzel ist das ein sehr schwerer und schmerzhafter Schritt, trotz allem, was ihre Mutter ihr angetan hat, und obwohl sie herausgefunden hat, dass sie nicht ihre biologische Mutter ist.

## So gut sie konnten

Manchmal verharren wir in unserer Wut, nachdem wir die Fehler und Unzulänglichkeiten unserer Eltern erkannt haben. Diese Wut kommt daher, dass wir einfach nicht akzeptieren wollen, dass Eltern nicht vollkommen sind, und es nicht schaffen, uns von diesem Bild zu verabschieden.

Manchmal ist es die Angst vor der Ungewissheit, die mit der neu gewonnenen persönlichen Freiheit einhergeht und uns zunächst daran hindert, unseren Weg der Unabhängigkeit weiterzugehen. Manchmal ist es falsch verstandene Loyalität den Eltern gegenüber, die uns das Gefühl gibt, eine Art Verrat zu begehen, wenn wir als Erwachsene ihre Unzulänglichkeiten als Eltern sehen. Wenn ich weiterhin glaube, dass meine Eltern alles wissen und können, wird es schwierig oder unmöglich für mich sein, mir einzugestehen, dass meine Eltern bei meiner

Erziehung Fehler gemacht oder mir hin und wieder schlechte Ratschläge gegeben haben. In der Konsequenz werde ich zu dem Schluss kommen, dass ich ein Versager bin, der es nicht geschafft hat, die Ratschläge seiner Eltern umzusetzen, oder dass sie mich nicht genug geliebt haben, um mir etwas Besseres beizubringen. Furchtbar!

Machen wir uns hingegen klar, dass unsere Eltern nicht nur Eltern sind, sondern Männer und Frauen, Söhne und Töchter auch ihrerseits, Bankangestellte, Handwerker, Geschäftsleute oder was auch immer, dann erkennen wir, dass sie bei unserer Erziehung nichts anderes getan haben, als all die Dinge in die Waagschale zu werfen, die sie zu den Menschen gemacht haben, die sie sind oder waren.

Dann können wir verstehen, dass sie es mit Sicherheit »so gut gemacht haben, wie sie konnten«. Und das ist immer so und gilt für die besten Eltern genauso wie für die schlimmsten.

*Von deinen Eltern, von meinen, von mir selbst kann ich ohne Zweifel behaupten:*

> *Wir alle haben unser Bestes gegeben,*
> *wir wussten es nur so, hatten nur diese Mittel.*
> *Manches ging gut, anderes nicht.*

Der Schmerz, den es uns bereiten mag, unsere Eltern so zu sehen, bewahrt uns vor etwas viel Schlimmerem, nämlich Groll gegen sie zu hegen. Man sagt immer, es bringe nichts, den Eltern die Schuld an allem zu geben, und das stimmt auch. Aber das heißt nicht, dass wir über ihre Fehler und Unzulänglichkeiten hinwegsehen sollen. Als Kinder ist es unsere Aufgabe, diese zu erkennen, damit wir selbst entscheiden können, was wir daraus machen wollen. Für diejenigen, die selbst Eltern werden, heißt das, es auszuhalten, dass unsere Kinder enttäuscht von uns sind, und daran zu denken, dass es so am besten für alle ist, weil es bedeutet, dass wir unseren Job gut gemacht haben.

Nach all diesen Überlegungen wollen wir das Kapitel mit dem Satz von Oscar Wilde beenden, mit dem wir es begonnen haben:

*Sie haben uns geliebt,*
*sie haben uns verurteilt,*
*und mit ein bisschen Glück*
*werden sie uns verzeihen.*

# 4
# Was wir unseren Kindern mitgeben

## Der Fokus

Als ich das Gymnasium beendet hatte, fragte ich mich wie so viele junge Leute, was ich studieren sollte. Diese Art der Frage macht schon klar, dass manche Entscheidungen schon längst getroffen waren, ohne dass ich mir dessen bewusst war. Und diese Entscheidungen waren das Resultat meiner Erziehung. Denn ich stellte mir nie die Frage, ob ich überhaupt studieren sollte. Ich kam gar nicht auf den Gedanken, nicht zur Uni zu gehen. Diese Möglichkeit lag außerhalb meines Fokus.

Und woher sollte eine solche Konditionierung rühren, wenn nicht von den Eltern?

Damit man mich richtig versteht: Es war kein Zwang. Es war nicht so, dass meine Eltern ständig gesagt hätten: »Du musst studieren, sonst wirst du am Hungertuch nagen …« Nichts dergleichen. Wenn sie das gesagt hätten, wäre die Option vielleicht in meinem Kopf gewesen – zwar negativ besetzt (oder auch erstrebenswert, wenn ich Lust gehabt hätte zu revoltieren), aber sie wäre da gewesen, und ich hätte zumindest darüber nachdenken können. Doch diese Konditionierung war viel tiefgehender und unanfechtbar.

Man kann sich gut vorstellen, wie ich von klein auf gefragt wurde: »Und, was wirst du später mal studieren?« »Welche Fachrichtung willst du einschlagen?« Wenn man dich das fragt, ist klar, dass die Option, nicht zu studieren, außerhalb der Möglichkeiten liegt.

*Das stimmt. Fragt man jemanden, der noch nie Tee getrunken hat: »Willst du lieber schwarzen Tee oder Kamillentee?«, wird diese Person wohl kaum sagen: »Kaffee wäre mir lieber«, weil die Frage suggeriert, dass es nur Tee gibt (und auch nicht die Option, gar nichts zu trinken). Aber ich schwöre, es war nicht meine Absicht, einen Weg vorzugeben, auch wenn ich heute, wenn ich meinen Sohn so höre, keinen Zweifel daran habe, dass es so war. Was ist da passiert? Die Antwort ist ebenso einfach wie beunruhigend: Auch meine Frage stand bereits vorher fest. Aus denselben oder anderen Gründen, aus denen außer Frage stand, dass meine Kinder NICHT studieren könnten. Für mich war das eine klare Sache. Jede andere Option war auch für mich undenkbar. Ich bin fast sicher, dass ich dagegen argumentiert hätte, hätte eines meiner Kinder gesagt, dass es lieber Kaffee hätte, um im Bild zu bleiben; aber ich glaube auch, dass ich die Entscheidung letzten Endes genauso überzeugt mitgetragen hätte, wie ich versucht habe, sie durchs Studium zu begleiten.*

Als Eltern muss uns bewusst sein, wie stark unsere Anregungen, Vorurteile und Ideale unsere Kinder beeinflussen, denn wir entscheiden darüber, auf welche Dinge wir durch unser Reden und Handeln »ein gutes Licht werfen«. Unsere eigene Sichtweise definiert nicht nur den Fokus, in dem sich unsere Kinder bewegen, sondern lässt auch all jene Wege im Dunkeln, die wir für nicht wünschenswert halten oder die aufgrund unserer eigenen Erziehung nie eine Option für uns waren.

Wir sollten daran denken, dass es immer das Beste für unsere Kinder (wie auch für jeden anderen) ist, selbst zu entscheiden, was sie für ihr eigenes Leben wollen, in einem Umfeld, das einen möglichst breiten Fokus bietet und in dem ihnen jede Möglichkeit offensteht.

Letztendlich sind Kinder selbst für ihre Entscheidungen verantwortlich, je älter sie werden, desto mehr. Aber als Eltern sollten wir nicht vergessen, dass auch wir Verantwortung dafür tragen, was ein Kind aus seinem Leben macht. Der elterliche Einfluss auf die Kinder ist stark, und wir sollten die Wirkung nicht unterschätzen, die unsere Worte und unser Handeln auf sie haben. Das gilt sowohl dann, wenn sie versuchen, uns nachzueifern, aber auch, wenn sie alles daransetzen, so wenig wie möglich mit uns gemeinsam zu haben.

Wenn nun ein Kind mit einer Entscheidung liebäugelt, die wir als schlecht für sein Leben erachten, sollten wir der ebenso naiven wie sinnlosen Versuchung widerstehen, schlechten Umgang (»Die bringen ihn auf die schiefe Bahn!«) oder eine flüchtige Liebelei dafür verantwortlich zu machen (»Dieser Junge ist nichts für sie!«). Denken wir lieber darüber nach, was dieses Liebäugeln zu bedeuten hat: Mit welchem Verhalten (unserem, nicht ihrem) oder verborgenen Sehnsüchten haben wir diesen Weg bereitet, den wir nun nicht gutheißen?

Es ist kaum übertrieben, zu sagen, dass sich der Erfolg als Eltern daran bemisst, ob das Kind gut im Leben zurechtkommt. Aber was heißt das – »gut im Leben zurechtkommen«? Ganz einfach: Es geht darum, ob es glücklich ist und ob es sein Leben meistert.

Vor einiger Zeit erzählte uns ein Patient eine Geschichte, die ihm nicht mehr aus dem Kopf ging. Es ist eine harte Geschichte, aber es lohnt sich, sie zu erzählen.

Der Patient arbeitete bei der Staatsanwaltschaft und begleitete eine Gruppe von Polizisten und Fahndern zur Verhaftung eines jungen Mannes, der verdächtigt wurde, mit Drogen zu handeln (wenn auch nur in kleinem Stil). Als die Beamten in das bescheidene Häuschen am Stadtrand eindrangen, saß der mutmaßliche Drogenhändler gerade mit seinen Eltern am Frühstückstisch. Der Vater trug eine Militäruniform, die er, so vermutete der Patient, wohl niemals ablegte, auch nicht als

Rentner. Die Polizisten zeigten den Durchsuchungsbefehl vor und machten sich an die Arbeit. Im Schlafzimmer des jungen Mannes fanden sie eine kleine Menge illegaler Substanzen, die bereits für den Verkauf portioniert und verpackt war, und nahmen ihn fest.

Unser Patient erzählte, dass er niemals den Blick des Vaters vergessen wird, als dem Jungen Handschellen angelegt wurden. Er stand in seiner Uniform wie angewurzelt neben dem Tisch, Enttäuschung und Ungläubigkeit standen ihm ins Gesicht geschrieben. Eigentlich war es verboten, mit Delinquenten zu sprechen, aber unser Freund konnte sich nicht beherrschen.

»Schau dir deinen Vater an«, warf er dem Verhafteten vor. »Siehst du, wie enttäuscht er ist?«

Der junge Mann entgegnete mit fester Stimme:

»Mein Vater suhlt sich seit vierzig Jahren in seinem Elend. Ich will nicht so enden.«

Unser Patient erzählte, wie betroffen ihn diese Antwort machte. Für ihn war es, als hätte man ihm eine schallende Ohrfeige versetzt. Aus seinem eigenen Verantwortungsgefühl und Respekt den Eltern gegenüber hatte er dem Delinquenten mit seiner Bemerkung sagen wollen: »Siehst du, was du deinen Eltern antust?« Doch die Antwort des jungen Mannes hatte ihn direkt ins Herz getroffen, denn dieser hatte ganz klar und deutlich gesagt: »Und? Siehst du, was sie aus mir gemacht haben?«

## Sohn von …

Kommen wir zu meiner Geschichte zurück.

Ich fragte mich also, was ich studieren sollte. Als kleiner Junge hatte ich davon geträumt, Naturwissenschaftler zu werden (ich malte mir aus, wie ich Flüssigkeiten von einem Reagenzglas ins andere schüttete und die neue Substanz zu qualmen anfing oder die Farbe wechselte), als Gymnasiast schwebte mir eine Karriere als Historiker vor (mich faszinierten die antiken Kulturen, Ägypten, Babylonien, Griechenland …). Aber nun, da ich wirklich entscheiden sollte, was ich für den Rest meines Lebens tun wollte (so dachte ich damals), gab es nur drei Optionen, die ich ernsthaft in Erwägung zog: Philosophie, Psychologie oder Medizin (Letzteres in der Absicht, mich auf Psychiatrie zu spezialisieren).

Philosophie schloss ich schon bald aus, denn ich wollte etwas studieren, wovon ich anschließend auch leben konnte, und ich bezweifelte, dass das in Argentinien möglich war (vielleicht ein Vorurteil, aber damals dachte ich so). Blieben also zwei Optionen: Psychologie oder Psychiatrie, wobei die Frage eher war, welcher Weg besser zum Ziel führte, denn ich wusste, dass ich so oder so als Psychotherapeut arbeiten wollte. Ich ging zu meinem Vater und fragte ihn nach seiner Meinung. Da er Psychiater und Therapeut war und ich seinem Urteil vertraute, war das durchaus sinnvoll. Wir führten ein langes Gespräch, in dem er eher dazu riet, zuerst Medizin zu studieren und mich dann auf Psychiatrie zu spezialisieren. Er nannte mehrere Gründe dafür, objektive und subjektive, und redete ganz offen und ehrlich mit mir. Zu den ersten zählten: So, wie sich der Arbeitsmarkt entwickelte, würde ein Psychiater leichter Arbeit finden als ein Psychologe; als Arzt war man für die Gesundheit der Leute zuständig, selbst wenn man den Fokus nicht auf körperliche Erkrankungen legte; als Psychiater konnte man später noch das Handwerkszeug des Psychologen dazulernen, wohingegen der umgekehrte Weg nicht sehr wahrscheinlich war (nach den Gesetzen Argentiniens dürfte ich zum Beispiel keine Medikamente verschreiben). Was die subjektiven Gründe betraf, gab er offen zu, dass es ihn freuen und stolz machen würde, wenn ich denselben beruflichen Weg einschlüge wie er. Er war der Ansicht, dass die Zeit und der Einsatz, die ein Medizinstudium erforderten, durch die Freude und

Zufriedenheit, die man daraus zog, reichlich aufgewogen wurden. Aber sein letztes und bestes Argument lautete: »Arzt zu sein ist für mich nach wie vor der schönste Beruf der Welt.«

*Das Gespräch endete damit, dass sich die Waage für Demián in Richtung Medizin neigte, und heute kann ich sagen, dass sie seine Berufung war und ist. Und so schrieb sich mein Sohn zu meinem Stolz und meiner Freude (die ich, so gut es ging, zu verbergen versuchte) an der medizinischen Fakultät der Universität von Buenos Aires ein.*

*Es folgten drei Jahre mit Mikroskopieren, Sezieren und Formelpaukerei, was Demián gegen jede Prognose ziemlichen Spaß machte (viel mehr als mir seinerzeit).*

*Als es aufs Ende des Studiums zuging und er sich für eine Fachrichtung entscheiden musste, erlangte ich plötzlich in Argentinien durch meine Bücher und vor allem durch meinen Ausflug ins Fernsehen einige Bekanntheit: Zwei Jahre lang sprach ich in einer täglichen Sendung über das Thema Psychologie und Gesundheit, was aus mir eine Person des öffentlichen Lebens machte.*

Es war eine ziemlich schwierige Situation für mich, wie sich ganz gut in dem folgenden Dialog zeigt, der sich so oder ähnlich in jener Zeit häufig wiederholte:

»Wie heißt du?«, wurde ich beim Kennenlernen gefragt.

»Demián Bucay.«

»Bucay? Bist du mit dem Schriftsteller verwandt?«

»Ja, er ist mein Vater.«

»Oh!«, rief der andere bewundernd aus, um dann nach einer kurzen Pause zu fragen: »Und was studierst du?«

»Medizin«, sagte ich, wohl wissend, was nun folgte.

»Aha«, sagte der andere genüsslich. »Im wievielten Jahr bist du?«

»Im vierten«, antwortete ich und wusste, dass ich dem anderen meine offene Flanke präsentierte.

»Und in welchem Bereich willst du deinen Facharzt machen?« Der Stürmer setzt zum Schuss an …

»In Psychiatrie.« Der Torwart pariert, aber der Ball ist unerreichbar …

»Sieh einer an! Wie dein Vater!« Tor! Tooor! Der Schütze hat die komplette Abwehr ausgeschaltet, der Torwart liegt am Boden, seht euch den Unglücksraben an, wie er dort im Staub liegt … All seine Anstrengungen waren vergebens, was für eine Niederlage …

Vielleicht übertreibe ich ein bisschen mit der Fußballmetapher, aber nicht allzu sehr. Diese Unterhaltungen waren ziemlich hart für mich. Ich hatte das Gefühl, dass man mich an einem wunden Punkt erwischte. Es war so schlimm für mich, dass ich damals versuchte, verschiedene »Verteidigungsstrategien« zu entwickeln, die alle mehr oder weniger naiv und zumeist wirkungslos waren. Folgende zum Beispiel:

»Bist du mit Jorge Bucay verwandt?«

»Ja, entfernt.«

Oder diese, schon etwas aggressivere:

»Hast du was mit dem Schriftsteller zu tun?«

»Ich hab mit keinem zu tun. Er ist mein Vater.«

Aber auch wenn es mir hin und wieder gelang, mich solchen unangenehmen Situationen zu entziehen, oder ich es zumindest schaffte, dass sich mein Gegenüber genauso unbehaglich fühlte wie ich, konnte ich die bange Frage nicht überspielen, die ich mir natürlich immer wieder stellte: Würde ich irgendwann aufhören, »der Sohn von Jorge Bucay« zu sein? Würde ich irgendwann für das anerkannt werden, was ich war, oder war ich dazu verdammt, für immer im Schatten meines Vaters zu stehen? Diese Frage bedrückte mich sehr. Ich war so verunsichert, dass ich mich ganz konkret fragte: Hatte ich mich dafür entschieden, Psychotherapeut zu werden, weil ich es wirklich wollte? Oder war es nur der Einfluss meines

Vaters gewesen? Wollte ich Therapeut sein wie er? Oder wollte ich ein Therapeut wie er sein? Diese zweite Möglichkeit, dass er der alleinige Grund für meine Entscheidung gewesen sein könnte, fand ich furchtbar.

Ich bekam zunehmend das Gefühl, dass ich mich niemals dem Vergleich mit meinem Vater entziehen konnte, wenn ich diesen Weg weiterging, und, noch schlimmer, dass ich bei diesem Vergleich immer verlieren würde. Manchmal war ich zuversichtlich und sagte mir: »Ich schaffe das!« Aber diese Zuversicht hielt nicht lange an, dann kehrten die Zweifel zurück. Irgendwann beschloss ich, die Fachrichtung zu wechseln. Wenn ich etwas anderes machte, sagte ich mir, würde man mich nicht ständig vergleichen. Ich begann also, andere Möglichkeiten in Erwägung zu ziehen: Chirurgie, bildgebende Verfahren … Vielleicht lohnt es sich, zu erwähnen, dass die Optionen, die mir einfielen, mir zwar zusagten (Chirurgen zum Beispiel bewundere ich sehr), aber sie waren immer etwas völlig anderes als Psychiatrie: Der Bereich geistige Gesundheit ist die Disziplin in der Medizin, die sich am wenigsten mit dem Körper befasst und viel mit Sprache zu tun hat, während in der Chirurgie und bei bildgebenden Verfahren die Sprache keinerlei Rolle spielt; dort spricht man nicht mit dem Patienten, sondern es geht einzig und allein um den Körper. Vielleicht hätte das ein Hinweis darauf sein müssen, dass diese neuen Optionen eine Reaktion waren und keine wirkliche Wahl. Aber damals erkannte ich das nicht.

Während ich also darüber nachdachte, mich auf ein anderes Fachgebiet zu spezialisieren, verlor ich zunehmend das Interesse am Studium. Meine Noten wurden schlechter, ich ging nur noch ungern zu den Vorlesungen, und vor allem langweilte ich mich. Diese Feststellung und die Erkenntnisse aus der Therapie, die ich einige Zeit zuvor begonnen hatte, machten mir klar, dass ich zu meinem ursprünglichen Weg zurückkehren sollte. Ich erkannte, dass es genauso dumm war, nur deshalb mit dem Psychiatriestudium aufzuhören, weil mein Vater Psychiater war, wie umgekehrt, nur deshalb dieses Fach zu studieren. Als die Perspektive, Psychotherapeut zu werden, wieder aufschien, konnte ich mich dem Studium mit neuer Kraft widmen (wie das so oft der Fall ist, wenn man an einer Sache zweifelt und sich dann erneut dafür entscheidet), und die Probleme lösten sich in Luft auf.

*Natürlich fragten die Leute meinen Sohn auch weiterhin, was er studierte, und mich, was meine Kinder studierten, um dann wissend zu lächeln, wenn sie hörten, dass wir uns alle drei für dieselbe Laufbahn entschieden hatten. Doch für Demián hatten sich zwei Dinge verändert. Erstens verstand er nun, dass die meisten Leute das nicht aus böser Absicht taten und dass sie sich meistens über diesen Umstand freuten (und nach meiner Erfahrung als Vater steckte hinter dieser Freude hin und wieder auch ein kleines bisschen Neid). Der zweite und wichtigere Punkt war, dass es nichts mit ihm zu tun hatte. Tief in seinem Inneren wusste er, dass er sich nicht für die Psychiatrie entschieden hatte, weil ich Psychiater war, sondern weil es das war, was er wirklich wollte (und ich ergänze: sicherlich bis zu einem gewissen Punkt auch, obwohl sein Vater ein bekannter Psychiater war).*

*Mein Sohn hatte nun die Gewissheit, sich aus tiefster Überzeugung für eine Sache entschieden zu haben. Was die anderen sagten, interessierte ihn nicht länger, was nicht heißen soll, dass es ihm nichts ausmachte (ich werde immer misstrauisch, wenn Leute behaupten, dass es sie »nicht die Bohne« interessiert, was die anderen denken). Und falls ihm wirklich etwas an der Meinung einer Person lag, machte er sich die Mühe, die ganze Geschichte zu erzählen.*

## Sohn oder Tochter sein

Nun könnte man meinen, unser Problem sei ein ganz spezielles, das nur dann vorkomme, wenn Kinder in die Fußstapfen ihrer Eltern treten, insbesondere, wenn diese erfolgreich sind. Aber so ist es nicht. Die Situation, die wir erlebten, war nur eine besondere Form einer weitverbreiteten Problematik, die wir »Sohn-von- oder Tochter-von-Problematik« nennen könnten. Denn man ist immer der Sohn oder die Tochter von jemandem, mag dieser Jemand nun berühmt oder unbekannt sein, angesehen oder ein Schuft, erfolgreich oder gescheitert.

Bei jedem Kind ist der Prozess der Selbstfindung an individuelle Voraussetzungen geknüpft und wird von der Persönlichkeit sowie der persönlichen Geschichte von Kindern wie Eltern beeinflusst. Bei dieser komplexen Ausgangslage geben junge Menschen oft dem Zufall die Schuld.

So geht es dem jungen Studenten, der ein Problem mit dem Erfolg seines Vaters hat, während es im Grunde nur darum geht, dass er seinen eigenen Weg finden muss. Eine Aufgabe, die jeder Sohn und jede Tochter bewältigen muss, um die Rolle des Kindes hinter sich zu lassen. So ist es auch bei dem adoptierten Mädchen, das (wie alle Jugendlichen in diesem Alter) mit dem Einsetzen der Pubertät Konflikte mit den Eltern hat; sie aber führt dieses Probleme auf den Umstand zurück, dass sie adoptiert wurde, und macht sich auf die Suche nach ihren biologischen Eltern. Nicht um ihre Wurzeln zu finden, sondern weil sie glaubt, die »richtigen« Eltern würden sie verstehen. Das Mädchen erkennt nicht, dass diese Konflikte etwas sind, das jedes Kind für eine gesunde Entwicklung durchleben muss, und dass die Tatsache, dass es diese Konflikte mit den Menschen austrägt, mit denen es täglich zusammenlebt, der Beweis dafür ist, dass sie seine »richtigen« Eltern sind, an denen sich jedes Kind notwendigerweise reiben muss.

Dieser Prozess der Identitätsfindung ist nicht einfach. Der Ausdruck »Sohn von« oder »Tochter von« drückt nicht nur eine leibliche Verwandtschaft aus, sondern auch eine Hierarchie, in der sich das Kind den Eltern unterlegen fühlt. Es geht in diesem Prozess also auch darum, die Eltern zu übertreffen.

*Die Eltern übertreffen*

Der Versuch, die Eltern zu übertreffen, bringt einige Probleme mit sich. Zum einen ist es für ein Kind schwierig, die Parameter zu definieren, die festlegen, wer über wem steht. Was heißt das, besser zu sein als der Vater? Mehr Erfolg zu haben, bekannter zu sein, mehr Geld zu verdienen? Öfter für die Familie da zu sein, liebevoller zu sein, aufmerksamer? Nach unserer therapeutischen Erfahrung ist es für ein Kind sehr schwierig, genau zu wissen, ob es seine Eltern übertroffen hat. Es wird immer eine innere Stimme geben, die sagt: »Du bist erfolgreicher als dein Vater, das stimmt ... Du bist nach China gereist, er hat das nie geschafft ... Aber was ist mit den wirklich wichtigen Dingen?« Es wird immer etwas geben, das man nicht so gut gemacht hat, und das genügt, um an der eigenen Überlegenheit zu zweifeln.

Zum anderen hat der Versuch, die Eltern zu übertreffen, unweigerlich zur Folge, dass wir mit ihnen konkurrieren. Und man kann nicht konkurrieren, wenn man auf derselben Seite steht. Wenn wir in Konkurrenz zueinander stehen, sind wir Rivalen. Damit ist jede Unterstützung, die du mir anbietest, verdächtig und nicht vertrauenswürdig. Wenn ein Rivale dem anderen hilft, ist es dann nicht so, als ließe er ihn gewinnen? Was daran ist mein Verdienst? Wenn ich dich übertreffen will, muss ich das ohne deine Hilfe tun (du brauchst auch nicht mit meiner Hilfe zu rechnen. Für wie blöd hältst du mich?). So werden wir gewissermaßen zu Feinden; selbst wenn alles wunderbar läuft und wir uns sehr schätzen, verläuft doch ein Graben aus Misstrauen und Argwohn zwischen uns. Eine solche Beziehung kann wohl kaum fruchtbar sein, weder für das Kind noch für die Eltern.

Letztendlich glauben wir, dass jeder Versuch, die Eltern zu übertreffen, zum Scheitern verurteilt ist. Warum? Weil es dabei immer um Nachahmung geht, und wer nachahmt, ist immer ein Mitläufer.

*Der bekannte Pianist und Komponist George Gershwin war ein großer Bewunderer von Maurice Ravel. Er erzählte jedem, dass er irgendwann New York verlassen und für ein paar Monate nach Paris reisen würde, um bei dem bewunderten Musiker zu studieren.*

*Schließlich war es so weit, und er setzte seinen Plan in die Tat um. Nachdem er alle Verpflichtungen abgesagt hatte, machte er sich auf den Weg zu Maurice Ravel.*

*»Maestro«, stellte er sich vor, »mein Name ist George Gershwin. Ich bin Jazzmusiker, und ich bin von weit her gekommen, weil ich Sie bitten wollte, mir beizubringen, so zu spielen und zu komponieren wie Sie.«*

*»Mein lieber Freund«, antwortete der französische Musiker, »warum wollen Sie ein zweitklassiger Ravel sein, wenn Sie ein erstklassiger Gershwin sein können?«*

### *Die Eltern verleugnen*

Die meisten Kinder gelangen früher oder später an den Punkt, an dem sie erkennen, dass Konkurrenz zu den Eltern beziehungsschädigend und sinnlos ist, denn als Kind kann man diesen Wettbewerb nie gewinnen. Ist dieser Versuch gescheitert, wird oft ein anderer gestartet: der Versuch, die Eltern oder doch wenigstens ihren Einfluss zu leugnen.

Im Allgemeinen geht das Verleugnen nicht so weit, dass jemand abstreitet, das Kind seiner Eltern zu sein, aber er mag sich durchaus in den Gedanken verrennen, dass er rein gar nichts mit ihnen gemeinsam hat. Ganz so, als sagte man sich: »Alles, was ich habe, habe ich mir selbst zu verdanken. Ich bin niemandem etwas schuldig. Das alles ist mein eigenes Verdienst. Ich glaube nicht an Genetik!« Es ist ein Diskurs, der in jüngster Zeit großen Anklang findet und durchaus beeindruckt, denn es geht dabei auch um Ideale wie Selbstachtung und Stolz, die im Allgemeinen eine hohe Wertschätzung genießen.

War es nicht genau dieses Gefühl der Wertlosigkeit, dem ich entgehen wollte, als ich darüber nachdachte, lieber Chirurg zu werden? Könnte ich nicht, wenn ich diesen Weg weiterverfolgt hätte, heute stolz sagen: »Alles, was ich erreicht habe, habe ich aus eigener Kraft erreicht«, während ich in der einen Hand das Skalpell und in der anderen ein Stück blutiges Eingeweide hielte? Ganz gewiss, und es wäre keine Lüge. Stattdessen sitze ich hier und schreibe gemeinsam mit meinem Vater ein Buch, auf die Gefahr hin, dass einige denken: »Schaut euch diesen Typ an, hat sich an Papas Rockzipfel gehängt.« Warum habe ich entschieden, dieses Risiko einzugehen, wenn ich doch eine so gute Alternative hatte? Nun, weil ich genau weiß, dass ich mit diesem anderen Weg nicht glücklich geworden wäre, oder zumindest nicht so glücklich, wie ich es heute bin. Im besten Fall hätte ich auf meinem Lebensweg einen großen Umweg gemacht …

Eine Geschichte hat mir sehr dabei geholfen, zu verstehen, wie unsinnig diese scheinbar ehrenwerte Einstellung ist. Es handelt sich um eine Episode aus dem Roman *Danke für das Feuer* des uruguayischen Autors Mario Benedetti. Erzählt wird die Geschichte von Ramón Budiño; schon bei der Einführung der Person kommt Benedetti zum entscheidenden Punkt. Als jemand den Nachnamen des Protagonisten hört, fragt er:

»Haben Sie etwas mit Edmundo Budiño zu tun?«

»Ich bin sein Sohn«, sagt Ramón.

»Der Sohn von Edmundo Budiño, der von der Zeitung?«

»Ja, gnädige Frau, der von der Zeitung und von der Fabrik.«

»Caramba!«, sagt ein anderer. »Dann sind Sie ja eine wichtige Persönlichkeit.«

»Wenn schon, dann ist mein Vater die Persönlichkeit. Ich besitze nur ein Reisebüro.«

Aus diesem Satz »Ich besitze nur ein Reisebüro« können wir schon heraushören, dass Ramón eine negative Sicht auf sich selbst hat. Er findet, dass er nicht viel erreicht hat. Nicht viel im Vergleich zu was? Zu dem, was sein Vater erreicht hat, natürlich. Diese Vermutung bestätigt sich später im Roman, denn wir erfahren, dass Ramón dieses Reisebüro in bester Lage nur aufgrund eines Darlehens von Budiño senior aufmachen konnte.

Irgendwann überlegt Ramón, der nicht länger »der Sohn von …« sein will, das Reisebüro zu schließen und seinem Vater das Geld zurückzuzahlen. Als er seinen Vater damit konfrontiert, ist dessen Antwort ziemlich gemein, aber auch treffend: So oder so werde Ramón seinen außergewöhnlichen Start, den das Darlehen ihm ermöglicht habe, nicht auslöschen können. Für ihn gebe es keine Ausflucht.

Ramón sitzt in der Zwickmühle: Wenn er das Reisebüro behält, ist er »der Sohn von Budiño«; schließt er es, dann auch. Nun denkt Ramón darüber nach, seinen Vater umzubringen (er will nicht länger Sohn sein, egal wie). Er geht ins Büro seines Vaters und richtet die Waffe auf ihn, bringt es aber nicht fertig, abzudrücken (weil es eigentlich nicht das ist, was er wirklich will). Die Geschichte endet dennoch tragisch: Ramón begeht Selbstmord und ist damit nicht länger Budiños Sohn, hat allerdings dafür mit dem Leben bezahlt.

Fazit dieser Geschichte ist offensichtlich, dass es unmöglich ist, nicht Sohn oder Tochter zu sein. Auf die eine oder andere Weise geraten wir immer in die Zwickmühle, brechen entweder die Beziehung zu den Eltern ab oder verzichten auf unsere Chance zur Selbstverwirklichung. Aber wir sollten nicht glauben, dass es keinen anderen Weg gibt. Es gibt ihn, auch wenn Ramón ihn leider nicht sehen kann und sein Vater tragischerweise nicht in der Lage ist, ihm diesen Weg zu eröffnen: Ramón hätte das Reisebüro aufgeben und beispielsweise ein Restaurant eröffnen können. Oder er hätte ihm seinen eigenen Stempel aufdrücken können und es – und darum geht es – zu seinem eigenen Reisebüro machen können (oder zu seinem eigenen Restaurant, was auch immer). Es hätte so viele Möglichkeiten gegeben … Dann hätte er auf die Frage, was er beruflich mache, antworten können:

»Ich besitze ein Reisebüro« anstatt »Ich besitze nur ein Reisebüro«.

### *Das Erbe der Eltern fortführen*

Um vom Kind zum Erwachsenen zu werden, muss man nicht leugnen, einmal Kind gewesen zu sein, oder »die Eltern töten«, wie es oft heißt. Erwachsenwerden heißt, nicht länger ausschließlich »Sohn oder Tochter von« zu sein. Weder einfach hinzunehmen, was einem von den Eltern mitgegeben wird, noch es rundweg abzulehnen. Man muss sein Erbe annehmen und ihm den eigenen Stempel aufdrücken. Ich muss mir die Mühe machen, zu entscheiden, was ich von dem, was mir mitgegeben wurde, für mich übernehme und was nicht, um dann ganz bewusst etwas Eigenes daraus zu machen. In diesem Sinne ist es ein aktiver Prozess, das Erbe der Eltern anzunehmen, der notwendig ist, um selbst die Zügel und die Verantwortung für das eigene Leben zu übernehmen und zu entscheiden, wohin der Weg gehen soll.

Nehmen wir den Nachnamen als Beispiel: Der Nachname ist etwas, das wir von unseren Vorfahren übernommen haben, und deshalb mit einer Menge an Bedeutungen und Geschichten befrachtet. Aber genauso, wie wir von diesem Nachnamen beeinflusst werden, können auch wir Einfluss auf ihn ausüben.

Ich trage denselben Namen wie meine Eltern und wie meine Kinder, und was ich in meinem Leben mache, wird zwangsläufig Auswirkungen darauf haben, was dieser Name für alle anderen bedeutet.

Die Geschichte von Budiño half mir zu begreifen, dass ich neben vielem anderen eben auch »der Sohn von Jorge Bucay« bin. Und es gibt keinen Grund, zu leugnen, dass es Einfluss auf mich hatte, dass mein Vater der ist, der er ist (denn mir wurde klar, dass er mich vor allem beeinflusst hat, weil er mein Vater ist, nicht, weil er bekannt ist). Nachdem ich das erkannt hatte, konnte ich für mich die Frage beantworten, die sich mir stellte: »Will ich Psychiater werden, weil mein Vater Psychiater ist?« Ja und nein. Nein, weil es mein eigener Wunsch war, der mich antrieb. Und ja, weil dieser Wunsch nicht ganz von der Tatsache zu trennen ist, dass ich mit einem Vater aufgewachsen bin, der einer Arbeit nachging, die ihm sowohl ein gutes Auskommen als auch persönliche Zufriedenheit verschaffte.

Tatsächlich kam mir, als ich das alles zu begreifen begann, ein Ereignis in den Sinn: Als ich acht oder neun Jahre alt war, holten meine Mutter, meine Schwester und ich meinen Vater in der Praxis ab, um zum Abendessen in ein Restaurant zu gehen. Er hatte gerade eine Gruppentherapiestunde gehabt, und während ich die Kissen auf dem Fußboden, das gedimmte Licht betrachtete, fragte ich mich, was da wohl passiert war, was sie geredet hatten … Ich hatte das Gefühl, dass da etwas Geheimnisvolles und zugleich furchtbar Wichtiges stattgefunden hatte. Heute glaube ich, dass diese Neugier, dieser Wunsch, das Geheimnis zu ergründen und in diese Atmosphäre aus Intimität und Abenteuer einzutauchen, wichtige Bausteine für meine spätere Entscheidung waren.

Heute würde ich sagen: »Ich bin Psychotherapeut, und mein Vater auch.«

Aber ich würde nicht sagen: »Ich bin Psychotherapeut, genau wie mein Vater.«

Ich bin Psychotherapeut, aber nicht genauso wie er. Auch wenn wir beide Psychotherapeuten sind, sind wir nicht gleich. Aber, und das ist ein entscheidender Punkt: Ich habe die Unterschiede nicht forciert, um mich von ihm abzuheben. Ich habe mir nicht gesagt: »Jetzt weiß ich's! Wenn er Geschichten erzählt, rede ich über Filme.« Oder: »Er hat Charisma und eine didaktische Herangehensweise, also lege ich den Schwerpunkt auf Fachwissen und Genauigkeit.« Mag sein, dass es letztendlich so gekommen ist, aber nur, weil wir uns beide treu geblieben sind, und nicht, weil wir unsere Entscheidung vom jeweils anderen abhängig gemacht haben.

*Demián und ich haben mit derselben Liebe und Berufung Medizin studiert. Beide haben wir die Lehre von der seelischen Gesundheit der organischen Medizin vorgezogen. Beide haben wir uns entschieden, einen Teil unserer Zeit zu praktizieren und darüber hinaus über Themen zu schreiben, die uns am Herzen liegen (dieses Buch ist ein Beweis dafür). Und doch haben wir nach unserem Dafürhalten genauso viele Unterschiede wie Gemeinsamkeiten. Erlaube mir, hier den größten Unterschied zwischen uns beiden festzuhalten: Mein Sohn hat vieles gemacht, was ich gemacht habe, und noch einiges mehr, aber alles, was wir beide gemacht haben, beruflich wie privat, hat er in jüngeren Jahren erreicht, er ist insgesamt weiter gekommen und ist ohne jeden Zweifel besser. Ich tröste mich mit dem Gedanken, dass es zum Teil daran liegt, dass er die besseren Voraussetzungen hatte, aber wie wir gesehen haben, ist das nicht mein Verdienst, im Gegenteil. Mein Sohn hat erreicht, was er erreicht hat, obwohl er einen Vater wie mich hatte. Dennoch gibt es etwas, in dem er nur schwer an mich heranreichen wird, oder wie ich immer zu ihm sage: Du wirst dich sehr anstrengen müssen, um einen solchen Sohn zu haben, wie du einer bist.*

## Sein oder Nichtsein (so wie die Eltern)

Einer der häufigsten Fehler, den Jugendliche machen, ist zu glauben, dass sie (manchmal künstlich) aufbegehren müssen, um sich von den Eltern zu emanzipieren. Manchmal dauert es eine Weile, bis sie begreifen (manche kapieren es nie), dass diese Emanzipation ganz von allein kommt, wenn sie einfach sich selbst treu bleiben. Aufbegehren ist kein Selbstzweck, und Emanzipation passiert automatisch, wenn ich meinen Weg gehe und du deinen. Die ständige Betonung der Unterschiede hat häufig zur Folge, dass man zu einem Spiegelbild wird, seitenverkehrt zwar, aber letztendlich doch ein Abbild des anderen.

Ein wunderbares Beispiel dafür bietet die Filmsaga *Zurück in die Zukunft* von Robert Zemeckis.

Im ersten Teil der Saga reist Marty McFly, der Sohn von George McFly, einem frustrierten, vom Leben enttäuschten Mann, durch Zufall in die Vergangenheit und begegnet dort seinen Eltern, als sie ungefähr im selben Alter sind wie er heute. Was er entdeckt, lässt sich folgendermaßen zusammenfassen: Sein Vater ist ein Feigling. Marty kann mit eigenen Augen sehen, dass dies der Grund dafür ist, dass George in der Gegenwart der gescheiterte Mann ist, der er ist. Doch dank der Intervention seines Sohnes fasst George neuen Lebensmut, und als Marty in die Gegenwart zurückkehrt, stellt er fest, dass sich die Dinge geändert haben: Das Leben seiner Eltern und damit letztlich auch seines haben sich zum Besseren gewendet. Es war, so beschreibt es Marty am Ende des Films, eine »lehrreiche« Erfahrung für alle.

So weit, so schön. Aber *Zurück in die Zukunft II* wartet mit einer Überraschung auf. Diesmal führt die Reise in die Zukunft, und erneut macht Marty eine beeindruckende Erfahrung: Wenn er so alt sein wird wie seine Eltern heute, wird er ebenfalls gescheitert sein. Doch anders als bei George weist nichts in Martys Jugend auf dieses Schicksal hin … Was ist also geschehen? Marty versucht es herauszufinden und entdeckt: Irgendwann in seinem Leben (er weiß nicht genau, wann) wird ihn jemand zu einem Autorennen herausfordern. Er wird ablehnen, worauf der andere sagt: »Was ist los, Angsthase?« Von dieser Bemerkung angestachelt, wird Marty das Rennen fahren und hat einen Unfall, durch den er seine Hand nicht mehr bewegen kann. Er kann nicht mehr Gitarre spielen (seine große Leidenschaft) und zieht sich in sein Schneckenhaus zurück. »Du kennst doch Marty«, sagt jemand in der Zukunft zu ihm. »Er erträgt es nicht, wenn man ihn einen Angsthasen nennt.« Tatsächlich kommt es im Film mehrmals vor, dass sowohl der junge Marty aus der Gegenwart als auch der erwachsene Marty in der Zukunft in Schwierigkeiten geraten, weil sie nicht als Feiglinge dastehen wollen.

Die interessante Frage ist: Warum kann Marty es nicht ertragen, wenn man ihn feige nennt? Nun, weil er auf seiner Reise in die Vergangenheit gelernt hat, dass sein Vater an seiner Feigheit gescheitert ist. Also will er selbst auf keinen Fall ein Angsthase sein. Dieser Anspruch wird letztendlich Martys Leben ruinieren. Bei dem Versuch, die Geschichte nicht zu wiederholen, wird er genau das tun. Sein Vater ist gescheitert, weil er feige war, und er selbst wird scheitern, weil er nicht feige war.

Glücklicherweise ist die Zeitreise so etwas wie ein therapeutisches Erlebnis, und als er in die Gegenwart zurückkehrt, hat Marty die Lektion gelernt. Als ihn die Clique provoziert, verhält er sich wie ein Feigling und erträgt es, dass man ihn einen Angsthasen nennt, statt davor wegzurennen, dass er seinem Vater ähnlich sein könnte. Er macht das Rennen nicht mit und erhält so die Chance (eine Sicherheit gibt es nie), in der Zukunft nicht zu scheitern.

Bloß nicht wie der eigene Vater oder die eigene Mutter zu sein oder ganz im Gegenteil so wie er oder sie zu werden, kann das gesamte Leben der Kinder bestimmen und ihnen die Möglichkeit nehmen, frei zu denken und zu entscheiden. Sie können nicht sein, wer sie sind.

Diese Zwänge hinter sich zu lassen ist ein wichtiger Markstein zum Erwachsenwerden.

# 5
# Erziehung

## Das Ungenügen der Eltern

Nach der Geburt eines Kindes scheint sich die Aufgabe der Eltern darauf zu beschränken, ihm die Pflege, Zuwendung, Wärme und Nahrung zu geben, die es benötigt. Schließlich können Menschenbabys nicht von allein Gefahren erkennen, Schutz suchen oder sich Nahrung beschaffen, ja sie können nicht einmal den anderen erreichen, um Körperkontakt aufzunehmen.

Aber schon bald (schneller, als wir glauben!) stellen wir fest, dass diese grundlegenden Dinge, die wir Eltern ihnen von Anfang an geben, Liebe inbegriffen, nicht genügen, um ein Kind zufrieden und später glücklich zu machen (und schon gar nicht auf Dauer).

Dafür braucht es mehr.

Wir nennen dieses »Mehr«: Erziehung. Es ist das Paket an Hilfsmitteln, die nötig sind, um wahres Glück von der kurzen Freude über einen erfüllten Wunsch zu unterscheiden.

Vereinfachend können wir folgende Theorie aufstellen:

**Erziehung ist das, was wir tun können, um unsere Kinder darin zu unterstützen, glücklich zu werden.**

Denn auch wenn es kalt und provokativ klingt: Selbst wenn wir Kindern immer alles geben, weil wir sie maßlos lieben, wird das nicht genügen, um dieses Ziel zu erreichen.

Wir sind in unseren Möglichkeiten beschränkt, und das in zweierlei Hinsicht: quantitativ und qualitativ.

Quantitativ können wir ihnen nicht alles, was sie benötigen, in dem Maß geben, in dem sie es brauchen, selbst wenn wir uns bemühen. Wir können zum Beispiel nicht so auf sie achtgeben, wie es nötig wäre. Wenn wir es versuchen wollten, müssten wir die ganze Zeit bei ihnen sein – und damit meinen wir wirklich *die ganze Zeit*, vierundzwanzig Stunden am Tag. Wir müssten ständig präsent sein, um uns persönlich zu versichern, dass sie nichts tun, was ihnen weh tun oder Schaden zufügen könnte.

Nehmen wir zum Beispiel die Tatsache, dass Kinder gerne mal die Finger in die Steckdose stecken ... Wenn wir da sind, können wir sie jedes Mal von der Gefahrenquelle entfernen. Aber wir können beim besten Willen nicht immer da sein. Also ändern wir die Strategie: Wenn der kleine Liebling sich der Stromquelle nähert, zeigen wir darauf und sagen: »Nein, nicht anfassen! Das ist gefährlich.« Warum sagen wir das? Damit das Kind begreift, die Gefahrenquelle seinem Wissenspaket hinzufügt und von nun an selbst achtgibt. Andernfalls würden wir das Kind einfach aus der Gefahrenzone holen und nichts weiter dazu sagen. Es wäre nicht nötig, es zu erziehen und sein Verhalten zu schulen, denn wir würden ja darauf vertrauen, dass wir immer da sind, um es zu beschützen. Aber zum Glück begreifen alle Eltern dieser Welt instinktiv, dass diese Methode nicht praktikabel und darüber hinaus nicht erstrebenswert ist, denn das würde bedeuten, dass wir unsere eigenen Wünsche und Bedürfnisse vollständig aufgeben und unser ganzes Leben den Bedürfnissen, Wünschen und Launen des Kindes unterordnen. Und dennoch würden wir dem Kind niemals gerecht werden, denn es ist auf seiner natürlichen Suche nach neuen Freuden genauso unersättlich wie wir in unserem Bestreben nach seiner Sicherheit.

Qualitativ sind wir ungenügend, weil wir ihm nicht alles geben können, was es braucht. So braucht ein Kind für eine gesunde Entwicklung Umgang mit Gleichaltrigen, und das können Eltern nicht leisten, so gut sie es auch meinen und so erfahren sie im Umgang mit Kindern sein mögen. Sie sind eben keine Gleichaltrigen – und das ist gleichzeitig das Beste, was ihnen passieren kann.

Kinder müssen lernen, die Liebe anderer Menschen zu gewinnen (die Liebe der Eltern muss man nicht gewinnen; sie ist da, ohne dass das Kind etwas dafür tun muss).

Kinder müssen, auf ihre jeweiligen Entwicklungsphasen bezogen, ihre Sexualität entdecken, und das geschieht ganz sicher in weiten Teilen außerhalb der Eltern-Kind-Beziehung.

Kinder müssen ihre eigenen Interessen und Herangehensweisen entwickeln (und schon bald werden Eltern und Kinder feststellen, wie unterschiedlich sie in ihren Vorlieben und Fähigkeiten sind).

All dies und noch vieles mehr sind Bereiche, die Eltern nicht abdecken können. Das sollten wir nicht vergessen, nicht nur, um eigene Enttäuschungen zu vermeiden, sondern auch und vor allem, weil wir unsere Kinder in einem Gefängnis der Abhängigkeit einsperren und sie zu einem wirklich armseligen Leben verdammen würden, wenn es uns tatsächlich gelänge, ihnen vollständig zu genügen.

## Der Erziehungsauftrag

Dass wir nicht in der Lage sind, unseren Kindern alles zu geben, was sie im Leben brauchen, bedeutet nicht, dass wir ihr Leben einfach dem Zufall oder dem Schicksal überlassen. Dass wir keine Kontrolle darüber haben, was die Zukunft für sie bereithält, sollte keinesfalls der Grund dafür sein, uns zurückzulehnen, sondern zur Folge haben, dass wir uns auf ihre Erziehung konzentrieren.

Erziehen heißt nichts anderes, als jemand die Mittel an die Hand zu geben, damit er auf sich selbst aufpassen und seinen eigenen Weg finden kann. Damit er Hindernisse umgehen und vermeiden lernt oder sich ihnen stellt.

Der Mensch ist ein soziales Wesen, das sich nicht selbst genügt. Wir leben in einer Gesellschaft, und uns an ihre Regeln anzupassen ist Teil unserer Erziehung. Natürlich setzen wir dabei ganz unterschiedliche Schwerpunkte, und diese unterschiedliche Sichtweise beeinflusst auch, wie wir erziehen, was wir den Kindern mitgeben und welche Ziele wir für erstrebenswert halten.

Ohne Frage war es der Traum von einer besseren Gesellschaft, der zur Entstehung der berühmten preußischen Schule führte, die von den Erziehern erwartete, dass sie aus den Kindern funktionierende soziale Wesen machten, unabhängig von ihrer Herkunft oder ihren jeweiligen Voraussetzungen. Erziehung war ein Auftrag, der auf das Gemeinwohl abzielte und darauf ausgerichtet war, angepasste, fleißige und gehorsame Bürger zu formen, damit die Gesellschaft als Ganzes prosperierte und so, zumindest in der Theorie, jedem Einzelnen eine glänzende, sichere, verheißungsvolle Zukunft garantierte.

Ich verstehe durchaus die hehren Beweggründe dieses Projekts, aber ich habe nach wie vor das ein oder andere Problem mit dieser Schwerpunktsetzung.

Wer ist so unfehlbar, dass er festlegen könnte, welche Inhalte und Werte dem Einzelnen zum Wohle der Gesamtheit vermittelt werden sollten? Ich nicht und du vermutlich auch nicht. Das hat nichts mit mangelndem Selbstbewusstsein oder einer Geringschätzung deiner Fähigkeiten zu tun, liebe Leserin und lieber Leser; ich bin lediglich der Ansicht, dass niemand mit Bestimmtheit sagen kann, was das Beste und Erstrebenswerteste für die Allgemeinheit ist, oder gar vorschreiben kann, welches Verhalten einzig und ausschließlich zu diesem angeblich Besten führt. Diejenigen, die diesen Versuch unternahmen, haben sich im Nachhinein als die größten Tyrannen der Geschichte erwiesen.

Vor einiger Zeit wurde mir etwas klar, das mich dazu brachte, in vielen Dingen vorsichtiger zu sein. In Wahrheit sind die Bösen nämlich nicht so wie im Comic. Sie reiben sich nicht die Hände und kichern leise vor sich hin: »Hihi, was bin ich für ein schlimmer Finger!« Sie stehen nicht mit geballten Fäusten in ihrem Büro und brüllen: »Bald gehört die Welt mir, nur mir!«

Nein.

Die wahren Monster der Geschichte, die die furchtbarsten Verbrechen gegen die Menschlichkeit begangen haben, rechtfertigen ihr Handeln fast immer mit dem Argument, sie hätten im Sinne des Gemeinwohls gehandelt. Sie sind der festen Überzeugung, dass sie im Besitz der alleinigen Wahrheit sind und genau wissen, was das Beste für alle ist, für ihre Familien oder die Gesellschaft. Die meisten dieser verachtenswerten Gestalten sehen sich selbst als Helden, als Patrioten, als Heilsbringer, nicht als die Schurken, die sie in Wahrheit waren.

Wir sollten uns vor der Anmaßung hüten, über das Wohl und Wehe anderer zu bestimmen und uns zu »Rettern« aufzuschwingen, nicht einmal für einige wenige, nicht einmal für einen kurzen Moment … Ich zumindest möchte auf keinen Fall irgendeine Ähnlichkeit mit diesen Monstern haben.

*Ich möchte noch ein weiteres Problem ansprechen, das ich mit dieser preußischen Idee habe, von der Wiege an gesellschaftlich funktionierende Individuen heranzuziehen (es mag auf den ersten Blick wie eine Formalie erscheinen, aber ich denke, das ist es nicht).*

*Ich persönlich glaube nicht, dass es Aufgabe der Eltern ist, ihre*

*Kinder mit Blick auf das Gemeinwohl zu erziehen. Ehrlich gesagt finde ich nicht einmal, dass dieser altruistische Ansatz auf der persönlichen Prioritätenliste der Eltern stehen muss. Anders gesagt glaube ich nicht, dass man notwendigerweise ein »guter Mensch« sein muss, um ein guter Vater oder eine gute Mutter zu sein.*

Mein Lieblingsbeispiel eines Bösewichts, der dennoch ein guter Vater ist, ist kein anderer als Darth Vader aus *Krieg der Sterne* (nebenbei bemerkt heißt auf Niederländisch »Vader« »Vater«; wir haben es also tatsächlich mit einem »dunklen Vater« zu tun). Darth Vader kann andere Menschen durch reine Willenskraft töten, er vernichtet ohne Skrupel seine ehemaligen Lehrmeister und zerstört ganze Planeten. Doch mit seinem Sohn Luke ist es anders: Als er erfährt, dass Luke lebt, macht er sich auf die Suche nach ihm und versucht ihn auf seine Seite zu ziehen (»Komm auf die dunkle Seite der Macht«, was so viel heißt wie »Komm mit mir«). Er zollt ihm Anerkennung für das, was er erreicht hat (»Du hast viel gelernt«), schmiedet gemeinsame Pläne (»Wir werden gemeinsam als Vater und Sohn über die Galaxie herrschen«), und als das alles nicht fruchtet, ist er am Ende bereit, alles zu verraten, woran er glaubt, um seinen Sohn zu retten. Ein Schurke, ja, aber ein großartiger Vater.

Umgekehrt reicht es nicht, ein guter Mensch zu sein, um ein guter Vater oder eine gute Mutter zu sein. Auch hier gibt es Dutzende Beispiele, seien sie fiktiv oder real: »gute Menschen« im Sinne der Gesellschaft und sogar nach außen hin sehr gute Eltern, die aber in Wirklichkeit nicht gut mit den Kindern umgehen.

Es gab Zeiten, in denen es ganz normal war, dass Eltern ihren Kindern ordentlich den Hintern versohlten und dabei den abgedroschenen Satz sagten »Wenn du groß bist, wirst du es verstehen« oder die weitverbreitete, manipulative Entschuldigung »Mir tut es genauso weh wie dir«. Natürlich versteckten sich diese Eltern hinter dem Vorwand hehrer Ideale, um Nachsicht für etwas zu erheischen, das nichts anderes war als ein Akt der Brutalität.

Wir können und dürfen Eltern nicht die Verantwortung zuschieben, ihre Kinder im Sinne des gesellschaftlichen Gemeinwohls zu erziehen. Dieser Auftrag ist in den Händen der Schulen besser aufgehoben. Wir glauben jedenfalls nicht, dass die Vermittlung moralischer Wertvorstellungen die Gesellschaft als Ganzes besser macht. Wir sollten uns diesem Ziel eher dadurch nähern, dass wir den Schülern aufzeigen, wie wichtig zwischenmenschliche Beziehungen sind. Erziehung, sowohl in der Schule wie zu Hause, hat letztendlich dann positive Auswirkungen auf die Gesellschaft, wenn sie ihr Augenmerk darauf richtet, dass der Einzelne ein gutes, erfülltes Leben führt.

Bei der Entwicklung eines Erziehungsmodells sollten wir nie aus den Augen verlieren, welche Ziele wir letztendlich vor Augen haben und in welche Richtung wir die Kinder leiten wollen, denn das wird in großem Maße darüber entscheiden, was wir vermitteln und wie wir es tun.

## Das »Was«: Inhalte versus Werte

*Mein Vater sagte immer, es gehe nicht darum, uns Kindern Fisch zu geben, sondern uns beizubringen, wie man fischt.*

*Das war zu seiner Zeit ein innovativer Gedanke mit einer klaren Botschaft.*

*Und doch kann man diesen Ansatz heute in Frage stellen.*

*Was nutzen meinen Kindern meine Angelrute und meine Angelhaken? Was nutzen ihnen meine Technik und meine geheimen Plätze, an denen man die dicksten Würmer findet?*

*Wir wissen nicht viel über die Welt, in der sie sich ihre Nahrung werden beschaffen müssen. In welchen Meeren und unter welchen Bedingungen müssen sie ihre Angel auswerfen?*

*Wir sollten erkennen, was unsere Aufgabe in dieser Metapher ist:*

*Wir sollten ihnen weder Fisch geben noch ihnen das Angeln beibringen, sondern ihnen zeigen, wie sie ihre eigenen Werkzeuge herstellen können, um sich in der Welt zurechtzufinden.*

Damit wollen wir nicht die Bedeutung des Lernens relativieren, sondern vielmehr das eine oder andere der rigiden Muster hinterfragen, auf die wir gerne zurückgreifen, wenn wir Erziehung nur mit der Vermittlung von Inhalten gleichsetzen. Wenn wir Erziehung nur aus dieser falschen Perspektive heraus sehen, wird sie zu einem reinen Wissenstransfer von einem allwissenden Lehrer zum unwissenden Schüler.

Geschichte, Mathematik, Erdkunde und Biologie werden in der Kategorie »Allgemeinbildung« abgelegt, Moral, Benimm und Gefahren in der Kategorie »Zuhause und Gesellschaft«.

Erziehung ist jedoch viel mehr als das. Es geht nicht darum, einem Kind eine bestimmte Anzahl an allgemeingültigen Kenntnissen und Richtlinien zu vermitteln, die es stur auswendig lernen soll. Die moderne Pädagogik hat bewiesen, dass es viel besser ist, wenn das Kind selbst zu diesen Kenntnissen gelangt, indem man ihm lediglich das Werkzeug an die Hand gibt, damit es die Welt um sich herum erkunden und begreifen kann und die Beziehung zu den anderen, seiner Umwelt und sich selbst körperlich und emotional entdecken und erfahren kann.

Oder wie der spanische Philosoph Fernando Savater rät: Frage niemanden, was du mit deinem Leben anfangen sollst. Frage dich selbst.

In unseren Worten gesagt, bedeutet Erziehung, dem Kind

einen Weg aufzuzeigen, wie es sich verhalten sollte, um ein erfülltes, zufriedenes, lebenswertes Leben zu führen.

Kehren wir nun zu uns zurück, die wir entscheiden müssen, wie wir unsere Verantwortung als Eltern gestalten wollen: Wir alle wollen, dass unsere Kinder ein gutes Leben haben – aber wie können wir ihnen dabei helfen, den Weg dorthin zu finden? Indem wir ihnen beibringen, immer das Richtige zu tun, oder indem wir den Schwerpunkt darauf legen, jeden Moment zu genießen?

Welchen Aspekt wollen wir stärken:
Was getan werden **muss** oder was man **gerne** tut?
Pflicht oder Vergnügen?
Das Richtige tun oder das, was Freude bereitet?

»Das Richtige tun« ist kein Ausdruck, der uns besonders gefällt, wenn es um Erziehung geht, denn auch wenn es nur so dahergesagt ist, könnte der Eindruck entstehen, dass wir uns auf preußische Ideale besinnen: Kinder, die in der Gesellschaft funktionieren, brave Kinder, gute Staatsbürger und vor allem gute Söhne und Töchter, die ihre Eltern stolz machen ... Die Haltung, auf die wir uns hier beziehen, zielt nicht auf einen moralischen Standpunkt ab; vielmehr geht es darum, das zu tun, was für das eigene Wohlbefinden wichtig ist. Vielleicht sollte es besser heißen: »Mach, was du willst, aber mach es richtig.«

## Die fünf Kategorien von Eltern

Je nachdem, was wir unseren Kindern in welchem Maße vermitteln wollen, unterscheiden wir fünf Kategorien von Eltern. Dazu verwenden wir eine Graphik mit zwei Achsen, um die jeweilige Zielsetzung darzustellen: Die horizontale Achse zeigt, in welchem Maße die Eltern wollen, dass das »Richtige« getan wird, die vertikale Achse, wie wichtig es den Eltern ist, dass die Kinder Freude daran haben.

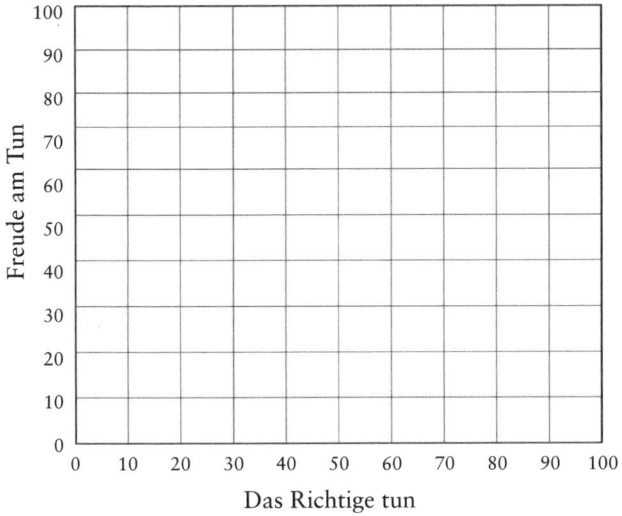


Schauen wir uns nun mit Hilfe dieser Graphik die fünf Kategorien von Eltern an.

*Gleichgültige Eltern*

Beginnen wir mit den Eltern, die ihren Kindern nichts oder vielmehr fast nichts vermitteln (wenn es wirklich »nichts« wäre und der Wert auf beiden Achsen bei null läge, hätten sie nicht die Bezeichnung »Eltern« verdient, denn erst dass wir diese Funktion ausüben, macht uns zu Eltern). Solche Eltern kümmern sich nicht um ihre Kinder, entweder aus Überzeugung, Trägheit oder Unreife oder weil sie nur mit sich selbst beschäftigt sind. Sie gewähren ihnen keinen Zugang zu den schönen Dingen und sorgen nicht dafür, dass die Kinder das Beste für sich tun. Sie schenken ihnen schlichtweg keine Beachtung oder nur dann, wenn die Kinder stören. Diese **gleichgültigen** Eltern würden in unserer Graphik wie folgt aussehen:

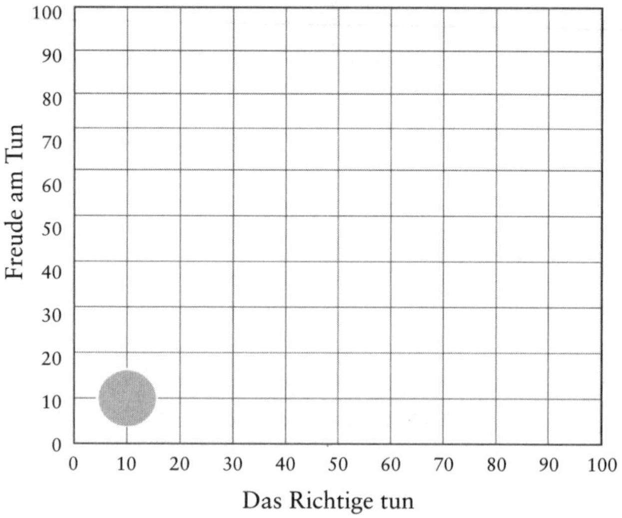


Gleichgültige Eltern sind das Schlimmste, was einem Kind passieren kann, denn die fehlende Anleitung hat weitreichende Folgen für das Kind. Das Ergebnis sind orientierungslose Heranwachsende, die nicht wissen, welchen Weg sie einschlagen sollen, die von einem Lebensentwurf zum nächsten springen, von einer Entscheidung zum genauen Gegenteil, ohne sich an dieser Ziellosigkeit zu stören. Sie sind unfähig, ein erfülltes Leben zu führen oder andere darin zu unterstützen, unfähig, etwas zu tun, das nicht darauf ausgerichtet ist, nichtige, vorübergehende Wünsche zu erfüllen.

Um die furchtbaren Folgen einer derartigen Vernachlässigung zu illustrieren, werfen wir einen Blick auf Mary Shelleys Roman *Frankenstein*. Unabhängig davon, ob man diesen Klassiker der Schauerliteratur gelesen hat oder nicht, denkt man bei der bloßen Erwähnung dieses Namens an eine hünenhafte Gestalt mit fahlblassem Teint und Nähten an den Schläfen, der notdürftig menschliche Züge verliehen wurden.

Aber Frankenstein ist gar nicht der Name des Monsters. Frankenstein ist der Name des Wissenschaftlers, der es zum Leben erweckt hat: Doktor Viktor Frankenstein.

Und wie heißt das Wesen, das er in seinem Labor geschaffen hat?

So eine Überraschung! Es hat gar keinen Namen (vielleicht sollte man sagen: Es hat nicht einmal einen Namen). Im gesamten Roman wird es nur »das Wesen« oder »die Kreatur« genannt.

Nennt man nicht auch ein Baby ein kleines Wesen, wenn man seinen Namen nicht kennt? Wenn Viktor Frankenstein dieses Wesen willentlich geschaffen hat, hätte er es dann nicht auch großziehen müssen, ihm erklären, wie es auf diese Welt gekommen ist, und ihm einen Leitfaden an die Hand geben, was es mit seinem soeben erworbenen »Leben« anfangen soll? Hat Frankenstein nicht die gleiche Verantwortung wie ein Vater, da das Wesen einzig und allein auf seinen Wunsch hin das Licht der Welt erblickt?

Aber dem sorglosen Wissenschaftler ist das alles nicht bewusst, und so gibt er seiner Schöpfung nicht einmal einen Namen. Statt sich in irgendeiner Form um sie zu kümmern, überlässt er sie sich selbst und lässt sich für seinen wissenschaftlichen Erfolg feiern.

Welche furchtbaren Folgen es hat, wenn man ein Kind derart im Stich lässt, tritt im Verlauf des Buches deutlich zutage: Die Kreatur zerstört systematisch alles, was ihrem Schöpfer lieb und teuer ist und was dieser ihr vorenthalten hat.

Oder um es mit den Worten des »Monsters« zu sagen:

»Ich bin böse, weil ich unglücklich bin.«

Und man könnte hinzufügen: »Weil es kein größeres Unglück

gibt, als vollständig von dem Menschen ignoriert zu werden, der dich geschaffen hat, und nichts weiter zu sein als ein unerwünschtes Nebenprodukt.«

Der argentinische Psychoanalytiker Hugo Dvoskin legt hervorragend dar, dass dem Geschöpf in der Rezeptionsgeschichte Gerechtigkeit widerfährt, denn im kollektiven Gedächtnis trägt es den Namen, der ihm als Sohn zusteht: Frankenstein.

Wenn ein Kind seinen gleichgültigen Eltern ein Bild zeigt, das es gemalt hat, wird es zur Antwort bekommen (falls sie überhaupt antworten):

»Lass mich in Ruhe und stör mich nicht! Siehst du nicht, dass ich beschäftigt bin?«

Das heißt nicht, dass jeder, der seinem Kind irgendwann einmal eine solche Antwort gegeben hat, in diese Kategorie gehört (auch wenn man festhalten muss, dass er in diesem Augenblick gleichgültig war). Kein Kind wird wegen einer einzigen harschen Antwort einer finsteren Zukunft entgegensehen. Wegen einem »Jetzt hör endlich auf, mit dem Ball rumzuspielen!« wird das kleine Kerlchen sich nicht völlig unverstanden fühlen. Aber wenn so etwas häufiger vorkommt und den größten Teil der Eltern-Kind-Kommunikation ausmacht, wird der Kleine tatsächlich irgendwann zu dem Schluss kommen, dass er für seine Eltern nicht existent ist. Es verwundert nicht, dass die Folgen elterlicher Vernachlässigung tief gehen und es viel Zeit und Fürsorge braucht, die Wunden zu heilen.

### *Autoritäre Eltern*

Die meisten Eltern kümmern sich natürlich um ihre Kinder und tragen Sorge dafür, sie bestmöglich zu erziehen. Viele besinnen sich dabei auf ihre eigene Erziehung und sind der festen Überzeugung, dass eine harte Hand (meist des Vaters) das

Beste ist, was einem Kind passieren kann. In ihrer archetypischen Ausprägung können wir sie **autoritäre Eltern** nennen. Solche Eltern denken, das Glück ihrer Kinder hänge davon ab, dass sie lernen, die Dinge »richtig« zu machen: Sich gut benehmen, höflich antworten, fleißig lernen, gute Noten schreiben …

Es ist natürlich einfach, diese Einstellung zu kritisieren und sie als antiquiert oder reaktionär zu bezeichnen, aber man sollte nicht vorschnell urteilen. Der Gedanke, dass ein Kind glücklicher ist, wenn es lernt, die Dinge gut zu machen, ist gar nicht so abwegig und entbehrt nicht eines wahren Kerns. Wir leben in einer Gesellschaft, in der Erfolg ein hohes Gut ist. Wer erfolgreich ist, für den steigen tatsächlich die Chancen, glücklich zu sein. Darüber hinaus verleiht es eine gewisse Zufriedenheit, wenn man etwas »gut« macht, ganz unabhängig vom Erfolg.

In unserer Graphik sehen diese Eltern folgendermaßen aus:

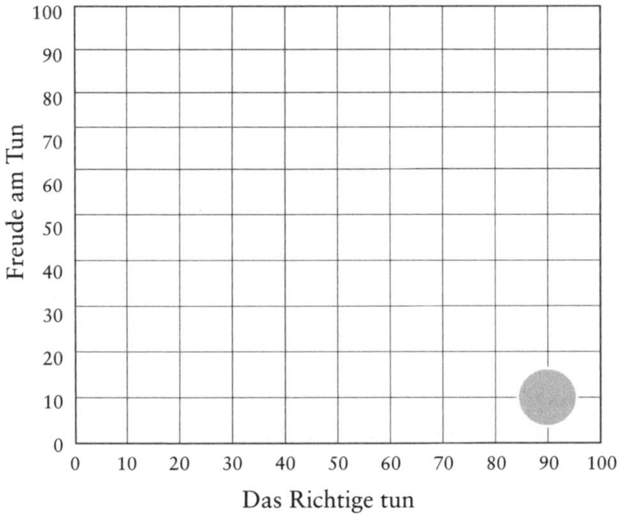

Vor einiger Zeit lief im Fernsehen eine Dokumentation über einen Mann, dessen Vater geradezu ein Paradebeispiel eines autoritären Vaters war (nicht zu verwechseln mit einem lieblosen oder gar gewalttätigen Vater), denn dieser Mann setzte alles daran, dass sein Sohn immer sein Bestes gab. Der Name des Vaters: Robert. Der Name des Sohnes: Roger. Nachname: Federer.

Es handelte sich um eine Dokumentation über das Leben von Roger Federer, für viele der beste Tennisspieler aller Zeiten. Der Film zeigte Roger Federers Kindheit und seine sportlichen Anfänge bis hin zum späteren Erfolg. Im Interview erzählte der Vater, als sein Sohn ihm gesagt habe, dass er Profitennisspieler werden wolle, habe er ihn gewarnt, dass es ein harter Weg sei und dass es schwer sein würde, vom Tennisspielen zu leben.

»Aber wenn ich mich anstrenge, kann ich unter die Top 200 der Weltrangliste kommen«, erklärte der junge Roger.

»Das reicht nicht«, lautete die Antwort des Vaters. »Wenn du vom Tennis leben willst, musst du unter die Top 100.«

Ich weiß nicht, ob Roger Federer glücklich ist (auch wenn alles darauf hindeutet). Aber wenn dein Kind ein »Champion« im weiteren Sinne des Begriffs werden soll – also jemand, der in seinem Bereich der Beste ist –, dann ist die Einstellung von Federer senior wahrscheinlich die richtige.

Man kann sich andererseits leicht ausmalen, welche negativen Auswirkungen eine autoritäre Erziehung für ein Kind mit sich bringen kann: gnadenlose Selbstkritik, das Gefühl, »nicht gut genug« zu sein, und Schwierigkeiten, sich einfach mal gehenzulassen und das Leben zu genießen, ohne perfekt sein zu wollen.

Kommen wir noch einmal auf das Beispiel mit dem Kind zurück, das den Eltern seine Zeichnung zeigt. Wenn dieses Kind einen Vater aus dieser Kategorie hätte, könnte der Dialog folgendermaßen lauten:

»Papa, schau mal, was ich gemalt habe.«

»Nicht schlecht, aber hier hast du über den Rand gemalt. Und hier fehlt die Farbe. Arbeite noch ein bisschen dran und zeig es mir dann noch einmal.«

Auch dieses Beispiel ist ein wenig plakativ und übertrieben (natürlich aus didaktischen Gründen); es könnte der falsche Eindruck entstehen, dass das Verhalten des Vaters an Grausamkeit grenzt. Aber das ist nicht der Fall. Dieser Vater glaubt wirklich, wenn das Kind gerne malt, sollte es seine Fähigkeiten weiter schulen, denn dann wird ihm das Zeichnen größere Bestätigung bringen. Seine Antwort zielt also zuallererst auf das Wohl des Kindes ab. Mehr noch, er ist bereit, sich das Bild erneut anzuschauen und zu beurteilen. Er ist ein engagierter Vater, der sich für sein Kind interessiert, keine Frage, selbst wenn er in dieser Geschichte nicht so gut wegkommt.

### *Laisser-faire-Eltern*

Die Ablehnung dieses traditionellen, autoritären Elternmodells führte zu einem Umdenken darüber, was Elternschaft bedeutet. Grundlegend bei diesem Erziehungsansatz ist der Gedanke, dass es die vorrangige Aufgabe der Eltern sein sollte, dafür Sorge zu tragen, dass die Kinder ein erfülltes, schönes Leben haben und sie ihr Leben so gestalten können, wie sie wollen. Wir nennen diese Eltern **Laisser-faire-Eltern**, ein französischer Begriff, der wörtlich übersetzt so viel heißt wie »machen lassen«.

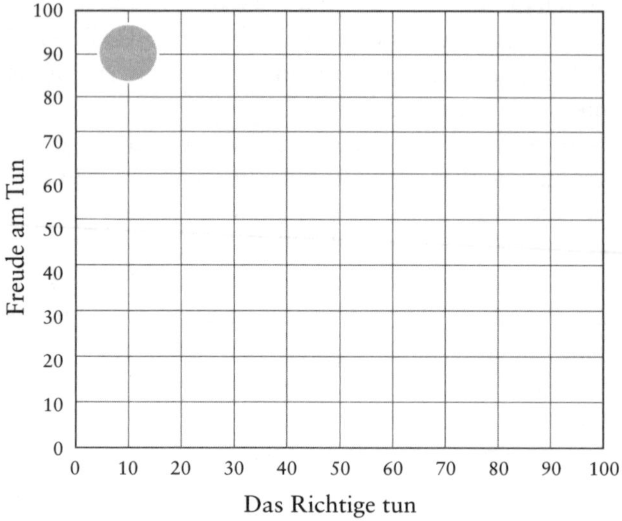


Diese Einstellung scheint zunächst ein guter Ansatz zu sein. Sagten wir nicht vorhin, dass gute Eltern ihren Kindern die besten Voraussetzungen für ein gutes Leben schaffen? Dennoch gibt es einige »Aber«, die uns davon abhalten, diese Herangehensweise als die zuträglichste und beste anzusehen. So bedeutet »Spaß haben« nicht unbedingt, ein erfülltes Leben zu haben; es heißt nicht einmal, dass man glücklich ist. Im Erwachsenenleben ist es häufig so, dass man den kurzen Genuss zugunsten einer späteren, größeren Befriedigung hintanstellt. Ein Kind wird sicherlich keine Luftsprünge machen, wenn es seinen Hustensaft nehmen soll, aber als Eltern wissen wir, dass es zu seinem eigenen Besten ist (und auf lange Sicht zu Schlimmerem führen kann, ihn nicht zu nehmen). Bei diesem Beispiel ist die Sache klar: So gut wie niemand würde zulassen, dass das Kind macht, was es will. In anderen Fällen sind die Risiken dieses »Einfach-machen-lassens« nicht so eindeutig.

Dennoch hat dieser Erziehungsansatz durchaus sein Gutes. Jeder, der ein Befürworter der humanistischen Philosophie und des »Lebens im Hier und Jetzt« ist, wird diesem Modell genügend gute Seiten abgewinnen.

»Sorge dafür, dass dein Kind das Leben genießt, dass es erfüllende, positive Erfahrungen macht und die schönen Seiten des Lebens auskostet ... Wenn es älter wird, muss es sich noch lange genug mit Pflichten und Zwängen herumschlagen. Und wer weiß schon, was morgen ist? Wer kann sagen, was das Beste für seine Zukunft ist? Also sorge lieber dafür, seine Tage mit Liebe, Lachen und Freude zu füllen.«

Wenn ein Kind zu seinem *Laisser-faire*-Vater kommt, um ihm das Bild zu zeigen, das es gemalt hat, wird dieser mit Sicherheit so etwas sagen wie:

»Ganz toll! Du bist ein richtiges Genie!«

Er sagt immer »toll« oder »super« oder »phantastisch«; niemals würde er antworten: »Das von neulich hat mir besser gefallen« oder »Das ist dir nicht so gut gelungen« oder auch »Ich fände es noch schöner, wenn du buntere Farben genommen hättest«.

Seine Antworten beruhen nicht auf einer Beurteilung des Bildes an sich. Für Eltern dieser Kategorie ist Loben ein Weg, das Selbstbewusstsein des Kindes zu stärken (darin haben sie völlig recht!) und es ihrer bedingungslosen Liebe zu versichern. Aber nimmt man dem Kind damit nicht die Möglichkeit, dazuzulernen?

Wir haben es hier mit dem genauen Gegenteil autoritärer Eltern zu tun: Während diesen nichts gut genug sein kann, ist für *Laisser-faire*-Eltern alles perfekt.

Auch dieser Erziehungsansatz hat negative Folgen für die Kinder. Als Erwachsene werden sie es schwer haben, in einer Welt zurechtzukommen, die sie nicht mit offenen Armen empfängt wie ihre Eltern. Sie sind ein wenig zu sorglos, was die

Risiken des Lebens angeht, und es fällt ihnen oft schwer, sich anzustrengen und hart zu arbeiten, um ein angestrebtes Ziel zu erreichen, weil sie es gewöhnt sind, dass alles, was sie tun, sofort und unmittelbar zur Befriedigung führt.

Das soll keinesfalls heißen (wie man immer wieder von Laien wie Experten hört), dass man Kinder absichtlich enttäuschen sollte, »damit sie sich schon mal dran gewöhnen«. In unseren Augen ist ein solches Verhalten eine völlig unnötige Machtdemonstration. Das Leben bringt genügend Enttäuschungen mit sich; es reicht völlig aus, Kinder nicht vor jeder einzelnen Frustration zu bewahren, damit sie lernen, mit den Schwierigkeiten zurechtzukommen, denen sie im Laufe des Erwachsenwerdens begegnen werden.

### *Politisch korrekte Eltern*

Wie so oft im Leben, wenn es gegensätzliche Standpunkte gibt, einigen wir uns irgendwann auf einen Mittelweg.

Eltern, die zu dieser salomonischen Lösung gelangen, versuchen, eine Balance zwischen »Freude am Leben haben« und »die Dinge richtig machen« zu finden. Wir nennen sie **politisch korrekte Eltern**, und ihre Graphik sähe so aus:

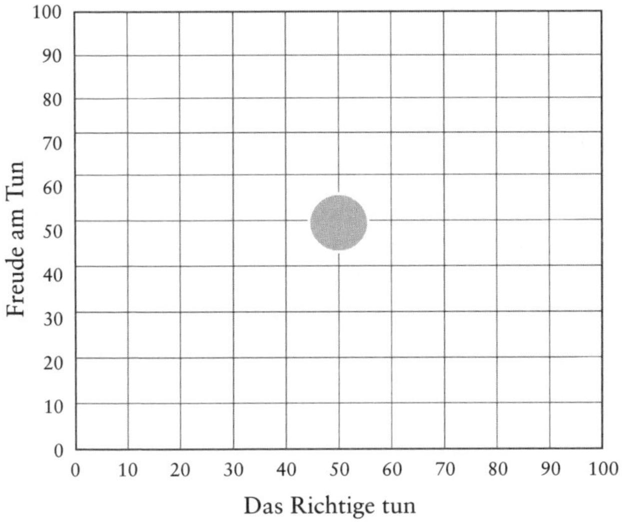


Dieses ach so durchdachte Elternmodell hat einen entscheidenden Nachteil, der in der Praxis schlimme Folgen für die Kinder hat (wir sind fast geneigt zu sagen, dass es das zweitschlechteste ist, nur noch gefolgt von den gleichgültigen Eltern). Und worin besteht dieser Nachteil, der so schwer wiegt, dass im Grunde vernünftige und wohlmeinende Eltern ganz unten auf der Skala rangieren?

In mangelnder Überzeugungskraft.

In ungereimten Antworten.

In unlogischen Jas und Neins.

Einen Tag so, am nächsten Tag so und meistens nur halbherzig, ohne jemals wirklich Position zu beziehen.

Mit dieser Einstellung vermittelt man Kindern bestenfalls Beliebigkeit, im schlimmsten Fall aber die Erkenntnis, dass es den Eltern wichtiger ist, als gute Eltern dazustehen, als tatsächlich das Beste für ihre Kinder zu wollen.

Autoritäre Eltern und *Laisser-faire*-Eltern haben zumindest ein Konzept, eine Vorstellung und handeln danach. Sie haben den aufrichtigen Wunsch, ihre Kinder richtig zu erziehen, und vermitteln ihnen ein klares Bild ihrer Absichten, Argumente und Inhalte: »Erwarte niemals Kritik von mir« oder eben »Erwarte niemals meine Zustimmung«.

Politisch korrekte Eltern hingegen bleiben bei einem unentschiedenen »sowohl als auch«, und das ist aus psychologischer Sicht schlimmer als jeder Fehler, der Eltern der beiden anderen Kategorien unterlaufen kann. Politisch korrekte Eltern scheinen eher von dem Pflichtgefühl angetrieben, die Erwartungen zu erfüllen, die mit der Elternrolle verbunden sind, als von aufrichtiger Liebe und Verantwortung gegenüber dem kleinen Menschen, der ihnen anvertraut wurde.

*Vielleicht kann die folgende, ebenso witzige wie absurde Geschichte dies ein wenig verdeutlichen.*

*Ein Mann betreibt eine Schweinezucht. Eines Tages findet eine Veterinärkontrolle in seinem Betrieb statt. Der Veterinär erkundigt sich unter anderem, womit die Schweine gefüttert werden. Der Mann antwortet, er gebe ihnen die Reste aus einem nahen Restaurant und das, was im eigenen Haushalt an Abfall anfalle. Schweine seien schließlich Allesfresser. Der Veterinär schlägt die Hände über dem Kopf zusammen. Wie er den Schweinen Abfall geben könne, das sei widerlich und so weiter und so fort, und brummt dem Mann eine saftige Strafe auf. Ein halbes Jahr später kommt wieder ein Veterinär vorbei und erkundigt sich ebenfalls, was die Schweine an Futter bekommen. Der Mann antwortet, es sei schon ein Kontrolleur da gewesen, die Schweine bekämen jetzt Rahmschnitzel, Hühnchen, Spaghetti Alfredo, Langustensuppe und solche Sachen. Der Veterinär gerät völlig außer sich und fragt ihn, ob er noch ganz bei Trost sei. Bei der allgemeinen Lebensmittelknappheit im Land gebe er seinen Schweinen so was zu fres-*

*sen? Wütend brummt er ihm eine noch höhere Strafe auf als beim letzten Mal. Als nach einer Weile der nächste Kontrolleur vorbeikommt und nach dem Futter fragt, sagt der Mann:*

*»Sehen Sie, ich will keine Probleme mehr mit dem Futter. Nach der letzten Strafe habe ich beschlossen, dass ich den Schweinen das Geld gebe, damit sie sich kaufen können, was sie wollen!«*

Die Kinder politisch korrekter Eltern sind oft überfordert und orientierungslos. Sie wissen nicht, ob sie ihren Eltern dankbar sein sollen für ihre Bemühungen, alles richtig zu machen, oder ob sie es ihnen übelnehmen sollen, dass sie die Erziehung nur als eine Verpflichtung unter vielen angesehen haben.

Bei dem Beispiel mit der Kinderzeichnung würde sich der Dialog hier etwa folgendermaßen anhören:

»Papa, schau mal, was ich gemalt habe!«

»Sehr hübsch. Wenn du es noch ein bisschen farbiger machen würdest, wäre es richtig schön.«

Nicht Fisch, nicht Fleisch. Was denn jetzt? Gefällt es ihm oder nicht? Man weiß es nicht. Das Kind weiß es mit Sicherheit nicht, und der Vater wahrscheinlich auch nicht … Wahrscheinlich hat er das Bild nicht mal richtig angesehen, bevor er geantwortet hat, sondern einfach die Antwort gegeben, von der er dachte, dass er sie geben sollte. Ganz egal, wie das Bild aussieht, die Antwort ist immer dieselbe.

Kinder sind nicht dumm, sie merken das und kommen zu dem Schluss: »Meinem Vater sind meine Bilder ganz egal. Er tut nur so, als ob sie ihm gefallen.«

Und nun? Lässt man Kindern nur ihren Spaß, werden sie lebensuntüchtig, treibt man sie zu Leistung an, kann es sein, dass man sie überfordert, gibt man ihnen von beidem etwas, geraten sie durcheinander ... Welche Option bleibt uns noch, wenn wir **gute Eltern** sein wollen?

Die Antwort auf die Frage, was wichtiger ist, Vergnügen oder Pflicht, muss lauten: Viel von beidem!!!

In unserer Graphik sähe das so aus:

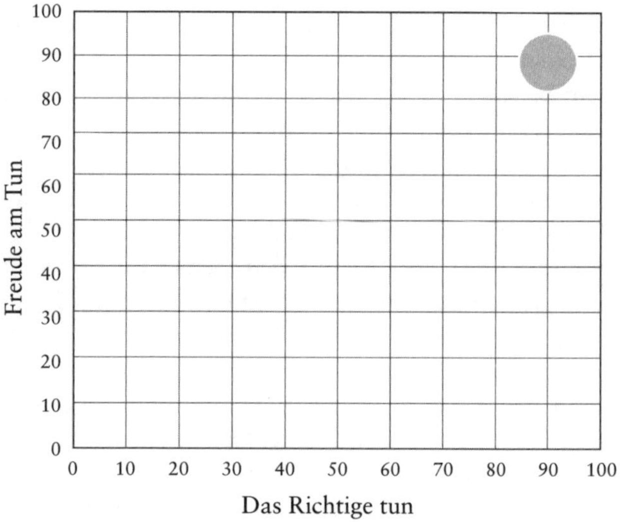


Gute Eltern ermutigen ihr Kind, das Leben in vollen Zügen zu genießen und seine Möglichkeiten voll auszuschöpfen.

Diese Antwort mag offensichtlich erscheinen, aber warum kommen die meisten von uns nicht gleich darauf?

Nun, dafür müssen wir uns zuerst von der Vorstellung verabschieden, dass Vergnügen und Pflicht einander ausschließen.

Unsere klassische Erziehung hat uns beigebracht, dass man Dinge entweder aus dem einen oder aus dem anderen Grund tut und dass Vergnügen und Pflicht nicht miteinander vereinbar sind. Dass das eine immer zu Lasten des anderen geht und es unmöglich ist, sein Bestes zu geben und gleichzeitig Spaß zu haben.

## Die beiden Listen

Im Allgemeinen ziehen wir eine scharfe Trennlinie zwischen Dingen, an denen man Freude hat, und solchen, die man aus Pflichtgefühl erledigt. Wir erstellen zwei Listen, nach denen wir nahezu alles im Leben beurteilen, und unterscheiden strikt zwischen angenehmen Dingen und Verpflichtungen, Entspannung und Anstrengung, Genießen und Erdulden, kurzum, zwischen dem, was man tun will, und dem, was eben getan werden muss.

| **Pflichten** | **Vergnügen** |
|---|---|
| Arbeiten | Urlaub |
| Lernen | Spielen |
| Früh ins Bett gehen | Ausschlafen |
| Teilen | Egoistisch sein |
| Eine Partnerschaft führen | Spaß am Sex haben |
| Essen (Spinat) | Essen (Schokolade) |
| Baden | Sich schmutzig machen |
| Lesen | Fernsehen |
| Zeit mit der Familie verbringen | Zeit mit Freunden verbringen |

Auch wenn deine persönliche Liste ganz anders aussehen sollte, ist allein die Tatsache, dass es sie gibt, genauso fragwürdig und hat böse Folgen. Eine derartige Schematisierung vereinfacht Erziehung auf eine Art und Weise, die an Dummheit grenzt.

Stell dir vor, dieses Buch würde nur aus zwei langen Listen bestehen, und darüber stünde: »Elternsein leicht gemacht. Was Kinder machen sollen und was nicht.«

Eine solche Trennung beruht auf der falschen Vorstellung, Pflichten seien per se etwas Gutes und Erstrebenswertes, Vergnügungen hingegen schlecht und belanglos. Das ist ein Trugschluss, der zu der noch schlimmeren Annahme führt, dass alles, was Spaß macht, nicht gut für dich ist und umgekehrt das, was gut ist, keinen Spaß macht.

Ein argentinischer Komiker begann seine Vorstellungen als trauriger Clown immer, indem er jammerte:

»Ich bin sooo ein armer Tropf! Alles, was Spaß macht, ist verboten, unmoralisch oder macht dick.«

Und so leben wir zerrissen zwischen Vergnügen und Pflicht, zwischen »Sollen« und »Wollen«.

*In Hermann Hesses Meisterwerk* Demian *(nach dem, nebenbei bemerkt, mein Sohn benannt ist) beschreibt der Erzähler Emil Sinclair seine Wahrnehmung der Welt, in der er aufwuchs. Im Folgenden seien einige Passagen zitiert, die ich hier mit dir teilen möchte:*

Die eine Welt war das Vaterhaus, aber sie war sogar noch enger, sie umfaßte eigentlich nur meine Eltern. Diese Welt war mir großenteils wohlbekannt, sie hieß Mutter und Vater, sie hieß Liebe und Strenge, Vorbild und Schule. Zu dieser Welt gehörte milder Glanz, Klarheit und Sauberkeit, hier waren sanfte freundliche Reden, gewaschene Hände, reine Kleider, gute Sitten daheim. Hier wurde der Morgenchoral gesungen, hier wurde Weihnacht gefeiert. In dieser Welt gab es gerade Linien und Wege, die in die Zukunft führten, es gab Pflicht und Schuld, schlechtes Gewissen und Beichte, Verzeihung und gute Vorsätze, Liebe und Verehrung, Bibelwort und Weisheit. Zu dieser Welt mußte man sich halten, damit das Leben klar und reinlich, schön und geordnet sei.

Die andere Welt indessen begann schon mitten in unserem eigenen Haus und war völlig anders, roch anders, sprach anders, versprach und forderte anders. In dieser zweiten Welt gab es Dienstmägde und Handwerksburschen, Geistergeschichten und Skandalgerüchte, es gab da eine bunte Flut von ungeheuren, lockenden furchtbaren, rätselhaften Dingen, Sachen wie Schlachthaus und Gefängnis, Betrunkene und keifende Weiber, gebärende Kühe, gestürzte Pferde, Erzählungen von Einbrüchen, Totschlägen, Selbstmorden. Alle diese schönen und grauenhaften, wilden und grausamen Sachen gab es ringsum, in der nächsten Gasse, im nächsten Haus, Polizeidiener und Landstreicher liefen herum. Betrunkene schlugen ihre Weiber, Knäuel von jungen Mädchen quollen abends aus den Fabriken, alte Frauen konnten einen bezaubern und krank machen, Räuber wohnten im Wald, Brandstifter wurden von Landjägern gefangen – überall quoll und duftete diese zweite, heftige Welt, überall, nur nicht in unsern Zimmern, wo Mutter und Vater waren. Und das war sehr gut. Es war wunderbar, daß es hier bei uns Frieden, Ordnung und Ruhe gab, Pflicht und gutes Gewissen, Verzeihung und Liebe – und wunderbar, daß es auch alles das andere gab, alles das Laute und Grelle, Düstere und Gewaltsame, dem man doch mit einem Sprung zur Mutter entfliehen konnte. […]

Manchmal wußte ich: mein Ziel im Leben war, so wie mein Vater und meine Mutter zu werden, so hell und rein, so überlegen und geordnet; aber bis dahin war der Weg weit, bis dahin mußte man Schulen absitzen und studieren und Proben und Prüfungen ablegen, und der Weg führte immerzu an der anderen, dunkleren Welt vorbei, durch sie hindurch, und es war gar nicht unmöglich, daß man bei ihr blieb und in ihr versank.

Aber man muss gar nicht allzu tief in Hesses Bild von den zwei Welten eindringen, um festzustellen, dass die Theorie der beiden Listen falsch ist. Spinat zu essen zum Beispiel kann sehr gesund sein, aber immer nur Spinat ist ziemlich einseitig und sogar ungesund (und mit Sicherheit schlimmer, als zu viel Schokolade zu essen …).

Mag sein, dass jeden Tag Fernsehen schädlich ist (allerdings sagt Matt Groening, dass er die *Simpsons* nur erfinden konnte, weil er ständig vor der Mattscheibe hing), aber wenn wir das Fernsehen völlig ablehnen, entgehen uns möglicherweise viele interessante Dinge (zum Beispiel die Dokumentation über Roger Federer, von der vorhin die Rede war), und wir können bei gewissen Themen nicht mitreden.

Als ich zehn Jahre alt war, erlaubten mir meine Eltern nicht, die Fernsehserie *V – Die außerirdischen Besucher kommen* zu sehen, die damals sehr angesagt war (vielleicht waren sie auch nur nicht begeistert von meinem Wunsch, was ich mit einem Verbot gleichsetzte). Die Serie war tatsächlich ziemlicher Unsinn: Aliens rissen sich ihre falschen menschlichen Hüllen vom Leib, unter denen abstoßende Panzer zum Vorschein kamen, ihre Anführerin aß lebende Ratten, eine Frau bekam ein Baby, das halb Mensch, halb Echse war, und viele andere Highlights mehr … Jeden Mittwoch, wenn sich meine Freunde in der Pause über die Folge vom Vorabend unterhielten, stand ich stumm daneben und fühlte mich selbst wie ein Außerirdischer, während ich versuchte, mir aus den Gesprächsfetzen die Handlung zusammenzureimen. Wenn die anderen die Geschichte nachspielten, rissen sich alle darum, der Held zu sein, nur ich wusste nicht mal, wer dieser Donovan war …

Man sollte nicht voreilig etwas nur deshalb zum erstrebenswerten Ziel erklären, weil man es nicht gerne macht, und umgekehrt den Wert anderer Dinge unterschätzen, nur weil man Freude daran hat. Möglicherweise kann man sich nur deshalb für gewisse Dinge nicht begeistern, weil man immer dazu »gezwungen« wurde.

Man kann sich gut vorstellen, wie Mama oder Papa zu ihrer dreijährigen Tochter sagen:

»Martina, du *musst* baden.«

Da liegt die Vermutung nahe, dass dieser Satz die Konsequenz aus der Tatsache ist, dass die Kleine das Baden grundsätzlich verweigert. Doch wenn sie schließlich in der Badewanne sitzt ... will sie überhaupt nicht mehr rauskommen!

Schwer zu sagen, was da genau abläuft. Kann sein, dass man das Kind nicht zum Baden zwingen muss, weil es sich weigert, sondern dass es sich weigert, weil es gezwungen wurde ... Eigentlich ist Baden doch eine ziemlich erfreuliche Sache. Warum sollte man jemanden zu etwas so Angenehmem zwingen müssen?

*Seit vielen Jahren wird am New Yorker Off-Broadway ununterbrochen das Musical* The Fantasticks *gespielt. Das vordergründig simple Szenario erzählt von zwei Nachbarn, die ihre Kinder, einen jungen Mann und ein hübsches, gleichaltriges Mädchen, miteinander verkuppeln wollen. Ihre Strategie ist ganz einfach: Sie tun so, als würden sie sich hassen. Was kann für einen jungen Mann attraktiver sein als die Tochter des Erzfeindes seines Vaters?*

*Das Musical ist eine augenzwinkernde Version von Shakespeares* Romeo und Julia, *dessen provokante Theorie lautet, dass Romeo sich nicht in Julia verliebt, obwohl die Montagues mit seiner Familie verfeindet sind, sondern gerade deswegen.*

*Es gibt in dem Musical einen Song der beiden Väter, der auf witzige Weise vor Augen führt, wie absurd es ist, junge Menschen zu etwas zwingen zu wollen:*

Why did the kids pour jam on the cat?
Raspberry jam all over the cat?
Why should the kids do something like that
when all that we said was no?

[ ...]
Your daughter brings a young man in
Says »Do you like him, Pa?«
Just say that he's a fool and then
you've got a son in law!

Warum ist die Katze mit Marmelade beschmiert?
Himbeermus überall!
Dabei haben wir deutlich gesagt,
Kinder, lasst den Krawall!

Deine Tochter bringt 'nen jungen Mann mit nach Haus,
fragt: »Magst du ihn, Papa?«
Du brauchst nur zu sagen. »Was für ein Idiot!«
Schon steht sie vorm Traualtar!

Dieses »Verbiete etwas, und du erreichst, was du willst« ist keine eherne Regel, aber als Eltern sollten wir nicht die Augen davor verschließen, welche Wirkung Verbote haben können: Sie können neugierig machen und Begehrlichkeiten wecken.

Wir werden später noch einmal auf diesen Punkt zu sprechen kommen; fürs Erste bleibt festzuhalten, dass sich für etwas anzustrengen nicht zwingend bedeutet, dass man keinen Spaß daran hat, und Verbote nicht unbedingt dazu führen, dass der andere sich auch daran hält.

### Wie verhalten sich gute Eltern?

Wenden wir uns mit diesen neuen Erkenntnissen ein letztes Mal dem Beispiel des Kindes zu, das mit seinem soeben gemalten Bild zum Vater läuft.

»Papa, schau mal, was ich gemalt habe!«

Ein guter Vater schaut sich das Bild zuerst an, bevor er antwortet. Wie soll er wissen, was er dazu sagen soll, wenn er nicht weiß, wie das Bild aussieht? Nachdem er es begutachtet hat, könnte er beispielsweise sagen:

»Klasse, mein Sohn. Schön, dass du es mir zeigst. Mir gefallen die Farben, die du benutzt hast. Malen scheint dir wirklich Spaß zu machen. Ich kenne jemanden, der sich gut damit auskennt. Sollen wir mal mit ihm reden, ob er dir ein paar Sachen zeigt? Du könntest schöne neue Dinge lernen …«

Diese Antwort ist natürlich nur ein Beispiel, was man zu einem Kind sagen könnte, um als Vater oder Mutter angemessen und gut zu reagieren.

Lass uns nun ein wenig genauer auf die Antwort eingehen.

Die Antwort des Vaters übermittelt drei Dinge, die wir in diesem Zusammenhang für wichtig halten:

**Wertschätzung zeigen**
**Hinweise geben**
**Hilfe anbieten**

*Wertschätzung zeigen*

Wertschätzung zeigen ist sicherlich das, was uns als Eltern am leichtesten fällt (zumindest, wenn wir das Kind wertschätzen). Damit bringen wir unsere Liebe zu unserem Kind zum Ausdruck, das wir in unserem elterlichen Stolz für das schönste, wunderbarste und klügste halten. In anderen Worten: Wir stärken sein Selbstbewusstsein.

Du könntest jetzt fragen:

Das ist einfach, wenn ich das Bild wirklich »klasse« finde, oder sagen wir, »einigermaßen ansprechend«. Aber mal angenommen, das ist nicht der Fall. Was soll ich dann tun? Lügen? Oder sagen: »Tut mir leid, Kind, aber das Bild ist furchtbar«?

Zunächst einmal: Von wenigen Ausnahmen abgesehen, ist

es nicht nötig, in seinem Urteil so drastisch zu sein. Wenn man ehrlich sein will, kann man ebenso gut sagen: »Das Bild gefällt mir nicht ganz so gut« oder »Dieses Bild ist dir nicht so gut gelungen«. Man braucht nicht zu sagen, dass es »furchtbar« ist, oder gar, dass das Kind überhaupt nicht malen kann.

Das gilt auch für abwertende Bemerkungen, die sich hinter Humor verstecken: »Du bist genauso ein Künstler wie ich, ha ha!« Wobei erschwerend hinzukommt, dass Kinder bis zu einem gewissen Alter Ironie nicht verstehen und sofort in Konflikt mit dem Widerspruch geraten: War das nun Kritik oder ein Lob?

Man kann immer ehrlich sein, ohne mit der Tür ins Haus zu fallen, und das gilt für alle Beziehungen, nicht nur im Umgang mit Kindern. Wenn diese »Ehrlichkeit« verletzend ist und am Selbstbewusstsein deines Kindes kratzt und du dich trotzdem entscheidest, so gnadenlos zu formulieren, dann solltest du dich nicht fragen, ob es dir wichtig ist, aufrichtig zu sein, sondern, ob du aus einem anderen Grund wütend auf deinen Sohn oder deine Tochter bist. Wenn du deinem Kind helfen und es begleiten willst, dann solltest du daran denken, dass sich immer etwas Positives an dem finden lässt, was dein Kind gemacht hat. Wenn man es nicht auf den ersten Blick erkennt, muss man sich die Mühe machen, danach zu suchen, denn es geht nicht um die Wertschätzung dessen, was dein Kind gemacht hat, sondern um die Wertschätzung des Kindes selbst.

### *Hinweise geben*

Eine gute Beziehung zwischen Eltern und Kindern kann nur entstehen, wenn wir einen Blick für die Besonderheiten unseres Kindes haben, unabhängig davon, ob wir diese für »gut« oder »schlecht« halten. Und diese Wahrnehmung müssen wir ihnen im richtigen Moment und in angemessener Weise spiegeln. Selbst wenn man einen guten Blick auf sich selbst hat, gibt es Bereiche, für die man einen Spiegel braucht, angefangen mit dem eigenen Gesicht, dem Teil deines Körpers, der die Identität ausmacht. Und der beste Spiegel, den Kinder haben können, sind die Eltern.

Eine gute Erziehung ist immer individuell und persönlich. Inhalte und Methoden sollten und können nicht für alle gleich sein, ob in der Schule oder zu Hause.

Wenn wir sorgsam »evaluieren«, wo unser Kind steht, können wir herausfinden, was es braucht. Nur dann können wir ihm geben, wonach es sucht, oder noch besser: ihm Zugang dazu verschaffen.

### *Hilfe anbieten*

Man muss Kindern den Raum geben, ihre Möglichkeiten zu erweitern. Und wenn wir gute Eltern sein wollen, müssen wir viel Zeit, Achtsamkeit, Energie und manchmal (auch das sollte gesagt werden) auch ziemlich viel Geld auf diese Aufgabe verwenden.

Dabei ist das wichtigere Wort nicht »Hilfe«, sondern »anbieten«. Die Entscheidung, ob es die Hilfe annimmt, liegt beim Kind. Nur dann kann das Ganze gelingen.

Kürzlich gab es eine Situation, in der unser ältester Sohn unser Eingreifen als Eltern benötigte. Mein Sohn hatte angefangen, diese Sammelkarten zu sammeln, genau wie die meisten seiner Schulfreunde. Die Kinder brachten ihre Karten in die Schule mit, um sich in den Pausen gegenseitig ihre Schätze zu zeigen und zu tauschen. Nach einigen Tagen fiel meiner Frau und mir auf, dass der Stapel unseres Sohnes beträchtlich geschrumpft war und vor allem einige der begehrtesten Karten fehlten. Es war nicht schwer zu erraten, was da los war: Er zog beim Tauschen den Kürzeren. Wir sprachen mit ihm und fragten ihn, ob ihm aufgefallen sei, dass er weniger Karten hatte als vorher. Unser Sohn ließ den Kopf hängen und nickte. Als wir ihn fragten, ob das ein Problem für ihn sei, nickte er erneut.

»Magst du uns erzählen, wie das passiert ist?«

»Ich habe getauscht.«

»Du hast eine Karte gegen eine andere getauscht?«

»Ja.«

»Wolltest du das?«

»Na ja … schon. Die anderen hatten die Karte nicht, und ich wollte ein guter Freund sein.«

Daraufhin erklärten wir ihm, dass wir verstanden, dass er großzügig zu den anderen sein wollte (Wertschätzung), aber dass wir es nicht gut fanden, wenn er etwas weggab, das er eigentlich nicht weggeben wollte, und dass gute Freunde nicht verlangten, dass jemand seine Lieblingssachen verschenkte (Hinweise geben).

»Aber ich weiß nicht, was ich machen soll«, sagte mein Sohn.

Also machte ich ihm einen Vorschlag (Hilfe anbieten): Wir gingen zum Kiosk und kauften ein Päckchen Sammelkarten. Und zwar für mich. An den nächsten Tagen übte ich mit meinem Sohn, wie man Karten tauscht, ohne mehr zu geben, als man geben will. Ich sagte ihm, dass ich versuchen würde, ihn übers Ohr zu hauen, und er versuchte, dagegenzuhalten und »sein Territorium zu verteidigen«, so gut er konnte. So schlugen wir zwei Fliegen mit einer Klappe: Er wollte seine Karten nicht verlieren, und ich wollte, dass er lernte, sich zu behaupten, ohne dass seine Freundschaft zu den anderen litt. Wenn ich nur zu ihm gesagt hätte: »Du musst lernen, dich zu wehren«, hätte er wahrscheinlich nicht gewusst, wie er das anstellen sollte, und sich wahrscheinlich auch nicht sonderlich bemüht, es zu lernen. Wenn ich hingegen ganz konkret sage »Ich zeige dir, wie du besser auf deine Karten aufpassen kannst« und danach handle, ist das natürlich viel verlockender (auch wenn es im Grunde dasselbe ist).

*Vielleicht fragst du dich jetzt genau wie ich, wie viele Eltern so viel Zeit und Einsatz »wegen ein paar Karten« aufbringen würden, wie es mein Sohn in diesem Fall getan hat. Meine Antwort lautet: Sehr wenige, und das sage ich aus meiner über vierzigjährigen Berufserfahrung und mit der Erfahrung meiner vielen Lebensjahre aus voller Überzeugung. Deshalb ist Demián ein großartiger Vater, und ich bin stolz, sein Vater zu sein.*

## Und was ist mit den Jugendlichen?

Was wir in diesem Kapitel gesagt haben, gilt nicht nur für kleine Kinder. Wir sind der festen Überzeugung, dass sich die Drei-Punkte-Methode bei Kindern jeden Alters anwenden lässt, auch wenn die Antworten natürlich umso ausführlicher ausfallen müssen, je älter die Kinder werden:

**Die Wertschätzung muss präziser formuliert sein.**
**Die Hinweise müssen deutlicher sein.**
**Die Hilfe, die wir anbieten, wird uns mit Sicherheit mehr abverlangen.**

Je älter die Kinder werden, desto größer wird die Herausforderung dieser Art der Kommunikation. Wir müssen unser ganzes Wissen aufbringen, unsere ganze Kreativität und unsere ganze Zurückhaltung, all unsere Liebe und natürlich auch all unsere Geduld.

In dieser späteren Phase wird die Position, die wir im Rahmen der Elternkategorien (gleichgültige, autoritäre, *Laisser-faire-*, politisch korrekte, gute Eltern) einnehmen, vielleicht deutlicher, wenn wir unsere Einstellung zum Geben und Nehmen betrachten. Ob Eltern einem raten »Du musst dir immer Mühe geben, dein Bestes zu geben« oder aber »Du solltest immer offen dafür sein, das Beste zu bekommen«, ist nicht dasselbe.

Didaktisch betrachtet, lassen sich die folgenden fünf Standpunkte formulieren:

1. **Wenig geben und wenig bekommen:** Das ist die Botschaft der gleichgültigen Eltern. Die Folge sind unglückliche, vernachlässigte Kinder.
2. **Viel geben und wenig bekommen:** Das ist die Botschaft der autoritären Eltern. Hier liegt der Fokus auf Hilfsbereitschaft und Leistung.
3. **Wenig geben und viel bekommen:** Das ist die Botschaft der *Laisser-faire*-Eltern. Der Fokus liegt auf Spaß und Vergnügen.
4. **Genauso viel geben, wie man bekommt:** Das ist die Botschaft der politisch korrekten Eltern. Der Fokus liegt auf Gerechtigkeit und Ausgewogenheit.
5. **Viel geben und viel bekommen:** Das ist die Botschaft der guten Eltern. Ihr Ziel sind zufriedene Kinder, die sich selbst verwirklichen.

Wir sind der Überzeugung, dass Eltern ihre Kinder auf diesem fünften Weg bestärken sollten – dem Weg des größtmöglichen Austauschs mit der Welt und den anderen.

Wir möchten dieses Kapitel mit einem alten chinesischen Gedicht abschließen, das frei übersetzt folgendermaßen lautet:

*Mein Kind,*
*Licht meiner Gegenwart und der Zukunft aller,*
*versuche stets, viel zu geben und viel zu erhalten.*
*Versuche stets, dein Bestes zu geben,*
*und von den anderen das Beste zu erhalten.*
*Glaub jenen nicht, die behaupten,*

*du hättest keine Wahl zwischen dem Guten und dem Schönen, zwischen dem, was du möchtest, und dem, was richtig und gut ist. Wenn du die Dinge gut machst, wird deine Freude größer sein. Und wenn du voll Freude bist, wirst du die Dinge besser tun.*

# 6

# Ein Beispiel sein – Eltern als Vorbild

## Die drei Erziehungsmethoden

Nach dem »Was« folgt bekanntlich das »Wie«.

Nachdem wir gesehen haben, *was* wir unseren Kindern vermitteln wollen, wollen wir uns nun mit dem *Wie* beschäftigen. Wir werden näher auf die Methoden eingehen, die wir anwenden können, um unseren Kindern die Mittel an die Hand zu geben, damit sie ihr Leben so gut wie möglich meistern.

Wenn man die autoritäre Methode (»Du tust, was ich dir sage!«) einmal außen vor lässt, kann man drei weitere Wege oder Strategien unterscheiden, die wir in diesem und den beiden nächsten Kapiteln besprechen wollen. Sie sind ziemlich unterschiedlich und in den allermeisten Fällen nicht kompatibel:

**Vorbild sein:** »Mach es so, wie ich es mache.«

**Lehrmeister sein:** »Ich erkläre dir, wie es geht.«

**Wegweiser sein:** »Ich zeige dir den Weg.«

Diese drei Strategien entsprechen den drei Prinzipien, durch die wir Menschen neue Kenntnisse und Fähigkeiten erlangen und entdecken können.

Die Vermittlung durch ein Vorbild beruht auf dem Prinzip der Nachahmung.

Das Lernen mit Hilfe eines Lehrmeisters erfolgt mittels

unserer ausgeprägten kognitiven Fähigkeiten, die es uns erlauben, uns Dinge durch Sprache und Abstraktion anzueignen. Der Anleitende versucht dabei, den Lernprozess durch »Versuch und Irrtum« anzustoßen.

Auch in der autoritären Methode sind Elemente dieser Strategie enthalten, und genau das ist einer der Gründe dafür, warum wir eine solche Vorgehensweise ablehnen, denn sie beruht auf Angst und Unterordnung.

## Vorbild sein

Was uns an dieser Methode am wichtigsten erscheint, ist zugleich ihr größter Vorzug und ihr größter Nachteil: Vorbild ist man immer, in jedem Moment. Unsere Kinder lernen die ganze Zeit von uns, ob wir es wollen oder nicht. Es ist keine Strategie, zu der man greift, wenn es einem passt, und die man danach beiseitelegt. Sie ist nicht nur aktiv, wenn wir so handeln, wie wir es zuvor angekündigt haben, und bei unserem Handeln den anderen im Blick haben. Bedauerlicherweise hat unser Vorbild auch dann Einfluss auf die Kinder, wenn in unserem Verhalten unsere schlechten Eigenschaften zutage treten: wenn wir andere nicht gut behandeln, wenn wir ständig herumjammern, wenn unser Handeln nicht unseren Worten entspricht, wenn wir uns mies verhalten (anderen oder uns selbst gegenüber).

Unsere Kinder haben uns ständig im Blick, sie ahmen uns nach und folgen unserem Beispiel. Sie lernen aus dem, was sie sehen – und das gilt für das, was wir ihnen nahebringen wollen, genauso wie für solche Dinge, die wir lieber vor ihnen verborgen oder ihnen erspart hätten.

Vor nicht allzu langer Zeit sagte einer meiner Patienten, ein junger Vater, zu mir:

»Früher habe ich in den Tag hineingelebt, ohne mir große Gedanken zu machen. Jetzt denke ich über alles zweimal nach, weil ich genau weiß, dass der Kleine mir zusieht und alles in sich aufsaugt.«

Und mein Patient hat recht. Man sagt immer, »Kinder saugen alles auf wie ein Schwamm«; in Fachbegriffen ausgedrückt, ist für die Eltern jedes Handeln ein Akt der Erziehung.

Eltern müssen sich klarmachen, dass sie nicht nur durch das erziehen, was sie *mit* ihren Kindern oder *für* ihre Kinder machen, sondern durch alles, was sie in ihrer Gegenwart machen. Deshalb sollte man genau überlegen, welche Botschaft man durch sein Verhalten transportiert. Ganz besondere Aufmerksamkeit sollte man dabei der Frage widmen, wie man sich selbst behandelt, denn gerade das hat einen gewaltigen Einfluss auf die Kinder und ist mitbestimmend dafür, wie sie mit sich selbst umgehen.

Was nützt es zum Beispiel, wenn man sagt »Pass gut auf dich auf« und das Kind sieht, wie man selbst Tag für Tag achtlos mit sich umgeht?

Nicht selten weicht die Botschaft, die wir durch unser Verhalten senden, eklatant von dem ab, was wir vermitteln wollen, oder widerspricht dem sogar.

In dem folgenden Beispiel, muss ich beschämt gestehen, finde ich mich gelegentlich selbst wieder. Die Geschichte geht ungefähr so:

Der kleine Andrés spielt in seinem Zimmer. Es ist Mittagszeit, aber das Spiel, das er sich ausgedacht hat, ist offensichtlich sehr spannend und der Kleine voll bei der Sache. Seine Stimme dringt bis ins Esszimmer, wo der Vater arbeitet.

»Bamm! Speziallaser! Nimm das, du Schurke! Aaaaahrg!«

Der Vater steht auf und geht ins Kinderzimmer.

»Sei ein bisschen leiser. Hier im Haus sind Leute, die schlafen wollen.«

»Okay«, sagt der kleine Andrés abgelenkt, in der einen Hand den Superhelden, in der anderen das angreifende Raumschiff.

Der Vater geht ins Esszimmer zurück. Nach ein paar Minuten hört er erneut das Geschrei des Jungen.

»Aaaaah! Du Schuft! Nimm das! Ratatatata …«

Genervt stürzt der Vater erneut zum Kinderzimmer und brüllt:

»ANDRÉS! ICH HAB DIR GESAGT, DU SOLLST NICHT SO LAUT SEIN!«

Die explizite Botschaft lautet ganz klar »Du sollst nicht laut sein!«, aber das Vorbild des Vaters vermittelt das genaue Gegenteil. Wenn der eine schreit, schreit der andere noch lauter. Und wenn du wütend wirst, gerade dann!, schreit er noch mehr.

Wenn man das so liest, ist es ziemlich offensichtlich, aber man verfällt öfter in solche Widersprüche, als man denkt.

Die schlechte Nachricht, vor allem für die Kinder, ist, dass bei einem Konflikt zwischen expliziter und impliziter Botschaft die zweite immer die stärkere ist. Warum? Weil sie sämtliche Filter des Bewusstseins umgeht.

*Ich erinnere mich an eine Frau, die sehr traurig und enttäuscht war, weil ihr Sohn von einem Tag auf den anderen sein Architekturstudium geschmissen hatte und in ein abgelegenes Dorf gezogen war, das den Ruf einer Hippiekommune hatte.*

*»Die Hektik in der Stadt ist nichts für mich«, hatte er gesagt. »Ich mag die Natur und die Ruhe.«*

*Die Mutter konnte ihren Sohn nicht verstehen: Sie selbst war Akademikerin, ihr Mann war Akademiker gewesen (er war zwei Jahre zuvor gestorben), sie hatten ihr ganzes Leben lang in einer Wohnung im Stadtzentrum gewohnt. Woher hatte der Junge das?*

*Ich hatte da einen Verdacht und fragte die Frau, woran ihr Mann gestorben war.*

*»Er hatte einen Herzinfarkt«, sagte sie. »Er hatte vorher schon zwei, aber er hat nie kürzergetreten, obwohl ihm die Ärzte dazu geraten haben. Er hatte viel Stress und hat zu viel gearbeitet.«*

*Ich brauchte gar nicht weiter zu fragen. Noch während sie meine Frage beantwortete, erkannte die Frau selbst den Zusammenhang zwischen dem Tod (oder vielmehr dem Leben) ihres Mannes und der Entscheidung ihres Sohnes. Die Theorie in dieser Familie, die auch sie selbst vertrat (ob zu Recht oder nicht), war, dass der Vater des Jungen durch den Stress gestorben war, den das Arbeitsleben in der Stadt verursachte. Wie konnte man da etwas anderes erwarten, als dass der Sohn alles versuchte, um sich so weit wie möglich von dem Lebensmodell des Vaters zu distanzieren?*

*Wenn wir ständig predigen, dass das Leben in der Stadt uns umbringt, das tägliche Hamsterrad uns fertigmacht, die Luftverschmutzung uns den Atem raubt, ist es nur natürlich, dass derjenige, der sich das täglich anhört, unser Schicksal nicht teilen möchte.*

*Natürlich funktioniert diese Form der impliziten Vermittlung auch im Positiven:*

Ich erzählte ja bereits von dem Gespräch mit meinem Vater, als sich mir die Frage stellte, welchen beruflichen Weg ich einschlagen sollte und wie neugierig mich seine Arbeit machte. Aber ich glaube, ausschlaggebend für meine Entscheidung war auch, dass ich sah, wie glücklich mein Vater bei dem war, was er tat. Wenn wir in den Ferien am Strand waren, las er auch mal einen Krimi, aber meistens las er irgendetwas über Psychologie. Er hatte immer ein Spiralheft dabei, um sich Notizen zu machen und Diagramme zu zeichnen. Eines war klar: Wenn er das in diesem Moment tat (in dem er auch irgendetwas anderes hätte tun können), dann offensichtlich deshalb, weil es ihm Spaß machte. Ein weiterer Aspekt, der mir nicht entging, war, dass die Arbeit meines Vaters genug einbrachte, um eine Familie zu ernähren. Wir lebten nicht im Luxus, aber es fehlte uns auch an nichts. Und zuletzt sah ich auch, dass mein Vater große Befriedigung daraus zog, anderen helfen zu können. Wenn ein Patient meinen Vater am Wochenende anrief (zu Hause! Damals gab es noch keine Handys), ging mein Vater immer ran. Er ging ins Esszimmer und schloss die Tür hinter sich.

»Ihr könnt jetzt nicht rein«, sagte meine Mutter dann. »Papa arbeitet.«

Mein Vater kam abends immer erst spät nach Hause, wenn wir schon gegessen hatten. Aber ich habe nie gehört, dass er sich beklagt hätte. Was mein Vater mir durch sein Beispiel sicherlich unbewusst vermittelt hat, war, dass der Beruf des Psychotherapeuten Freude mit sich brachte, Leidenschaft, ein gutes Einkommen, und dass es befriedigend war, anderen zu helfen. Den Schluss, den ich daraus zog, habe ich einmal folgendermaßen formuliert: Wie hätte ich das alles nicht haben wollen?

*Vielleicht sollte ich hier noch von einem weiteren Erlebnis erzählen.*

*Mein Vater war kein Arzt. Er wäre gern Arzt geworden, doch die familiären Umstände ließen es nicht zu. Er musste schon jung arbeiten, um zum Unterhalt der vielköpfigen Familie beizutragen, in der es keine Studientradition gab. Er war der Erste gewesen, der je diesen Wunsch hatte. Ich weiß noch, wie ich am Tag meiner Abschlussprüfung direkt zu meinem Vater in das Versicherungsbüro ging, in dem er arbeitete.*

*Ich hatte ihm vorher nicht gesagt, dass meine letzte Prüfung bevorstand.*

*Als er die Tür öffnete, umarmte ich ihn und sagte:*

*»Papa, wir haben dreißig Jahre gebraucht, aber jetzt haben wir das Studium geschafft!«*

Man könnte meinem Vater nun das Gleiche vorwerfen, was ich mir als junger Mann insgeheim vorwarf, und sagen: »Dann war dieses Studium also eigentlich der Wunsch deines Vaters und nicht dein eigener.« Aber auch im Fall meines Vaters greift dieser Vorwurf nicht. Welche Erklärung gibt es dann? Auch unausgesprochene Wünsche und Ideale werden dem Gegenüber vermittelt. Mein Großvater konnte meinem Vater nicht vermitteln: »Arzt zu sein ist wunderbar«, so wie mein Vater es bei mir tat; schließlich war er kein Arzt. Aber er vermittelte ihm: »Arzt zu sein wäre wunderbar.« Und das macht letztendlich keinen Unterschied.

## Was unsere Überzeugungen bewirken

Als Eltern sollte uns immer bewusst sein, dass wir mit dem, was wir tun oder nicht tun, Einfluss auf unsere Kinder nehmen, genau wie mit dem, was wir uns wünschen oder für uns ablehnen.

*Als mein Sohn klein war, erkannte ich in fast allem, was er tat, mich selbst oder seine Mutter wieder. Wenn ich mich im Esszimmer an meine alte Schreibmaschine setzte, verschwand mein Sohn in seinem Zimmer und kam mit einer kleinen Spielzeugschreibmaschine wieder, die seine Mutter ihm gekauft hatte. Er setzte sich zu mir und fragte:*

*»Was machst du da, Papa?«*

*»Ich schreibe ein Buch«, sagte ich. »Und du?«*

*»Ich auch«, sagte er und tippte mit seinen kleinen Fingern nach einem geheimnisvollen System in die Tasten.*

Viele Eltern ziehen in einer solchen Situation einen voreiligen Schluss und sagen naiv:

»Ein Kind erziehen ist gar nicht so schwer. Das Kind macht

alles so wie du. Es hält sich an Regeln wie du, ist launisch wie du, manipuliert wie du, jammert wie du. Deine Kinder werden genauso freundlich oder aggressiv werden wie du, offen oder zurückhaltend, großzügig oder geizig, verantwortungsvoll oder gleichgültig. Die Sache ist ziemlich einfach.«

Aber wenn die Kinder größer werden, stellen alle Eltern mit einer gewissen Beunruhigung fest, dass es so einfach nicht ist. Die Theorie geht nicht auf: Die Kinder machen ihr eigenes Ding, sie haben ihren eigenen Charakter und kommen zu ihren eigenen Schlüssen. Dennoch liegt ein guter Teil Wahrheit in dieser Theorie (auch wenn sie nicht unumstößlich ist und nicht für immer gilt).

Ein Patient erzählte mir, seine Mutter habe im Streit regelmäßig zu ihm gesagt:

»Mach doch, was du willst! Ich bin dir nie wichtig gewesen. Seit du auf der Welt bist, lehnst du mich ab!«

Seit du auf der Welt bist, lehnst du mich ab?

Was konnte mein Patient getan haben, um eine solche Aussage zu verdienen? Hatte er seine Mutter schon im Mutterleib in böser Absicht getreten? Oder ihr beim Stillen hinterhältig in die Brust gebissen?

Wie du dir sicherlich schon denken kannst, kam ich zu dem Schluss, dass wahrscheinlich die Mutter den Kleinen seit seiner Geburt abgelehnt hatte (vielleicht auch schon vorher). Aus irgendeinem Grund konnte sie das Kind nicht in ihr Herz schließen, und diese Zurückweisung war es, die ihr Sohn später spiegelte.

Es wäre nicht verwunderlich, wenn mein Patient seine Mutter am Ende tatsächlich abgelehnt hätte, obwohl das, soweit ich sehen konnte, glücklicherweise nicht der Fall war … Noch nicht.

Tatsächlich werden Voraussagen oft zur Realität. Verantwortlich dafür ist der Mechanismus der selbsterfüllenden Prophezeiung. Wenn man immer wieder sagt: »Dieses Kind ist ein Albtraum«, »Es ist genau so ein Miesepeter wie sein Vater«, »Es hat nichts im Kopf« oder »Es lügt wie gedruckt«, dann ist es sehr wahrscheinlich, dass das Kind tatsächlich so wird oder zumindest den Anschein erweckt.

Aus all diesen Gründen sollten wir versuchen, nicht vorschnell zu urteilen, wie ein Kind ist. Das ist nicht immer einfach, denn Eltern (und auch Großeltern, Onkel und Tanten, überhaupt alle Erwachsenen um es herum) schreiben dem Kind gerne positive Charakterzüge und Eigenschaften zu. Es ist ein Weg, sich dem Kind zu nähern, und bis zu einem gewissen Punkt auch eine Strategie, um es zu kontrollieren und ihm klarzumachen, was von ihm erwartet wird.

*Die stolze Großmutter spaziert mit ihren Enkeln über den Dorfplatz. Dort setzt sie sich auf eine Bank, während die Kinder auf dem Spielplatz toben.*

*»Sind das Ihre Enkel?«, fragt ein Mann und setzt sich neben sie.*

*»Ja, beide«, bestätigt die Frau mit einem breiten Lächeln.*

*»Wie alt sind sie?«*

*»Der Arzt ist acht und der Anwalt vier«, antwortet die Großmutter stolz.*

Heute wissen wir, dass vorschnelle Zuweisungen und nahezu diagnostische Prognosen Kinder in ihrer freien Entfaltung einschränken und sie in ein vorgefertigtes Schema pressen. Man sollte sich Zeit lassen, um das Kind in seinem Verhalten zu beobachten, bevor man darüber urteilt, wie es ist (und auch dann wäre es immer noch besser, es nicht durch Schlussfolgerungen in seinem Wesen zu begrenzen).

## Veranlagung oder Erziehung?

In der Wissenschaft gibt es seit langem eine Debatte darüber, was ausschlaggebend für die menschliche Entwicklung ist: die Natur (die Gene) oder äußere Einflüsse? Genetik oder Erziehung – was ist entscheidend?

Wahrscheinlich hast du dir beim Lesen dieses Buches ebenfalls so einige Fragen gestellt, mit denen sich die Verhaltens- und Entwicklungspsychologie seit Jahren beschäftigt: Bringt ein Kind individuelle, angeborene Veranlagungen mit, auf die Erziehung keinen Einfluss hat? Gibt es Charaktereigenschaften, die dem Kind bereits in die Wiege gelegt werden? Wie bestimmend ist der Einfluss der Gene?

Aber eins nach dem anderen. Zunächst einmal ist festzuhalten, dass es tatsächlich Anteile der Identität gibt, die von klein auf in der Persönlichkeit eines jeden angelegt sind, unabhängig von äußeren Einflüssen oder Erziehungsmustern. Das zu negieren käme der Behauptung gleich, Babys seien zunächst alle gleich und entwickelten erst durch die erhaltene Erziehung und das, was man ihnen mitgibt, eine eigene Persönlichkeit. Wir sind davon überzeugt, dass dem nicht so ist; die Frage ist, welchen Stellenwert wir diesen angeborenen Veranlagungen und insbesondere der Genetik einräumen.

*Dem Dilemma ließe sich mit folgender Frage auf den Grund gehen:*

*Was macht den Kaffee süß? Der Zucker oder dass man ihn mit dem Löffel umrührt?*

*Wenn du keinen Zucker in den Kaffee tust, bringt das Umrühren gar nichts. Nimmst du aber Zucker und rührst nicht um, wird der Kaffee auch nicht süß. Also muss die Antwort lauten: beides zusammen macht den Kaffee erst süß.*

*Genauso werden unsere Persönlichkeit, unser Verhalten, un-*

*sere ganze Art sowohl von den Genen wie von der Umgebung beeinflusst. Ohne das eine oder das andere wären wir nicht die, die wir sind.*

Das ist zweifellos richtig, aber das Problem ist, dass uns diese Erkenntnis nicht weiterbringt. Keinem, der sich eine Zeitlang mit dem Wesen des Menschen befasst, wird entgangen sein, dass sowohl angeborene als auch erworbene Eigenschaften Einfluss auf unsere Entwicklung haben. Aber die interessante Frage ist doch, welches von beidem größeren Einfluss hat: Veranlagung oder Erziehung?

Das ist der springende Punkt.

Meine Antwort lautet: die Erziehung. Ich bin der aufrichtigen Überzeugung, dass der Erziehung bei der Herausbildung der Persönlichkeit und der Beziehung zu den anderen wesentlich größere Bedeutung zukommt als den Genen.

Unsere Vorlieben, unsere Identität und unser Handeln sind weit mehr von dem bestimmt, was wir als Kleinkinder, Kinder, Jugendliche oder Erwachsene erlebt haben, als durch die Gene, mit denen wir geboren wurden. Wir weisen den Gedanken energisch von uns, dass, ob jemand ein guter oder ein schlechter Mensch ist, in irgendeinem obskuren DNA-Strang festgeschrieben sein kann. Ob jemand gewalttätig oder drogenabhängig wird, erklärt sich weniger durch seine biologische Veranlagung als durch die Art und Weise, wie er sich der Realität stellt oder eben auch nicht.

Eine Ausnahme gibt es – die uns sicher deshalb in den Sinn kommt, weil wir beide psychiatrische Ärzte sind –, und das sind schwere psychische Erkrankungen wie Schizophrenie oder Bipolare Störungen. In diesen Fällen liegt eine klare biologische Disposition vor, ausgelöst durch bestimmte Gene, die dafür verantwortlich sind, dass derartige Erkrankungen ausbrechen können.

Depressionen und Angststörungen wiederum sind ein gutes Beispiel für das Gegenteil. Zwar gibt es durchaus eine erbliche Disposition, die dazu beiträgt, dass manche Menschen mit einer derartigen Störung auf eine stressige oder unangenehme Situation reagieren. Doch es ist auch hier vor allem die Umgangsweise mit dieser Art Situationen, die eine krankhafte Störung auslöst und den Menschen nicht auf eine normale, angemessene Weise reagieren lässt.

Es existieren zahlreiche Studien, die sich mit dieser Frage befassen. Meist handelt es sich um Studien mit Zwillingen, die in unterschiedlichen Familien aufgewachsen sind und trotz identischer genetischer Veranlagung in ihren Persönlichkeitsstrukturen und ihren Handlungsmustern sehr unterschiedlich oder gar gegensätzlich sind. Einige dieser Studien haben festgestellt, dass ein Zwilling mehr Ähnlichkeiten mit seinen Stiefgeschwistern aufweist (mit denen er die Eltern gemeinsam hat) als mit dem Menschen, mit dem er seine Gene gemeinsam hat.

Es gibt noch einen weiteren Grund, weshalb wir den erworbenen Eigenschaften den Vorzug vor der Gentheorie geben. Dieser Grund hat keinen erschöpfenden theoretischen Hintergrund, besitzt aber enormes praktisches Gewicht.

Wir sind der Meinung, dass äußere Einflüsse entscheidender sind als die Gene … weil es gut ist, so zu denken!

Wenn alles, was wir waren, sind und werden, in den Genen festgeschrieben steht, was bringt es dann, neue Wege im Leben zu gehen? Warum uns bemühen, besser mit unseren Mitmenschen auszukommen? Warum unser Verhalten überdenken? Und vor allem, wie das Ziel erreichen, möglichst unbeschadet durchs Leben zu kommen und auch andere darin zu bestärken, wenn wir glauben, dass alles festgeschrieben und vorbestimmt ist? Wenn es so wäre, wären uns als Eltern, Erzieher und Therapeuten die Hände gebunden, und wir wären außerstande, irgendjemandem zu helfen.

Wir müssen daran glauben und daran festhalten, dass Erziehung, Bildung und soziales Umfeld stärkeren Einfluss auf die Kleinen haben, denn so haben wir mehr Möglichkeiten, auf das einzuwirken, was aus ihnen wird. Wir müssen auf unsere unendliche Fähigkeit vertrauen, Neues zu lernen und weiterzugeben, anders zu leben, bessere Wege zueinander zu finden. Wir müssen einfach davon ausgehen, dass wir die äußeren Umstände beeinflussen und verändern können, denn wenn wir alles auf die Gene schieben, nähern wir uns einer esoterischen Weltsicht, nach der alles im Buch des Lebens festgeschrieben steht und wir dem Schicksal ohnmächtig ausgeliefert sind.

## Gleiche Eltern – unterschiedliche Erziehung

Wir sehen förmlich, wie du dich fragst: Wenn das Erlernte, insbesondere das von den Eltern Erlernte, die wichtigste Größe bei der Entwicklung der eigenen Persönlichkeit ist, wie lässt sich dann erklären, dass Geschwister oft so unterschiedlich sind, obwohl sie dieselben Eltern haben?

Zunächst einmal muss daran erinnert werden, dass Erziehung nicht ausschließlich durch die Eltern stattfindet, sondern auch Lehrer, Freunde und Dutzende andere Personen aus dem näheren und ferneren familiären Umfeld einen großen Beitrag dazu leisten. Und dann gibt es da noch diesen Ausspruch, der besagt, dass Geschwister niemals Kinder der gleichen Eltern sind.

Jedes Kind tritt zu einem anderen Zeitpunkt in das Leben seiner Eltern. Als du geboren wurdest, haben deine Eltern anders gelebt, gedacht und gefühlt, als sie lebten, dachten und fühlten, als dein Bruder oder deine Schwester zur Welt kamen. Geschwister haben nicht die gleichen Eltern, weil sie nicht mehr dieselben sind.

Das beste Beispiel für diese Behauptung bietet uns ein Meisterwerk des Kinos, Francis Ford Coppolas *Der Pate.*

Vito Corleone ist ein Mafiaboss mit strengem Ehrenkodex und das Oberhaupt der »Familie«. Eine Position, die sicher nicht leicht auszufüllen ist und für die es vielerlei Voraussetzungen braucht. Welcher seiner Söhne soll seinen Platz einnehmen, wenn Vito nicht mehr in der Lage sein sollte, alles zu kontrollieren? Nach der Tradition würde der »Posten« dem ältesten Sohn Santino zustehen. Doch Sonny, wie er genannt wird, ist so viel Verantwortung nicht gewachsen. Er ist leichtlebig und reizbar, lässt sich von seinen Emotionen leiten, spricht, wenn er besser schweigen sollte, und nimmt alles persönlich – tatsächlich wird er durch seine unbedachte Art in einen von einer verfeindeten »Familie« geplanten Hinterhalt geraten, der ihn das Leben kostet. Also fällt die Aufgabe seinem jüngeren Bruder Michael zu. Michael beweist in jeder Hinsicht, dass er der Richtige ist, um seinem Vater als Pate nachzufolgen: Er ist berechnend, eiskalt und entschlossen, loyal, aber skrupellos, wenn es nötig ist, und ihm ist klar, dass das Wohl der Familie an den »Geschäften« hängt. Sonny und Michael sind Brüder und doch grundverschieden. Wie erklären sich diese Unterscheide? *Der Pate II* liefert uns die Antwort.

Der zweite Teil der Saga erzählt, wie Vito Corleone zu dem Paten wurde, den wir im ersten Teil kennengelernt haben.

Sonny ist bereits geboren, Vito ist Hilfsarbeiter in einer Gemüsehandlung und lebt mit Frau und Sohn in einer bescheidenen Wohnung in einem Vorort von New York. Nach einiger Zeit teilt der Gemüsehändler ihm mit, dass er ihn wegen der »Steuer«, die der örtliche Mafiapate verlangt, nicht länger bezahlen kann und ihn entlassen muss. Als Vito sieht, wie der Pate die Arbeiter im Viertel unterdrückt, beschließt er, diesen Fanucci zu töten.

Darauf folgt eine Schlüsselszene des Films: Vito kommt nach dem Mord an dem Mafiapaten nach Hause, als wäre nichts gewesen (nur der Zuschauer weiß, dass er den entscheidenden Schritt gemacht hat, um selbst zum Paten zu werden), geht ins Wohnzimmer, nimmt seinen kleinen Sohn aus der Wiege, lächelt ihm zu und sagt stolz:

»Hallo Michael. Dein Papa ist wieder da.«

Das heißt, Sonny ist der Sohn eines kleinen Angestellten, Michael hingegen ist der Sohn des »Paten«. Deshalb besitzt Sonny nicht die nötigen Eigenschaften, um Vito zu beerben, Michael hingegen schon. Sie haben völlig verschiedene Väter.

Es hätte natürlich sein können, dass Sonny diese Eigenschaften entwickelt, obwohl er der Sohn eines Lagerarbeiters ist, doch das wäre ohne Frage schwieriger gewesen. Es hätte natürlich auch sein können, dass Michael weichherzig und menschenfreundlich wird, obwohl er der Sohn eines Mafiabosses ist, aber in Anbetracht der Umstände wäre dies eher unwahrscheinlich.

Die Vermittlung durch das Vorbild der Eltern ist sehr prägend, im Guten wie im Schlechten. Wenn wir unsere Arbeit als Erziehungsberechtigte gut machen wollen, müssen wir diesen Umstand berücksichtigen, um unsere Rolle bestmöglich auszufüllen.

Es geht nicht darum, eine Maske aufzusetzen, damit unsere Kinder nur die guten Seiten sehen, die wir ihnen vorleben wollen. In den meisten Fällen fällt diese Maske irgendwann, und darunter kommt eine hässliche, enttäuschende Fratze zum Vorschein, die das Kind nicht nur mit einer völlig neuen Realität konfrontiert, sondern auch die vorausgegangene Täuschung ans Licht bringt.

Vor einigen Jahren passierte etwas, das mir klarmachte, wie leicht man in diesen Irrtum verfällt. Ich fuhr mit meiner Familie zu Verwandten. Das Auto stellten wir auf einem bewachten Parkplatz ab. Nach ein paar Stunden gingen wir zum Auto zurück. Ich bezahlte den Parkwächter, aber als ich das Auto holen wollte, sah ich, dass mich ein Lieferwagen zugeparkt hatte. Ich bat den Parkwächter, den Wagen wegzufahren, damit ich rauskonnte, aber er reagierte nicht. Ich dachte, er hätte mich nicht gehört, und wiederholte meine Bitte. Da schrie mich der Mann wutentbrannt an:

»Ist ja gut! Ich hab dich verstanden! Glaubst du, ich mach mir hier einen faulen Lenz?«

Dann stieg er in den Lieferwagen und fuhr mit quietschenden Reifen davon, ganz knapp an meiner Frau und meinem Sohn vorbei (aber nicht so nah, dass sie in Gefahr gewesen wären). Ein bisschen verstört stieg ich schweigend in unser Familienauto, und wir schauten, dass wir von dort wegkamen.

Wir waren noch kaum eine Straße weiter, als mein Sohn fragte:

»Papa, hast du Angst gekriegt, als der Mann losgefahren ist?«

Ich verneinte, weil ich dachte, ich müsste den starken Vater mimen, um ihm nicht noch mehr Angst zu machen.

»Ah«, sagte mein Sohn ein bisschen erstaunt und schwieg einen Moment. Dann sagte er, und es war sichtlich eine Lüge: »Ich auch nicht.«

Ich bemerkte meinen Fehler sofort. Ich hatte ihn allein gelassen. Der Junge hatte einen Riesenschreck bekommen, und das mit Recht. Auch ich hatte Angst gehabt. Indem ich ihm gegenüber eine Stärke zeigen wollte, die ich nicht besaß, hatte ich ihn gezwungen, seine Angst herunterzuschlucken und alleine damit klarzukommen, wollte er sich nicht vor einem Vater schämen, der sich durch nichts schocken ließ. Denn genau das hatte ich ihm zu verstehen gegeben. Ganz schlimm. Rückblickend betrachtet, wäre es besser gewesen, ihm zu sagen, dass es mich natürlich erschreckt hatte; dann hätten wir die Angst teilen können und uns beide nicht allein gefühlt.

Man hört so oft, dass man sich angesichts eines Kummers, eines Verlusts oder jedweder unangenehmer Situation vor dem Kind »stark« zeigen solle. »Du darfst nicht vor dem Kind weinen«, heißt es dann. »Das macht es nur noch schlimmer.« Bei diesen Empfehlungen wird schnell vergessen, dass es dem Kind bereits schlechtgeht wegen dem, was passiert ist, oder dass es zumindest wahrnimmt, dass irgendetwas »merkwürdig« ist. Man erreicht folglich nicht, dass die Kinder den Schmerz nicht wahrnehmen, sondern dass sie mit ihm alleine sind, weil sie keinen haben, mit dem sie sprechen können, und stattdessen in ungutes Schweigen verfallen. Bringen wir hingegen den Mut auf, Kindern unsere Verletzlichkeit zu zeigen, geben wir ihnen den Raum, ihren eigenen Schmerz zu äußern, und wir können uns gegenseitig Begleitung sein.

## Mit gutem Beispiel vorangehen

Wenn wir zum Beispiel wollen, dass unser Kind lernt, großzügig zu sein, dann reicht es nicht, gute Absichten zu haben oder dort großzügig zu sein, wo es nicht so wichtig oder selbstverständlich ist. Es genügt nicht, im Restaurant ein üppiges Trinkgeld zu geben und dem Kind (durch die Blume oder explizit) zu sagen:

»Sieh nur, wie großzügig dein Vater ist! Er denkt auch an die, die nicht so viel haben!«

Ein solches Verhalten dient kaum als Vorbild und hat häufig genau den gegenteiligen Effekt, vor allem, wenn ein derartiges Trara darum gemacht wird. Wir sollten die Großzügigkeit, die wir vermitteln wollen, vor allem dort walten lassen, wo sie wirklich Gewicht hat: beim eigenen Kind.

*Eine meiner Patientinnen beklagte sich, dass ihre Kinder ihr nie beim Abwasch halfen.*

*»Am Ende stehe ich immer allein da«, sagte sie.*

*»Und dann beklagen Sie sich jedes Mal darüber?«*

*»Ja, schon.«*

*»Nun, den Kindern geht es wie Ihnen: Sie hätten lieber, dass jemand anders den Abwasch macht.«*

Besser wäre es, wenn die Kinder von sich aus anbieten, beim Abwasch zu helfen, statt dass man es von ihnen verlangt. Bei dieser Strategie müsste man zunächst einmal selbst den Abwasch machen, ohne darüber zu jammern. Dann würden die Kinder vielleicht genauso großzügig sein wollen, wie sie es eben bei ihrer Mutter gesehen haben, und freiwillig helfen, statt ihren Versuch zu imitieren, sich der unangenehmen Aufgabe zu entledigen.

Dieser Ansatz widerspricht der üblichen Denkweise, dass Kinder »wenig zurückgeben«, weil man ihnen selbst zu viel gegeben hat und sie »schlecht erzogen« sind (wie meine Großmutter sagen würde). Wenn wir so denken, wird die logische Konsequenz darin bestehen, ihnen weniger zu geben und mehr von ihnen zu verlangen. Dann fallen Sätze wie: »Ab jetzt werden andere Seiten aufgezogen, Bürschchen!«, »Dies und jenes ist ab sofort gestrichen!« und viele andere, ähnliche Sätze, die sich irgendwo zwischen Drohung und Bankrotterklärung bewegen.

Nach unserer Erfahrung führen diese Sätze meistens nicht zu einer Veränderung, sondern dienen Eltern eher als Rechtfertigung, ihrem ohnmächtigen Frust freien Lauf zu lassen, statt ihrem tatsächlichen Erziehungsauftrag nachzukommen.

Auf diesem Weg erreicht man nur, dass sich die Situation weiter verschärft und die Kinder immer weniger Lust haben mitzuhelfen oder aber es nur widerwillig tun. Das Spektrum an Reaktionen, die eine solche Haltung der Eltern bei den Kindern auslöst, reicht von Ablehnung über Wut bis hin zu offener Auflehnung oder, schlimmer noch, Verachtung. Das sind dann die Teenager, die zu ihren Freunden sagen: »Mein Alter kapiert gar nichts.«

Wenn wir wollen, dass unsere Kinder Rücksicht nehmen und uns (und der übrigen Welt, jetzt und immer) Liebe, Aufmerksamkeit und Unterstützung »geben«, dann müssen wir ihnen Liebe, Aufmerksamkeit und Unterstützung geben (heute und immer und viel davon!), auch und besonders dann, wenn sie weder bereit sind, das eine zu geben, noch, das andere anzunehmen.

# 7
# Lernen – Eltern als Lehrmeister

## Lernen ist ein ständiger Prozess

Lernen ist sicherlich die natürlichste Erziehungsmethode. Wenn man ein Bild mit Erziehung verbindet, dann ist das eine Person, die einer anderen etwas erklärt. Jemand, der einem anderen etwas beibringt, was derjenige noch nicht kann oder weiß.

Jemanden in etwas zu unterweisen ist nicht die einzige Form von Erziehung, aber es ist die, die uns am bewusstesten ist und die wir am selbstverständlichsten anwenden, wenn wir etwas vermitteln wollen.

Diese Erziehungsstrategie ist, da sie kognitiv abläuft, weiter entwickelt und komplexer als die Vorbildmethode, denn hier sind eine differenzierte Sprache sowie ein Umfeld vonnöten, die es ermöglichen, in einen Dialog zu treten. Vielleicht haben deshalb die letzten Generationen das kognitive Vermitteln zu Lasten der anderen Methoden über die Maßen strapaziert.

Aufgrund dieser Schwerpunktsetzung glaubte man bis vor kurzem, das einzige Ziel der Institution Schule sei es, dass der Lehrer den Schülern im Unterricht eine Reihe von Kenntnissen und Fähigkeiten vermittelt: Der Lehrer spricht, die Schüler hören zu.

Es dauerte fast ein Jahrhundert, bis man begriff, dass die

Weitergabe von Informationen nicht genügte; Schule sollte umfassendere Aufgaben erfüllen und sich dabei verschiedener Mittel und Methoden bedienen.

Auch Eltern werden wahrscheinlich feststellen, dass sie ständig Dinge weitergeben, die »man wissen sollte«, indem sie mit den Kindern reden, ihnen erklären, sie korrigieren: wie man Messer und Gabel hält, wie man Zöpfe flicht, wer der Torwart der örtlichen Fußballmannschaft ist, bis hin zum berühmten »Wie sagt man?«. Dabei geht der Impuls nicht nur von den Eltern aus; vielmehr fordern Kinder Wissen ein: »Papa, wie spielt man Schach?« »Mama, was soll ich zu dem Jungen sagen, den ich süß finde?« Es ist eine nie enden wollende und manchmal ermüdende Aufgabe. Das gilt insbesondere für die ganzen kleinen Anweisungen, die wir tagtäglich geben: Geh ins Bad, zieh dich an, geh zur Schule, vertrag dich mit deinen Freunden, lass deinen Bruder in Ruhe, sag keine Schimpfwörter, lerne (und bring gute Noten nach Hause), du musst nicht weinen, hör auf zu bocken, iss deinen Teller leer, iss nicht zu viel Süßigkeiten, sei brav (was auch immer das bei einem fünf-, acht- oder zehnjährigen Kind heißt).

Auch die Teenager kriegen ihren Teil ab: Komm nicht so spät nach Hause, sag mir, wo du hingehst, räum dein Zimmer auf, mach die Schule fertig, hilf im Haushalt, nimm keine Drogen, zieh dich nicht so aufreizend an, geh nicht allein nach Hause, hab keinen Sex, hab viel Sex (klar!), verdiene ordentlich Geld, sei erwachsen (was auch immer das für einen Fünfzehn-, Siebzehn- oder Zwanzigjährigen heißt).

Puh! Gönnen wir den armen Kindern eine kurze Pause …

Mit dieser Aufzählung wollen wir keinesfalls den Sinn dieser Erziehungsmaßnahmen in Abrede stellen; manches davon begrüßen wir, anderes hingegen nicht. Wir sind zum Beispiel durchaus der Meinung, dass die Ansage, keine Drogen zu nehmen, sinnvoll ist, während die Forderung, sich nicht so aufreizend anzuziehen, in unseren Augen völlig unerheblich ist.

Natürlich ist das eine Frage der persönlichen Sichtweise; es ist weder möglich noch sinnvoll, im Einzelnen darüber zu urteilen, welche Werte man Kindern vermitteln soll. Jedes Elternpaar muss sich seine eigene Meinung zu diesen Fragen bilden und entscheiden, welche Werte es seinen Kindern mitgeben will.

Aber das ist nicht der Punkt, an dem wir uns länger aufhalten wollen. Es genügt, festzuhalten, wie viel Raum die Vermittlung von Wissen im täglichen Elterndasein einnimmt und wie vielfältig sie ist. Vielleicht sollten wir das im Auge behalten, um das richtige Maß zu finden. Denn wenn wir ständig zu allem nein sagen, wird ein Nein, das uns wirklich wichtig ist, sehr wahrscheinlich in der endlosen Reihe beliebiger Verbote untergehen.

## Von der Möglichkeit, anderer Meinung zu sein

Kommen wir nun zu einem weiteren wichtigen Punkt, den wir beleuchten möchten. Während andere Formen der Erziehung eher unbewusst ablaufen, sind sich in dem Fall, wo die Sprache im Mittelpunkt steht, beide, Eltern wie Kinder, dieses Prozesses bewusst. Das Kind oder der Heranwachsende erkennt deutlich die Absicht der Eltern, ihm etwas zu vermitteln. In den meisten Fällen entsteht ein ehrlicher, offener Dialog, der auf angenehme Weise zum Erfolg führt. Doch hin und wieder kann es passieren (bei »schwierigen« Kindern häufiger als bei Durchschnittskindern), dass sich das Kind weigert, den elterlichen Rat anzunehmen.

»Mach das so.«
»Ich will nicht.«
»So wäre es am besten.«
»Ich mag nicht.«
»Das macht man so.«
»Finde ich nicht.«

Angesichts der veränderten Situation in der heutigen Zeit, in der Kinder zunehmend um ihr Recht zum Widerspruch wissen, erscheinen immer neue Erziehungsratgeber, die eine ganze Liste von Strategien und angeblich »todsicheren« Formeln propagieren, damit Kinder (Pubertierende, Heranwachsende) das tun, was die Eltern von ihnen wollen (immer zu ihrem eigenen Besten natürlich).

## Man kann nichts erzwingen

Die erste dieser Strategien ist klar und direkt. Wir hören sie regelmäßig von Tante Serafina, die zwölf Kinder großgezogen hat, oder von Paquita, der Bäckerin, die zwar nur zwei Kinder hat, aber die sind »gut geraten«:

»Wenn die Kinder nicht hören wollen, musst du sie zwingen!«

Dieser Satz sagt sich leicht daher, aber ihn umzusetzen, ohne zu schimpfen und zu drohen, ist gar nicht so einfach.

Nehmen wir das klassische Beispiel von dem Kind, das seine Suppe nicht essen will (die ja tatsächlich nicht immer verlockend aussieht). Man sagt also:

»Iss deine Suppe auf, Kind.«

»Nein«, antwortet das Kind stur.

»Du sollst deine Suppe essen, hab ich gesagt!«, beharrt der Vater, Paquitas Rat befolgend.

»Ich will nicht.«

Wie soll man mit dieser Strategie zu einer Lösung gelangen? Man kann nicht sagen »Wenn du deine Suppe nicht isst, dann …«, denn das ist kein sanfter Druck, sondern Erpressung. Wir könnten vielleicht noch einmal sagen, diesmal energischer und entschlossener:

»Los, iss deine Suppe, auch wenn du sie nicht magst. Das ist ein Befehl!«

Aber was, wenn das Kind trotzdem antwortet: »Ich mag nicht! Ich will nicht!« Was machen wir dann?

Der eine oder andere (Unbedarfte, Skeptiker, Optimist) wird jetzt sagen, dass es so etwas nicht gibt und das Kind gehorchen wird, wenn man nur deutlich genug wird.

*Nach meiner Erfahrung stimmt das nicht. Ich persönlich bin überzeugt, dass meine Kinder solche Aufforderungen nur befolgten, weil zwischen uns ein Vertrauensverhältnis herrschte und sie wussten, wenn ich etwas so nachdrücklich von ihnen verlangte, dann war es wirklich wichtig und ansonsten womöglich gefährlich; also taten sie, was ich verlangte, wenn vielleicht auch nur unwillig. Ist das nicht gegeben, gehorcht das Kind nur aus Angst vor den Konsequenzen (wohinter sich erneut eine Drohung verbergen würde, wenngleich eine stillschweigende).*

Bevor man wirklich überlegt, Zwang auszuüben (wozu wir keinesfalls raten), sollte man darüber nachdenken, was es bedeutet, jemanden zu etwas zu nötigen. Wollte man ein Kind im wahrsten Sinne des Wortes zwingen, seine Suppe zu essen, müsste man seinen Kopf festhalten, mit Gewalt seinen Mund öffnen und ihm die Suppe löffelweise einflößen (dafür müsste man natürlich auch seine Hände festhalten, es daran hindern, dass es angewidert den Kopf zur Seite dreht, und ihm anschließend den Mund zuhalten, damit es die Suppe nicht wieder ausspuckt, statt sie herunterzuschlucken). Das wäre nicht nur ziemlich schwierig, sondern auch extrem brutal.

Es gibt keinen Weg, jemanden zu etwas zu »zwingen«, das er wirklich nicht will, ohne körperliche Gewalt anzuwenden.

Gewaltausübung ist die einzige konkrete, authentische Form, die eigene Entscheidung über die Entscheidung des anderen zu stellen, und natürlich, das sei hier noch einmal betont, hat sie absolut nichts in der Erziehung zu suchen.

Wenn wir nicht bereit sind, Gewalt auszuüben, müssen wir notgedrungen akzeptieren, dass wir unsere Kinder nicht zwingen können, das zu tun, was wir wollen. Ehrlich gesagt können wir sie zu gar nichts zwingen.

Heißt das, wir müssen machtlos zusehen, wie sie unsere Meinung und unseren Rat in den Wind schlagen? Nein. Aber wir müssen ihr Einverständnis suchen, damit sie sich an unsere Hinweise, Ratschläge, Regeln und Vorschriften halten (die, wie wir sehen, gar keine sind). Damit wir uns richtig verstehen: Wir sagen nicht, dass es »gut wäre«, wenn wir ihr Einverständnis hätten. Wir sagen, dass es ohne ihr Einverständnis unmöglich ist.

Wir hören schon den Aufschrei so mancher Eltern:

»Auf gar keinen Fall! Es gibt Dinge, die müssen einfach sein!«

»Man darf nicht alles diesen kleinen Monstern überlassen, die keine Ahnung vom Leben haben. Das wäre Wahnsinn ...«

Noch ein Beispiel?

Ein Kind will nicht zur Schule gehen.

Nach allgemeiner Auffassung *muss* es zur Schule, es gibt keine andere Option. Also muss man es zwingen – aber wie?

Wenn man dem Kind mit einer bestimmten Konsequenz droht, falls es nicht geht, und es daraufhin klein beigibt, dann nur, weil es letztendlich lieber zur Schule geht, als die Strafe hinzunehmen. Man braucht seine – wenn auch zähneknirschende – Einwilligung, aber es geht nicht gezwungenermaßen. Ohne seine Zustimmung müsste man das zappelnde Kind buchstäblich zur Schule schleifen, es hineinschieben und dann die Tür hinter ihm zumachen (und das ist keine Situation, die wir uns ausgedacht haben. Wenn du uns nicht glaubst, dann schau morgens mal bei der Schule um die Ecke vorbei). Eine solche Form der Gewaltanwendung grenzt an Geistesgestörtheit.

Man kann Kinder nur zu etwas zwingen, solange sie noch sehr klein sind und kaum körperliche oder seelische Gegenwehr leisten können. Wenn man die lieben Kleinen noch unter den Arm klemmen kann wie ein Paket, um sie ins Gitterbettchen zu stecken und zu sagen:

»Da bleibst du jetzt!«

(Und selbst in diesem Fall wäre dieses Vorgehen fraglich.)

Aber diese Phase, in der dem Kind nichts anderes übrigbleibt, als sich zu fügen, und man es deswegen wortwörtlich »zwingen« kann, ist schnell vorbei. Sobald es sich von alleine aus seiner Lage befreien kann, zack!, ist Schluss damit. Es sei denn, man wendet Gewalt an.

Nein, du brauchst seine Zustimmung.

Der Glaube, dass wir unsere Kinder zwingen können und sollen, das zu tun, was wir sagen, ist nicht nur falsch, sondern extrem schädlich für alle. Wenn Kinder »nicht hören« und man meint sie zwingen zu müssen (wie Paquita vorschlägt), dann fragt man sich doch, was man falsch gemacht hat oder, noch schlimmer, ob man kein guter Vater, keine gute Mutter ist, weil man »nicht mit Kindern kann«.

In unserer Praxis sehen wir tagtäglich, welchen Frust dieser Teufelskreis verursacht, der Eltern dazu treibt, den Willen des Kindes zu brechen, koste es, was es wolle. Väter und Mütter sind zu fast allem fähig, um nicht an dieser Aufgabe zu scheitern, die sie mit Sicherheit gut machen wollen: ihre Kinder erziehen. In ihrem Frust und ihrer Ohnmacht schreien sie die Kinder an, schütteln sie und drohen ihnen mit schlimmen Dingen; sie reagieren mit völlig überzogenen Strafen oder gar körperlicher Misshandlung.

Eine etwas weniger brutale, aber genauso schlimme Variante ist es, dem Kind die Schuld an diesem »Scheitern« zu geben (»Du bist ein aufmüpfiges, unangepasstes, launisches Gör!«). Etiketten, die dem kleinen Kind jede Hoffnung nehmen, in seinem weiteren Leben Zugang zu sich und anderen zu finden.

Gibt es Ausnahmesituationen, in denen die Ablehnung jedweder Gewalt in der Erziehung nicht gilt?

Ja, die gibt es. Es gibt Situationen, in denen die Anwendung von Zwang absolut notwendig ist. Es sind und bleiben Ausnahmen, aber manchmal ist es die einzig akzeptable Lösung, das Kind auch gegen seinen Willen zu etwas zu zwingen oder aber es an etwas zu hindern.

In diesen Momenten muss man das Maß an nötigem Zwang gegen die Folgen abwägen, die es nach sich ziehen kann, wenn wir einer Sache ihren Lauf lassen, die wir für schädlich halten.

In den folgenden Beispielen bin ich einmal in der Rolle des Vaters und einmal in der Rolle des Kindes.

Vor kurzem hatte mein jüngster Sohn eine Infektion, gegen die er ein Antibiotikum einnehmen musste, weil die Infektion sonst fortschreiten und zu Komplikationen führen konnte. Das Medikament schmeckte grauenhaft, und der Junge (er war damals drei) weigerte sich, es zu nehmen. Wir versuchten ihm zu erklären, wie wichtig das war, und er schien es auch zu verstehen, aber wenn es dann so weit war, machte er den Mund zu und drehte den Kopf weg. Ihn das Medikament nicht nehmen zu lassen war wirklich gefährlich. Letztendlich haben meine Frau und ich ihn gezwungen. Wie? Nun, genau wie vorhin in dem Beispiel mit der Suppe beschrieben. Wir zwangen ihn, den Mund aufzumachen, flößten ihm die Tropfen ein und zwangen ihn, sie zu schlucken. Es war so grausam, wie es klingt. Hätte ich es lieber nicht getan? Klar. Wir kamen zu dem Schluss, dass die andere Option zu gefährlich war. Natürlich ist es deswegen nicht akzeptabel, genauso zu verfahren, nur damit das Kind sein Gemüse isst (in meinen Augen ist ein solches Vorgehen nicht einmal dann gerechtfertigt, wenn das Medikament nicht lebenswichtig ist). Einem Kind unter Zwang Blumenkohl oder Aspirin einzuflößen, finde ich nicht akzeptabel.

In dem anderen Beispiel war ich ungefähr siebzehn Jahre alt. Ich erinnere mich noch genau. Es war im Auto meines Vaters, er saß am Steuer, ich auf dem Beifahrersitz. Wir unterhielten uns über irgendetwas, jedenfalls sagte er irgendwann, ich wäre ja nun alt genug, da brauche er mir nicht mehr zu sagen, was ich zu tun hatte, und schon gar nicht müsse er für mich entscheiden. Dann, nach kurzem Schweigen, setzte er hinzu:

»Mit einer Ausnahme.«

»Welche?«, fragte ich neugierig.

»Wenn ich erfahren sollte, dass du Drogen nimmst«, sagte er ernst.

»Dann?«

»Dann, mein Sohn, werde ich dich an den Haaren in die beste Entziehungsklinik schleifen, die ich finden kann, wenn du dir nicht helfen lassen willst.«

Es war keine Drohung. Er sagte nicht, dass er wütend auf mich wäre, wenn ich Drogen nehmen würde. Es war nicht so was wie: »Wenn du Drogen nimmst, bringe ich dich um.« Er legte mir einfach dar, wann er den Punkt gekommen sah, an dem der Schaden, den ich mir selbst zufügen würde, groß genug war, um Zwang zu rechtfertigen (und dabei sogar Gewalt anzuwenden, deshalb das »an den Haaren schleifen«).

Zum Schluss muss noch einmal deutlich gesagt werden, dass solche Extremsituationen, in denen es das geringere Übel ist, sich über den Willen des Kindes hinwegzusetzen, niemals die Anwendung von Gewalt als Erziehungsmethode rechtfertigen.

Kinder zum Gehorsam zu zwingen bleibt diesen seltenen Fällen vorbehalten. Es ist keine valide Methode, um zu erreichen, dass sie »auf uns hören«. Sämtliche Studien über dysfunktionale Familien aus den letzten hundert Jahren beweisen, dass die Anwendung von Zwang und Gewalt verheerende Folgen für die Eltern-Kind-Beziehung und die Eingliederung des Kindes in ein soziales Gefüge haben kann.

## Belohnen und Strafen

Wenn man Kinder nicht zwingen kann, bleibt nur, sie zu überzeugen. Und diese Erkenntnis, zu der alle Eltern intuitiv gelangen, führt zu der am häufigsten angewandten Elternstrategie.

Ohne lange darüber nachzudenken, sagen wir:

»Wenn du deinen Teller nicht leer isst ... gibt es keinen Nachtisch!«

Trompeten und Fanfaren!

Mit dieser schlichten Aussage, mit einem einzigen Satz haben wir eine neue Welt mit einem neuen Bewohner geschaffen. Die Welt, in der wir einen Großteil unseres Lebens verbringen und die wir nun auch unseren Kindern eröffnen: die Welt des »Gibst du mir, geb ich dir«, die Welt des Kuhhandels oder, ohne jede Beschönigung, die Welt von Belohnung und Strafe.

Diese Strategie erfreut sich in allen Ländern und Kulturen großer Beliebtheit. Vielleicht erscheint sie uns deshalb so vernünftig, obwohl sie es nicht ist.

Von allen Seiten kommen kluge Sprüche wie:

»Mit Kindern darf man nicht verhandeln.«

»Wer nicht hören will, muss fühlen.«

»Nur was man mit Anstrengung erringt, ist auch etwas wert.«

Dieser Strategie zu widersprechen ist gar nicht so einfach, denn wie soll man etwas in Frage stellen, das offensichtlich funktioniert?

Die Strategie des Belohnens und Strafens hat sich als die bevorzugte und gelegentlich einzige Methode herausgestellt, etwas bei Kindern zu erreichen, die sich verweigern.

Die Grundformel lautet:

»Wenn du nicht tust, was ich dir sage, dann …«

Oder aber:

»Wenn du tust, was ich dir sage, dann …«

Hier lässt sich nach Belieben die Strafe oder die Belohnung einsetzen, die für das Kind am schlimmsten oder am schönsten ist.

Wenn man diese Formel der jeweiligen Situation anpasst, wird das Kind tatsächlich sehr wahrscheinlich zunächst »gehorchen« (zum Beispiel seinen Teller leer essen), doch damit ist unser Problem nicht gelöst (das gilt für die Autoren dieses Buchs ebenso wie für alle Eltern).

Geht es tatsächlich darum, dass das Kind tut, was wir sagen? Oder geht es eigentlich um etwas anderes?

Wollen wir, dass es isst? Dass es **dieses** Essen isst? Dass es isst, was **ich** ihm vorsetze? Dass es gehorcht? Dass es klein beigibt? Dass es **meine** Probleme mit dem Essen löst? Dass es mir das Gefühl gibt, dass ich das Sagen habe?

Wir müssen uns fragen, was wir wirklich wollen, und dürfen die Augen nicht vor den Folgen verschließen, die diese Strategie nach sich zieht. Dabei muss man zwischen unmittelbaren und langfristigen Folgen unterscheiden.

Eines steht fest: Wenn wir eine Strafe verhängen, wird das Kind sich ärgern. Das wäre nicht weiter problematisch, denn Eltern müssen lernen, es auszuhalten, wenn die Kinder wütend auf sie sind. Aber das (vielleicht gar nicht mehr so kleine) Kind spürt, dass die Strafe völlig beliebig und willkürlich ist. Es merkt, dass es keine zwingende Verbindung zwischen Essen und Nachtisch gibt und dass es sehr wohl das Dessert genießen könnte, ohne vorher seinen Teller leer zu essen. Wenn eines das andere ausschließt, dann nur, weil die Eltern das so wollen.

In dem Beispiel mit der Suppe und dem Nachtisch besteht immerhin noch eine halbwegs logische Verbindung. Ganz anders sieht es in den Fällen aus, wo die »Strafe« in keinerlei Zusammenhang zu dem steht, was man von dem Kind verlangt.

»Wenn du deiner Mama freche Antworten gibst, kaufe ich dir nicht das Spielzeug, das du so gerne hättest.«

Oder noch schlimmer:

»Wenn du deinen Bruder schlägst, nehme ich dir dein Lieblingsspielzeug weg.«

Wo ist der Zusammenhang zwischen dem Spielzeug und der Mutter oder dem Bruder? Es gibt keinen. In diesen Fällen merkt das Kind sofort, dass die Bestrafung keine Konsequenz aus dem eigenen Handeln ist, sondern eine reine Repressalie der Eltern.

Oder um es ganz deutlich zu sagen: Es ist Erpressung.

Ganz gleich wo auf der Welt, es ist gemeine Erpressung.

Stell dir folgende Situation vor: Dein kleiner Sohn erzählt dir, dass ein Freund ihn zum Geburtstag eingeladen hat, unter der Bedingung, dass er ihm eines seiner Spielzeuge schenkt. Mit Sicherheit würden wir alle unserem Sohn am liebsten sagen, sein feiner Freund solle ihm den Buckel runterrutschen und sich seinen Geburtstag sonst wohin stecken. Wahrscheinlich werden wir unsere elterliche Empörung zügeln, weil unser Sohn doch so gerne zu der Feier gehen würde. Aber wir werden es nicht gutheißen, dass er sich die Einladung erkaufen muss, und ihn darin bestärken, sich nicht auf die Forderung des kleinen Erpressers einzulassen.

Wenn wir von unseren Kindern erwarten, dass sie ein solches Verhalten ablehnen, mit welchem Grund könnten wir dann von ihnen verlangen, dass sie auf unsere Erpressungsversuche eingehen? Warum glauben wir, dass es gut für sie ist, sich gegen derartige Nötigungen zur Wehr zu setzen, solange sie von anderen kommen, drohen aber gleichzeitig mit Sanktionen, wenn sie sich uns in einem solchen Fall entgegenstellen?

Einer der wenigen Standardsätze, die ich in meiner Praxis immer wieder anwende, stammt aus einer Fernsehserie. In dieser Serie bescheidet der fiktive Präsident der USA, der vielleicht zu anständig ist, um Politiker zu sein, sämtliche Forderungen extremistischer Gruppen mit der Antwort:

»Mit Terroristen verhandelt man nicht.«

Es mag schwerfallen, so schwerwiegende und sensible Begriffen wie Terrorismus und Erpressung mit der Eltern-Kind-Beziehung in Verbindung zu bringen, aber letztendlich gilt der Satz »Es wird nicht verhandelt« für alle Situationen, in denen jemand nach dem Schema handelt:

Wenn du A machst, mache ich B.

In diesem Sinne ist jede Androhung von Sanktionen den Kindern gegenüber Terrorismus. Eine eher harmlose Form von Terrorismus, mag sein, aber eben doch Terrorismus, auch wenn es hier um das familiäre Umfeld geht. Oder vielleicht sollte man eher sagen, gerade deshalb, insbesondere dann, wenn die Drohung von den Eltern ausgeht. In diesem Fall könnte man sogar von Staatsterrorismus sprechen, denn genau wie im Staat liegt in der Familie das Gewaltmonopol bei den Eltern.

Wir können durchaus verstehen, wenn du, liebe Leserin, lieber Leser, uns nicht zustimmen kannst oder willst. Als Eltern könnten wir schließlich einwenden, dass wir im Gegensatz zu Erpressern und Terroristen (die sich dieser Mittel bedienen, um ihre makabren Ziele zu erreichen) nur das Beste für unsere Kinder wollen … Wir tun es doch für sie! Bei allem Respekt, aber wir bezweifeln, dass Eltern immer wissen, was das Beste für ihre Kinder ist. Und selbst wenn sie die besten Absichten haben, ändert es doch nichts daran, dass sich das Kind erpresst und manipuliert fühlt.

*Langfristige Folgen*

Nachdem wir seit vielen Jahren mit Patienten arbeiten, können wir mit Fug und Recht behaupten, dass die unmittelbaren Folgen manipulativer Erpressung und versteckter Drohungen durch die Eltern nicht zu unterschätzen sind. Doch die langfristigen Auswirkungen sind definitiv noch schlimmer.

Greifen wir, um das zu illustrieren, auf ein Beispiel zurück, das ein Klassiker unserer Zeit ist:

Das Kind lernt nicht, sondern hockt den ganzen Tag vor seinen Videospielen. Als es schließlich schlechte Zeugnisnoten bekommt, treffen die Eltern einen naheliegenden Entschluss und nehmen dem Jungen die Spielekonsole weg.

Falls der Junge nach dieser Maßnahme tatsächlich zu lernen beginnt (was nicht einmal sicher ist), war die Methode zwar »erfolgreich«, hat aber trotzdem fatale Folgen.

Warum das, wenn doch das gewünschte Ergebnis erreicht wurde?

Weil es nicht das Ziel sein sollte, dass der Junge sich einfach auf den Hosenboden setzt, ohne zu wissen, warum er das tun sollte. Das Ziel sollte sein, dass der Junge aus Überzeugung und Verantwortungsgefühl wieder zu lernen beginnt. Wenn die Motivation die falsche ist, so wie in diesem Fall, besteht die Erkenntnis lediglich darin, dass es sich lohnt, zu lernen, um wieder an die Videospiele zu kommen.

Man kann sich vorstellen, wie der Junge zu seinen Freunden sagt:

»Ich muss in Mathe und Erdkunde bessere Noten schreiben, dann geben mir meine Eltern die Konsole zurück.«

Das Schlimme ist, dass man unterschwellig vermittelt, dass die Konsole und die Videospiele etwas Erstrebenswertes sind, das Lernen hingegen etwas Unangenehmes. Und noch schlimmer ist, dass diese Schlussfolgerung einen ganzen Rattenschwanz an falschen Konsequenzen, Verhaltensweisen und Reaktionen nach sich ziehen kann.

Erstens: Sobald der Junge in der Lage ist, sich selbst eine Konsole zu kaufen, wird er nicht mehr lernen. Es gibt ja keinen Grund mehr dafür.

Zweitens: Wenn der Junge zwischen Videospielen oder einer ähnlichen Sache (Party, Spaß und Vergnügen) einerseits und dem Lernen oder einer ähnlichen Sache (Arbeit, Verantwortung, Pflichten) andererseits entscheiden muss, wird sich der Junge immer für das Erste entscheiden, denn das haben wir ihm beigebracht.

Drittens: Er wird in dem Glauben aufwachsen, dass es Dinge gibt, die zwar angeblich erstrebenswert und wichtig sind, die man aber nur macht, wenn einem nichts anderes übrigbleibt.

Wenn man systematisch nach der Methode des Belohnens und Strafens verfährt, deklariert man ungewollt genau das, wovon man das Kind abbringen will, für erstrebenswert, und degradiert das, was man für richtig und wichtig hält, zum notwendigen Übel.

### *Die »Verbesserung«: Belohnen und nur belohnen*

In den vergangenen Jahren hat die Erziehungswissenschaft Fortschritte gemacht und ist dazu übergegangen, sämtliche Strafen abzulehnen und ausschließlich zu belohnen.

Bei dieser neuen Strategie wird schlechtes oder folgenschweres Verhalten nicht länger sanktioniert, sondern ausschließlich angemessenes oder erwünschtes Verhalten belohnt.

Ein Beispiel:

»Wenn du gute Noten schreibst, schenke ich dir ein Spielzeug.«

Keine Frage, diese neue Strategie ist ein großer Fortschritt hin zu einer besseren Erziehung und verhindert zumindest, dass Kinder angesichts ständiger Strafen eine Antihaltung entwickeln. Wenn nur das Positive belohnt wird, erhalten die Kinder ein »Mehr« (meist etwas Angenehmes, das sie zuvor nicht hatten), müssen aber andererseits nicht mit einem »Weniger« zurechtkommen (indem man ihnen etwas wegnimmt, was sie zuvor hatten).

Aber auch diese Methode ist auf Dauer nicht erfolgversprechend. Nach kurzer Zeit merkt das Kind nämlich, dass die Belohnungen genauso willkürlich erfolgen wie zuvor die Strafen und die Eltern auch hier nach ihren subjektiven Präferenzen verfahren. Das kann zum Bumerang werden, wenn Belohnung in bestimmten Situationen zur Gewohnheit wird. Denn dann wird aus der Belohnung eine Verpflichtung, die streng eingehalten werden muss und andernfalls vom Kind eingefordert wird.

»Ich habe die Versetzung geschafft. Was bekomme ich denn dafür?«, fragt der Teenagersohn.

»Nichts, mein Kind. Aber herzlichen Glückwunsch!«

»Nichts? Aber letztes Jahr hast du mir ein Fahrrad fürs Zeugnis gekauft und vorletztes Jahr den Roller. Ach komm, schenk mir doch den Scooter, den ich mir so wünsche …«

Wenn erst einmal diese absurde Logik greift, ist der Vorteil des Belohnens gegenüber dem Strafen vollkommen dahin. Wenn das Kind nur lernt, damit es die versprochene Reise bekommt, oder sein Gemüse nur aufisst, wenn es hinterher eine Süßigkeit gibt, haben wir nicht viel erreicht, was seine Ausbildung oder Essgewohnheiten angeht. Denn auch hier gilt: Sobald es sich die Reise oder die Schokolade selbst leisten kann, ist es vorbei mit dem Lernen und dem gesunden Gemüse …

Doch selbst wenn der Gewöhnungseffekt ausbleibt, ist die Belohnungsstrategie kein großer Fortschritt, denn sie hilft dem Kind nicht, selbst zu erkennen, was das Beste für es ist. Es entscheidet sich weiterhin aus den falschen Gründen und setzt dabei häufig die falschen Prioritäten.

Wir scheinen uns also in einer Sackgasse zu befinden.

1. Das, was wir vorleben, vermittelt nicht immer das, was wir vermitteln wollen.
2. Eine konkrete Einflussnahme auf das Verhalten des Kindes erfordert ein Vertrauensverhältnis, von dem wir oft nicht wissen, wie wir es herstellen sollen, oder kommt dem Zwang gefährlich nahe.
3. Belohnung und Strafen sind willkürlich und schaffen ein Wertesystem, das genau das Gegenteil von dem ist, was wir beabsichtigt haben.

Wie also sollen wir unsere Kinder erziehen?

Welche andere Methode haben wir noch?

Uns bleibt noch eine Möglichkeit, mit der wir uns bislang

noch nicht beschäftigt haben. Wir nennen sie die Motivationsmethode. Hier geht es nicht darum, ein Vorbild zu sein, dem man nacheifert, keine Autoritätsperson, der man aus Furcht gehorcht, und auch kein Lehrer, der Wissen weitervermittelt. Ziel ist es vielmehr, ein wahrer Wegweiser für das Kind zu sein.

# 8
# Die Motivationsmethode – Eltern als Wegweiser

## Warum hört das Kind nicht?

Bei dem Wort »Wegweiser« denken wir an jemanden, der andere durch unbekanntes Gelände führt und ihnen den richtigen Weg zeigt, auf Gefahren hinweist und die Vorteile der einen Route gegenüber den anderen erläutert. Jemand also, der uns hilft, dorthin zu gelangen, wo wir hinwollen, ohne indes in die Entscheidung einzugreifen, wohin die Reise letztendlich geht.

Dabei müssen wir uns einige Fragen beantworten.

Wenn unsere Ratschläge dem Ziel dienen, dass unsere Kinder glücklich werden, warum müssen wir sie dann zwingen, auf uns zu hören?

Wie kann es sein, dass wir uns ständig mit ihnen auseinandersetzen müssen, damit sie einsehen, was das Beste für sie ist?

Warum sind dazu so viele unterschiedliche Strategien notwendig?

Sollten Kinder nicht mit Freuden annehmen, was wir ihnen geben?

Es gibt nun drei Optionen. Zunächst einmal sollten wir uns ehrlich fragen, ob das, was wir von den Kindern verlangen, wirklich nur zu ihrem eigenen Besten ist. Wenn wir beispielsweise von ihnen erwarten, dass sie einen guten Abschluss machen, kann es durchaus sein, dass wir wirklich der Meinung sind, dass eine gute Ausbildung wichtig für ihre Zukunft ist. Es besteht aber auch die Möglichkeit (die uns vielleicht gar nicht bewusst ist), dass wir unseren eigenen Narzissmus pflegen, denn wenn das Kind an der Universität scheitert, könnte das auch als Versagen der Eltern angesehen werden …

*Eine Mutter schickte ihren Sohn jeden Morgen in einem blütenweißen, tadellos gebügelten Hemd zur Schule. Wenn der Kleine dann nach Hause kam und das gute Stück vom Spielen und Toben zerknittert und voller Flecken war, bekam die Frau jedes Mal einen Wutanfall. Aber das Bemerkenswerte daran war der Grund, warum sie sich so aufregte. Sie fuchtelte mit dem Zeigefinger vor dem Gesicht des Jungen herum und warf ihm vor:*

*»Du machst dir keine Gedanken darüber, aber wenn die Nachbarinnen dich so schmutzig und abgerissen sehen, heißt es nicht: ›Schaut mal, wie der Kleine aussieht!‹ Nein, sie stecken die Köpfe zusammen und sagen: ›Jetzt seht euch mal an, wie diese Mutter ihren Sohn herumlaufen lässt!‹«*

Diese Mutter ist geprägt von ihrer eigenen Erziehung, in der es wichtig war, was die anderen denken. Sie sorgt sich vor allem um ihr eigenes Ansehen, das sie mit ihrem Eingreifen wahren möchte. Das Wohlergehen, die Erziehung und das Ansehen ihres Sohnes spielen eine untergeordnete Rolle.

Es ist keinesfalls verwerflich, eigene Interessen zu verfolgen (wer ist schon völlig immun dagegen?). Aber wir können von unseren Kindern nicht erwarten, dass sie sich, ohne zu mucksen, unseren Wünschen fügen. Auch dann nicht, wenn wir sie glauben machen, es sei »nur zu ihrem eigenen Besten«.

Ein weiterer Grund, der die Weigerung des Kindes rechtfertigen würde, unsere Ratschläge zu befolgen, ist dann gegeben, wenn unser Vorschlag vielleicht gut gemeint, aber schlichtweg falsch ist. Es ist nie einfach, zu entscheiden, was das Beste für einen anderen ist, auch nicht, wenn es sich um das eigene, geliebte Kind handelt, das ich seit seiner Geburt kenne und das »mein eigen Fleisch und Blut« ist, wie Eltern gerne sagen. Wie leicht geht man von sich selbst aus und überträgt das, was einen selbst glücklich macht (oder machen würde), auf den anderen, weil man annimmt, dass es auch ihn glücklich machen wird. Doch was für den einen gut ist, ist noch längst nicht gut und richtig für den anderen. Das gilt (Gott sei Dank!) auch für unsere Kinder.

Das heißt nicht, dass man keine Meinung haben darf. Das wäre ja, als würden wir zu unserer vierzehnjährigen Tochter sagen: »Du bist anders als ich, ich kann nicht wissen, was das Beste für dich ist. Also bin ich lieber still. Mach, was du für richtig hältst, und viel Glück dabei!«

Das ist nicht das, was wir wollen.

Es geht vielmehr darum, seine Meinung zu äußern, einzugreifen, Vorschläge zu machen und Rat zu geben, ohne dabei jedoch aus dem Blick zu verlieren, dass wir nicht unbefangen sind, wenn wir dem einen Weg den Vorzug vor dem anderen geben.

Wenn das Kind merkt, dass wir uns der Tatsache bewusst sind, dass es sich lediglich um unsere Sicht der Dinge handelt, die auf unseren eigenen Erfahrungen und Überzeugungen beruht, ohne dass wir uns anmaßen, die Weisheit mit Löffeln gefressen zu haben, dann können sie offener zuhören und haben nicht das Gefühl, dass wir sie mit unserer dogmatischen Besserwisserei erdrücken.

*»Papa, ich war heute bei Hugo. Er hatte Streit mit seinem Papa ...«*

*»Warum denn?«*

*»Hugos Papa sagt, er weiß mehr als Hugo.«*

*»Das stimmt ja auch. Hugos Papa weiß mehr als Hugo.«*

*»Woher willst du das wissen? Du kennst Hugos Papa doch gar nicht!«*

*»Er ist der Vater, und Väter wissen immer mehr als Söhne.«*

*»Und warum?«*

*»Na ja ... weil er der Vater ist!«*

*»Was hat das damit zu tun?«*

*»Der Vater hat mehr Lebenserfahrung, er hat mehr gelesen, mehr gelernt ... Deshalb weiß er mehr als sein Sohn.«*

*»Aha. Und du weißt mehr als ich?«*

*»Ja.«*

*»Alle Väter wissen mehr als ihre Kinder?«*

*»Ja.«*

*»Und das war schon immer so?«*

*»Ja.«*

*»Und das wird immer so sein?«*

*»Ja, mein Sohn, das wird immer so sein!«*

*»Und Martas Mama weiß mehr als Marta?«*

*»Ja, Martas Mama weiß mehr als Marta.«*

*»Sag mal, Papa, wer hat eigentlich das Telefon erfunden?«*

*Der Vater sieht ihn zufrieden an und sagt:*

*»Das Telefon wurde von Alexander Graham Bell erfunden.«*

*»Und warum hat es dann nicht sein Vater erfunden, wenn der doch mehr wusste?«*

Der dritte Grund, warum Kinder den angebotenen Rat ausschlagen, obwohl es doch das Beste für sie wäre, ist für Eltern häufig der naheliegendste: Das Kind weiß einfach nicht, was das Beste für es ist.

Kann das sein? Kann es sein, dass jemand nicht weiß, was das Beste für ihn selbst ist? Durchaus. Und das gilt nicht nur für Kinder und Jugendliche; uns allen ist es schon einmal passiert, dass wir auf das falsche Pferd gesetzt haben.

Wem ist es noch nie so gegangen, dass man etwas wirklich wollte und sich sehr angestrengt hat, um es zu bekommen, um dann enttäuscht festzustellen, dass alles ganz anders ist, als man sich vorgestellt hat? Oder sogar zu erkennen, dass es letzten Endes negativ war? Keine schöne Erkenntnis, aber so ist es. Auch wir Erwachsenen lernen, unseren Überzeugungen zu misstrauen und nicht jeder Laune und jedem Impuls nachzugeben.

Kommen wir vom Einfachen zum Komplizierten:

Warum wollen Kinder jeden Tag Süßigkeiten essen?

Die Antwort liegt auf der Hand:

Weil sie gut schmecken.

Und warum tun wir Erwachsenen (zumindest die meisten) es nicht?

Auch ganz einfach:

Weil wir wissen, dass es ungesund ist.

Wir haben im Laufe der Zeit gelernt, dass es besser ist, nicht so viel Süßes zu essen, weil es auf Kosten anderer Dinge gehen würde, die uns wichtiger sind: ein langes Leben, Beweglichkeit und Fitness, die Traumfigur … und die Zähne natürlich.

Dieser kleine Exkurs führt uns zu folgendem Schluss:

Kinder würden jeden Tag Süßigkeiten essen, weil sie nicht wissen, dass es nicht gut für sie ist. Wenn sie das begreifen würden, mit dem Verstand und mit dem Herzen, müsste man es ihnen nicht verbieten. Sie würden sich von allein mäßigen.

In anderen Fällen ist es nicht ganz so einfach, aber das Prinzip bleibt dasselbe:

Warum teilen Kinder nicht gern ihre Spielsachen?

Weil sie Freude daran haben, weil ihr Herz daran hängt und weil sie selbst damit spielen möchten.

Warum teilen dann wir Erwachsenen (die meisten jedenfalls) auch solche Dinge, die uns lieb und teuer sind?

Nun, weil wir (zu Recht) davon ausgehen, dass es letzten Endes auch uns zugutekommt, wenn wir teilen, was wir haben.

Wir haben gelernt, dass Teilen bereichern kann und Freude macht. Wir wissen die Vorteile zu schätzen, etwas zurückzubekommen, und (warum es nicht zugeben?) wir haben Angst, irgendwann alleine dazustehen, wenn es uns an Großzügigkeit mangelt.

Wenn Kinder all diese Vorteile des Teilens kennen würden (und die Nachteile, wenn man es nicht tut), wäre es nicht nötig, sie mit irgendwelchen Strategien dazu zu zwingen. Sie würden es aus eigenem Antrieb und mit Freude tun.

### Echte Motivation

Hier liegt der Schlüssel zu einer gelungenen Erziehung: Wir müssen erreichen, dass unsere Kinder das, was wir von ihnen verlangen, nicht deshalb tun, weil sie sich unserer Autorität beugen, Angst vor Bestrafung haben oder auf eine mögliche Belohnung hoffen, sondern weil sie tatsächlich begreifen, dass es das Beste für sie ist.

Wir nennen es das Motivationsmodell. Diesem liegt folgende Definition des Begriffs Motivation zugrunde:

Motivieren bedeutet nicht, den anderen dazu zu bringen, zu tun, was ich möchte, sondern zu erreichen, dass er es von sich aus möchte.

Wie zuvor bereits angesprochen, sollte eine gute Erziehung das Kind natürlich auch dazu befähigen, unseren Standpunkt für sich abzulehnen und sich in solchen Fällen zu widersetzen. Diese Erlaubnis zum Widerstand wird es unter Umständen vor uns schützen, falls es irgendwann nötig sein sollte.

Nehmen wir einmal an, wir besitzen die notwendige Erfahrung zu erkennen, welcher Weg in einer bestimmten Situation für unser Kind am besten ist. Dann ist es unsere Aufgabe, dem Kind diesen Weg zu zeigen und ihm zu erklären, aus welchen Gründen es sich für diesen Weg entscheiden sollte.

Wenn wir keine Erklärungen geben, können wir nicht erwarten, dass das Kind unserem Rat bereitwillig folgt. Im besten Fall wird es uns den Gefallen tun, sich an unsere Vorgaben zu halten.

Ein Patient, der immer wieder mit einer seiner Töchter aneinandergeriet, erzählte mir irgendwann, dass er bei einem Streit die Nerven verlor und das Mädchen lauthals brüllend in sein Zimmer schickte. Das Mädchen brach in Tränen aus und verschwand im Kinderzimmer. Mein Patient erzählte mir, als er den Flur entlangging, seien ihm plötzlich Zweifel gekommen. Also ging er wieder zurück, blieb in der Tür stehen und fragte seine Tochter:

»Verstehst du, warum ich dich bestrafe?«

»Hm … nein«, sagte sie.

Und mein Patient dachte bei sich: Dann hat die ganze Sache keinen Sinn. Er ging ins Zimmer, setzte sich zu dem Mädchen und erklärte, warum er so wütend war und warum er sie bestraft hatte. Als er fertig war, merkte er zu seinem eigenen Erstaunen, dass die Strafe sinnlos geworden war. Er fragte das Mädchen:

»Verstehst du jetzt?«

»Ja«, sagte die Kleine.

»Dann kannst du wieder rauskommen.«

Er erzählte mir, dass dieses Erlebnis sehr wichtig für ihn gewesen war. Von da an war das Gefühl der Ohnmacht nicht mehr so groß, das er im Umgang mit dem Mädchen oft empfunden hatte, und damit auch der Frust und die Wut. »Ich bekam ein anderes Verständnis dafür, was es heißt, Vater zu sein.«

Natürlich kann niemand in die Zukunft sehen; Eltern machen da keine Ausnahme (auch wenn manche so tun, als könnten sie es). Deshalb bleibt es mehr oder weniger Spekulation, was man am besten tun sollte. Aber Erfahrung, gründliche Auseinandersetzung mit dem Thema und Reflexion helfen dabei, vorherzusagen, welches Ergebnis bei einem bestimmten Verhalten zu erwarten ist. Der beste Weg, Kinder zu motivieren, ist und bleibt, ihnen ehrlich darzulegen, was sie erwartet, wenn sie in eine bestimmte Richtung gehen.

Der zentrale Satz der Motivationsmethode lautet:

Wenn du A machst, passiert B.

Dabei ist der feine, aber grundlegende Unterschied zu dem Satz zu beachten, der im Mittelpunkt des Systems aus Belohnen und Strafen steht:

Wenn du A machst, mache ich B.

Bei der Motivationsmethode ist B die natürliche Folge aus A.

Es geht nicht um eine willkürlich auferlegte Konsequenz durch jemanden, der am längeren Hebel sitzt, sondern um das, was logischerweise aus dem eigenen Handeln resultiert. Es geht nicht um den mütterlichen oder väterlichen Willen, sondern, übertrieben ausgedrückt, um das Naturgesetz von Ursache und Wirkung.

Nicht: »Wenn du kein Gemüse isst, gibt es keinen Nachtisch.« (Willkür)

Sondern: »Wenn du immer nur den Nachtisch isst, wirst du krank.« (Ursache und Wirkung)

Niemand möchte krank werden, auch Kinder nicht. Wenn

wir das Kind davon überzeugen können, dass wir die Wahrheit sagen und »Krankwerden« kein Schreckgespenst ist, das wir uns nur ausdenken, um ihm Angst zu machen, dann wird es vielleicht sein Gemüse essen – nicht mit Begeisterung, aber wenigstens ohne Geschrei.

Manchmal allerdings ist es gar nicht so einfach, die richtige Erklärung zu finden und zu vermitteln.

*Ich versuchte einmal, einer Patientin klarzumachen, dass sie ihre eigene Reaktion überdenken solle, wenn ihr Sohn sich weigerte, für die Schule zu lernen. Ich musste es ihr ein paar Mal erklären, bis sie verstand, dass es nicht gut war, wenn sie zu ihrem Sohn sagte:*

*»Wenn du nicht für die Schule lernst, ist das Fernsehen gestrichen.«*

*Denn die Verbindung von Fernsehen und Schule ist unlogisch und an den Haaren herbeigezogen.*

*Ich schlug ihr eine durchdachtere Lösung vor wie:*

*»Wenn du nicht für die Schule lernst, fällst du durch die Prüfungen.«*

*Ich ging davon aus, dass sie verstanden hatte, was ich ihr sagen wollte, und zum Wohl des Kindes meinen Hinweis beherzigen würde.*

*Aber so einfach war es natürlich nicht. Denn der Junge beantwortete die Mahnungen seiner Mutter mit einer Gegenfrage:*

*»Und was, wenn ich durchfalle?«*

*»Wenn du durchfällst …«, sagte die gute Frau, »dann ist das Fernsehen gestrichen!«*

*Es brauchte noch ein paar Extrasitzungen, um sie darin zu unterstützen, eine annehmbare, logische, ehrliche und nicht drohende Antwort zu finden. Schließlich kam sie alleine auf die Lösung.*

*»Wenn du durchfällst, musst du den ganzen Sommer lernen.«*

*Sicherlich ist es für die meisten Menschen keine angenehme Vorstellung, in den Ferien lernen zu müssen, während alle anderen ihren Spaß haben, aber natürlich eröffnete dieser Satz neue Schlachtfelder.*

*Die Mutter berichtete mir später, dass der Junge in diesem provokanten Ton, der sie so auf die Palme brachte, entgegnet hatte:*

*»Und was, wenn ich im Sommer nicht lerne?«*

*»Dann musst du die Klasse wiederholen«, antwortete die Mutter vorbildlich, wie sie es gelernt hatte.*

*»Und wenn ich die Klasse wiederholen muss?«*

*Wenn du die Klasse wiederholen musst … dann prügle ich dich windelweich!, hätte sie am liebsten gesagt. Aber sie sagte es nicht.*

*»Nun, wenn es dir nichts ausmacht … Dann nur zu!«*

*Das Schweigen ihres Sohnes war für meine Patientin ein kleiner Sieg. Also legte sie noch einmal nach:*

*»Es ist deine Entscheidung. Aber wenn du meine Meinung hören möchtest: Wenn du die Klasse wiederholen musst, bist du nicht mehr mit deinen Freunden zusammen, du verlierst ein Jahr und wirst dich langweilen, wenn du denselben Stoff noch mal lernen musst. Ehrlich gesagt ist es keine besonders gute Option.«*

Die Patientin aus der Geschichte brauchte ein paar Anläufe, bis sie eine Argumentation gefunden hatte, die tatsächlich die Vor- und Nachteile für den Jungen benannte. Es waren ein bisschen Geduld und Willenskraft vonnöten, aber sie hat es hingekriegt.

Aus jeder Situation können verschiedene Vor- und Nachteile entstehen, und es ist Aufgabe der Eltern, zu erkennen, welche man in der jeweiligen Situation in den Vordergrund stellen sollte. Auf die Aussage »Ich will nicht lernen« könnte man ebenso antworten: »Dann verpasst du viele interessante Dinge« oder »Damit sinken deine Chancen, ein interessantes Leben zu führen«.

## Raum für Argumente

Nur selten genügt ein einziges Gespräch oder ein einziger Rat, um Konflikte mit Kindern zu lösen. Es reicht auch nicht, die Stimme zu erheben und zu sagen: »Ich will kein Wort mehr hören!«

Selbst wenn wir sicher sind, dass unsere Antwort von vornherein feststeht, sollten wir uns die Zeit nehmen, die Argumente des Kindes anzuhören und unsere so oft zu wiederholen, wie es nötig ist.

Diese Strategie lässt Raum für Gegenargumente, was uns allerdings als weiterer Vorteil erscheint. In Familien, in denen über Verbote und Grenzen diskutiert werden darf, lernen die Kinder zu argumentieren, ihre Meinung zu vertreten und eigene Wünsche und Bedürfnisse zu formulieren. Das bedeutet natürlich auch, dass wir schlüssige Argumente vorbringen müssen, um unseren Standpunkt zu vertreten. (Warum will ich, dass mein Kind dieses oder jenes tut? Welchen Vorteil hat es dadurch?) Alle Eltern kommen irgendwann in eine Situation, in der sie feststellen, dass sie noch nie darüber nachgedacht haben, warum man etwas so sagt, wie man es sagt. Man tut es einfach, wahrscheinlich, weil man es selbst so gelernt hat.

Ein Beispiel:

»Um Mitternacht bist du zu Hause.«

Warum um Mitternacht? Warum nicht um zwei? Oder um elf? Ist es wirklich gefährlicher, um zwei Uhr nach Hause zu kommen als um zwölf? Warten die Verbrecher zu Hause, bis der Zeiger auf 00:01 Uhr springt, um dann zu ihren Missetaten aufzubrechen? Gibt es einen Verbrecherrat, der das beschlossen hat, oder ein heimliches Gesetz oder einen Ehrenkodex für Räuber?

Es scheint keine besonders überzeugenden Argumente für

genau diese Uhrzeit zu geben, und deshalb darf es uns nicht verwundern, wenn der Jugendliche die Vorgabe in Frage stellt.

Wenn man sagen würde: »Du kommst nach Hause, bevor es dunkel wird«, dann würde man zwar mit Sicherheit als altmodisch gelten, aber es hätte zumindest eine Logik, denn in der Dunkelheit ist es gefährlicher. Es wäre immer noch eine Diskussion wert, aber zumindest wäre es ein greifbares Argument. Das Problem beginnt nämlich, wenn es keine nachvollziehbaren, logischen Argumente gibt, die unsere Vorgaben rechtfertigen.

Das heißt nicht, dass man seine Position nicht überzeugt vertreten sollte. Man sollte sich nur die nötige Zeit nehmen, um die richtigen Argumente zu finden. Wenn unsere Anweisung einen Sinn hat, hinter dem wir stehen, und es einen nachvollziehbaren Grund dafür gibt (selbst wenn dieser durchaus zu diskutieren wäre), wird das Kind offener zuhören, und es wird Raum für einen Dialog ohne Zank und Streit entstehen. Mit ein bisschen Glück bleibt uns dadurch ein weiterer Mechanismus erspart, der in solchen Situationen häufig greift und der in unseren Augen völlig überschätzt wird: das Verhandeln.

»Um zwölf bist du zu Hause«, sagt da der Vater.

»Ooooch, Papa«, entgegnet der Sohn. »Die Party geht aber bis um vier.«

Da es kein echtes Argument dafür gibt, warum der Junge um zwölf zurück sein sollte, kommt es schließlich nach einem vorhersehbaren Wortwechsel zwischen beiden zu einem Kompromiss: Der Junge kommt um zwei Uhr nach Hause. Ein zweifelhaftes Ergebnis, mit dem alle unzufrieden sind: Der Junge hat nicht erreicht, was er wollte (nämlich bis zum Ende auf der Party bleiben), und der Vater auch nicht (dass der Sohn früher nach Hause kommt, damit ihm nichts passiert). Keine gute Idee.

Statt zu verhandeln, sollten wir lieber versuchen, nachvollziehbare Gründe auf den Tisch zu legen und auch die Sichtweise des Kindes anzuhören, denn daraus kann eine Diskussion im positiven Sinne entstehen. Gut möglich, dass uns schlussendlich das Kind mit seinen Argumenten überzeugt. Wenn unsere Position auf echtem Interesse am Kind beruht und nicht nur auf dem Wunsch, »das letzte Wort zu haben« und unsere Macht zu demonstrieren, werden wir mit der gefundenen Vereinbarung genauso beruhigt und zufrieden sein.

Man hört oft die Behauptung, wenn man mit Kindern diskutiere, müsse man unbedingt das letzte Wort behalten, weil man sonst seine elterliche Autorität verlieren würde und die Kinder dann machten, was sie wollten.

Das ist eine absurde Lüge.

Wahre Autorität entsteht durch gegenseitiges Vertrauen und gegenseitigen Respekt, nicht durch Zwang, Geschrei und Strafen. Wenn wir kein offenes Ohr für die Argumente und Alternativen haben, die unser Kind vorschlägt, sondern alles unter irgendeinem Vorwand abschmettern und unsere Argumentation sich auf den Satz »Wir sind deine Eltern, du tust, was wir dir sagen!« beschränkt, sieht es für die Zukunft unserer Beziehung düster aus. Das Kind wird genervt sein, weil es das Gefühl hat, dass das Ergebnis am Ende sowieso immer gleich ist. Und das ist in unseren Augen eines der schlimmsten Dinge, die einem Kind passieren können: zu wissen, dass der eigene Wille nichts zählt und es letzten Endes egal ist, ob man etwas tut oder bleiben lässt …

*Vor etwa zehn Jahren nahm ich während einer Lesereise durch Italien an einem Kongress über Kommunikationsstrategien teil. Zufällig landete ich in einem Vortrag mit dem Titel »Wie ich meinem*

*Vater etwas verkaufte«. Der Referent, den ich zuvor nicht kannte, war ein junger Mann in seinen Zwanzigern, Sohn eines einflussreichen römischen Industriellen und Multimillionärs. Eine halbe Stunde lang erzählte er, wie er zu dem erfolgreichen Geschäftsmann wurde, der er war. Seine Philosophie klang einfach: Man musste nicht nur eine gute Idee haben, sondern sie vor allem verkaufen können. Ohne diese Fähigkeit, so seine These, sei man ausschließlich dem Zufall ausgeliefert.*

*Ich erinnere mich so genau daran, weil all seine Beispiele irgendetwas mit seinem Vater zu tun hatten, der ihm von klein auf beigebracht hatte, er solle keine Zeit damit verschwenden, ihn um etwas zu bitten, wenn er es ihm nicht »verkaufen« könne. Ich finde, das, wovon der junge Italiener da sprach, ist ein weiterer positiver Nebeneffekt des Motivationsmodells: Man lernt, für eine Idee, ein Bedürfnis oder einen Wunsch einzutreten und zu kämpfen. Nicht einfach nur zu betteln, zu jammern oder zu fordern, sondern zu formulieren, was man möchte, und gute Argumente vorzubringen, die mögliche Einwände der Eltern mit Strategie, Humor und Schläue entkräften.*

Eltern werden mit Sicherheit völlig anders auf die Forderungen ihres Kindes reagieren, wenn sie dieses nicht als Nervensäge wahrnehmen, die etwas um jeden Preis und egal wie durchsetzen will, sondern als vernünftigen jungen Menschen, der sich Gedanken darüber macht, wie er das, was er will, am besten erreichen kann. Und umgekehrt wird sich das Kind in der Lage sehen, seine Wünsche oder seinen Widerstand gegenüber den Eltern argumentativ zu formulieren.

## Vom Handeln und seinen Folgen

Natürlich gibt es Situationen, in denen sich Kinder weigern, auf uns zu hören, ganz gleich, wie gut wir es mit ihnen meinen, und unabhängig davon, wie überzeugend wir unsere Position dargelegt haben.

Sei es, dass das Kind (oder der Jugendliche) nicht sehen kann, was das Beste für es wäre, sei es, dass es aus Prinzip dagegen ist (um sich von uns abzusetzen), oder sei es, dass wir etwas nicht sehen.

Was macht man in solchen Fällen?

Wenn Erklärungen nicht ausreichen, um dem Kind unseren Standpunkt zu verkaufen, müssen wir erkennen, dass es offensichtlich nicht genügt, dass wir mehr Lebenserfahrung haben, und zulassen, dass es seine eigenen Erfahrungen macht. Das heißt: Lernen durch »Versuch und Irrtum«. Aber dafür muss man das Kind versuchen lassen – und es aushalten, dass es Fehler macht! Nicht, dass man es sich wünscht, aber man muss es doch zulassen.

Wenn Argumente nicht ausreichen und Motivation allein nicht genügt, ist der Punkt gekommen, an dem man das Kind einfach machen lassen sollte, selbst wenn man fest überzeugt ist, dass es einen Fehler macht und Nachteile davontragen wird. Eltern müssen lernen, Kinder hin und wieder die Konsequenzen ihres Handelns tragen zu lassen, damit sie aus ihren eigenen Erfahrungen lernen können.

Heißt das, wenn unser Sohn mit dem Stuhl kippelt und wir immer wieder zu ihm sagen »Lass das, du wirst dir weh tun«, er aber nicht auf uns hört, dann sollen wir ihn weiter kippeln lassen, bis er vielleicht nach hinten fällt und sich richtig weh tut?

Heißt das, wenn unsere Kleine nicht nett zu ihren Freundinnen ist, ihr Spielzeug nicht teilen will, die anderen herumkommandiert und beleidigt und wir ihr erklärt haben, dass die anderen Mädchen irgendwann nicht mehr mit ihr spielen wollen und dass es nicht schön ist, allein zu sein, und sie nicht auf uns hört und ihr Verhalten nicht ändern will, dann sollen wir sie so weitermachen lassen, bis sie tatsächlich ihre Freundinnen vergrault?

Heißt das, wenn der Teenager, von dem vorhin die Rede war, nicht für die Versetzung lernen will, soll man ihn einfach wiederholen lassen?

Ja, ja und ja.

*Als meine Tochter neun Jahre alt war, sah ihr Zimmer aus, als wäre eine Bombe darin explodiert. Meine Frau und ich forderten sie immer wieder auf aufzuräumen. Hin und wieder räumte sie tatsächlich zwei, drei Kleidungsstücke weg, dann hatte sie genug und ließ alles halbfertig liegen. Meistens allerdings hörte sie gar nicht. Nach einer gewissen Zeit wurde es meiner Frau dann zu viel, und sie räumte das Zimmer auf.*

*Irgendwann fiel uns auf, wie sinnlos das alles war und dass wir diesen Teufelskreis so niemals durchbrechen würden. Nachdem wir uns auf eine gemeinsame Vorgehensweise geeinigt hatten, zu der wir beide stehen konnten, gingen wir zu unserer Tochter und sagten:*

*»Liebes Kind, es ist dein Zimmer. Von jetzt an werden wir dir nicht mehr sagen, dass du aufräumen musst.«*

*»Nein?«, fragte sie überrascht.*

*»Nein. Aber wir werden auch nicht mehr für dich aufräumen. Einverstanden?«*

*»In Ordnung«, sagte sie und verschwand zufrieden in ihrer Räuberhöhle.*

*Die Tage vergingen, und der Klamottenberg in ihrem Zimmer wuchs. Ich gab mir große Mühe, an ihrem Zimmer vorbeizugehen, ohne hineinzusehen, und hielt ihre Mutter zurück, die je-*

*den Abend an unserer Strategie zweifelte und mir vorschlug, das Experiment zu beenden.*

*Nach einem Monat kam unsere Tochter zu ihrer Mutter und sagte:*

*»Mama, ich würde gern die weiße Bluse mit den Herzchen anziehen.«*

*»Klar, mach das«, sagte meine Frau, als würde sie das Problem nicht sehen.*

*»Aber ich weiß nicht, wo sie ist …«*

*»Ach so. Tut mir leid, ich weiß es auch nicht. Wo könnte sie denn sein?«*

*»Wahrscheinlich irgendwo in dem Klamottenberg.«*

*»Ja, gut möglich. Dann musst du sie suchen«, sagte meine Frau.*

*Meine Tochter verschwand in ihrem Zimmer und wühlte ein bisschen in dem Chaos herum. Vielleicht hoffte sie, der liebe Gott würde ihr helfen, aber die weiße Bluse tauchte nicht auf. Irgendwann kam sie mit hängendem Kopf zu ihrer Mutter und fragte kleinlaut:*

*»Würdest du mir helfen, die Kleider aufzuräumen, Mama?«*

*Und die beiden gingen ins Zimmer und räumten gemeinsam auf.*

Natürlich wäre es für die Mutter verlockend gewesen, in dem Moment, als die Tochter »einknickte« und um Hilfe beim Aufräumen bat, zu sagen: »O nein, meine Liebe, du räumst das jetzt allein auf!« Aber meine Frau tappte nicht in die Rachefalle, und das Ergebnis konnte sich sehen lassen. Das Mädchen hatte verstanden, dass es unangenehme Folgen hat, wenn man nicht aufräumt. Es bestand keine Notwendigkeit, noch einmal nachzukarten. Als Eltern haben wir eine Erziehungsstrategie angewendet und sollten uns nicht für den Ärger revanchieren, den unsere Tochter uns gemacht hatte, indem sie so lange in dieser Unordnung gehaust hatte.

Man muss den Sinn elterlichen Handelns verstehen.

Wenn das Kind etwas gelernt hat und einsieht, dass es im Irrtum war, warum sollte man ihm dann Hilfe verweigern? Im Gegenteil, wenn Kinder einsichtig sind, wie im vorliegenden Fall, ist es wichtig, ihnen zu helfen, sie zu unterstützen und ihnen Anerkennung zu zollen, denn das wird den Lerneffekt noch verstärken.

Ein solches Verhalten der Eltern verdankt sich nicht der neuesten Erkenntnis aus der Zeitschrift *International Psychology*, sondern wurde bereits vor über tausend Jahren in der Bibel beschrieben, genauer gesagt in der Geschichte vom verlorenen Sohn.

Erinnerst du dich? Alles beginnt damit, dass der jüngere von zwei Brüdern seinem Vater sagt, dass er seinen Teil vom Erbe möchte, um nach Belieben damit schalten und walten zu können.

Der überraschte Vater versucht ihn davon abzubringen, aber angesichts der Hartnäckigkeit des jungen Mannes willigt er schließlich ein und lässt ihn ziehen.

Der Sohn verlässt sein Elternhaus und verschwendet sein Erbe mit Prostituierten, Glücksspiel und Wein. Schon bald ist alles ausgegeben, und er lebt im Elend. Irgendwann erkennt der junge Mann, dass die Rückkehr zum Vater die einzige Möglichkeit ist, sein Leben zu retten. Also schreibt er einen Entschuldigungsbrief, in dem er den Vater darum bittet, ihn als einfachen Arbeiter anzunehmen.

Als er wieder nach Hause kommt, verzeiht ihm der Vater sofort und bedingungslos. Der alte Mann geht seinem Sohn sogar entgegen, und noch bevor dieser eine Entschuldigung vorbringen kann, schließt er ihn ohne jeden Vorwurf in die Arme, küsst ihn, sorgt dafür, dass er frische Kleider, neue Sandalen und das beste Zimmer bekommt, und richtet ein Fest aus, um seine Rückkehr zu feiern.

Sehr interessant ist hierbei, dass der junge Mann nach Interpretation der Theologen aus Eigennutz handelt, als er den Entschuldigungsbrief schreibt. Seine Reue beruht auf Vernunft, nicht auf Überzeugung oder sentimentalen Gründen. Er sucht seinen Vorteil, nicht die Rückkehr in die Herde.

Am Ende der Geschichte ist der verlorene Sohn nach Hause zurückgekehrt und hat seine Lektion gelernt, aber auch sein Herz gereinigt. Wann ist das geschehen?

Nicht im Moment seines Scheiterns oder als ihm das Geld ausgeht.

Erst als er sieht, wie selbstverständlich und liebevoll sein Vater auf ihn zukommt und seine Freude über die Rückkehr des Sohnes zeigt, statt ihn für seine Unvernunft zu schelten, findet er auf den rechten Pfad zurück.

Aber die Tatsache, dass es Situationen geben kann, in denen wir zulassen müssen, dass ein Kind durch »Versuch und Irrtum« lernt und dass es selbst (und wir) die Konsequenzen seines Handelns tragen muss, bedeutet keinesfalls, das Kind seinem Schicksal zu überlassen. Zunächst müssen wir sichergehen, dass unsere Argumente und Ratschläge nicht helfen, es auf den Weg zu leiten, den wir für besser halten.

Unsere Aufgabe endet auch nicht, wenn das Kind seinen Willen durchgesetzt hat und gescheitert ist. Wenn das geschieht, werden wir (denn nicht immer gelingt es, so zu reagieren wie der Vater aus der Bibel) den unwiderstehlichen, nachvollziehbaren Drang verspüren, zu sagen:

»Ich hab's dir doch gleich gesagt!«

Vielleicht ist es gar nicht so schlimm, so etwas zu sagen, solange es nicht in der Absicht geschieht, das Kind zu beschämen, sondern es uns einzig und allein darum geht, die kausale Verbindung zwischen der falschen Entscheidung und der vorhersehbaren Konsequenz aufzuzeigen. Damit daran kein Zweifel bleibt, sollten wir liebevoll und vorsichtig formulieren und die Betonung auf das legen, was geschehen ist, und nicht darauf, wer was gesagt hat, denn darauf kommt es im Endeffekt nicht an.

## Von der Schwierigkeit, Fehler zuzulassen

Für Eltern ist es nie einfach, das Kind Fehler machen zu lassen, statt es zu seinem Glück zu zwingen. Aber auch dann bleiben noch zwei Dinge zu bedenken, bevor man es eine Fehlentscheidung treffen lässt, die sich theoretisch vermeiden ließe.

Zum einen gibt es Situationen, in denen die unerwünschten Konsequenzen erst geraume Zeit später eintreten, so dass es schwierig ist, diese Folgen einerseits vorherzusehen und andererseits rückblickend mit der Entscheidung in Verbindung zu bringen, die sie verursacht hat.

Zum anderen, und das ist der beängstigendere Punkt: Was, wenn wir zu dem Ergebnis kommen, dass die Folgen zu gravierend, nicht wiedergutzumachen oder für uns inakzeptabel sein könnten?

### *Strategien entwickeln*

Beginnen wir mit dem ersten Punkt. Wenn man in solchen Fällen einen positiven Lerneffekt erreichen will, muss man eine Strategie entwickeln. Das heißt, man muss eine bestimmte Situation schaffen oder diese in eine bestimmte Richtung lenken, damit sie für das Kind zu einer kontrollierten Unannehmlichkeit führt, die auf den erwünschten Lerneffekt hinausläuft.

*Ein Beispiel für diese Art von Strategie ist die bereits erwähnte Episode, in der mein Sohn seine Hausaufgaben nicht machen wollte und ich daraufhin zur Klassenlehrerin ging, damit mein Sohn nicht mit seiner Schlamperei durchkam. Heute könnte man sagen, dass meine Bitte an die Lehrerin, die Hausaufgaben zu kontrollieren, meine Methode war, sicherzugehen, dass der Lerneffekt am Ende nicht lautete: »Du kannst machen, was du willst, ohne dass es Folgen hat.«*

*Natürlich gibt es auch komplexere Situationen, in denen logischerweise ausgefeiltere Strategien nötig sind.*

Irgendwann verkündete mein damals fünfjähriger Sohn quasi über Nacht, dass er sich nicht mehr die Zähne putzen wollte.

Jeden Abend schickte meine Frau ihn ins Bad, aber er weigerte sich.

»Ich will nicht«, schluchzte er. »Ich mag das nicht!«

»Geh dir die Zähne putzen«, wiederholte meine Frau.

»Nein!«, weigerte sich der Kleine mit bewundernswerter Hartnäckigkeit.

So ging das eine halbe Stunde, bis mein Sohn schließlich klein beigab und schmollend im Bad verschwand, um sich widerwillig die Zähne zu putzen. Tag für Tag die gleiche Szene: Der Junge war wütend und meine Frau mit den Nerven am Ende. Ich fand, das konnte nicht so weitergehen. Es musste einen anderen Weg geben, aber ich kam nicht auf die Lösung. Natürlich hatten wir dem Jungen schon gesagt, dass ihm irgendwann die Zähne ausfallen würden, wenn er sie nicht putzte, aber mein Sohn war nicht dumm und hatte festgestellt, dass nicht gleich die Zähne ausfielen, wenn man sie mal einen Abend nicht putzte; er wusste also, dass dieser Satz »Wenn du dir nicht die Zähne putzt, fallen sie aus« eine dreiste Lüge war. (Die Wahrheit müsste lauten: »Wenn du dir viele, viele Tage lang die Zähne nicht putzt und nicht zum Zahnarzt gehst, fallen dir irgendwann die Zähne aus.« Aber das klingt schon nicht mehr so überzeugend, oder?) Erschwerend kam hinzu, dass der Kleine noch seine Milchzähne hatte, die Zähne würden also auch dann ausfallen, wenn er sie jeden Tag gründlich putzte. Ihn einfach gewähren zu lassen war auch keine gute Idee. Wenn das Zähneputzen nicht zur Gewohnheit wurde, würde er später auch die bleibenden Zähne nicht gut pflegen, und wenn die einmal kaputt waren, gab es kein Zurück mehr, und das wäre sehr schlecht für ihn.

Nachdem ich eine Weile darüber nachgedacht hatte, kam ich auf eine »didaktische Intervention«, die, so glaube ich, recht zielführend war (was in meinem Vaterdasein durchaus nicht immer der Fall war, wie du bereits feststellen konntest).

Der erste Schritt ist immer gleich: Man muss den Druck aus der Sache nehmen. Also sagte ich meinem Sohn, dass wir ab heute nicht mehr darauf bestehen würden, dass er sich die Zähne putzte. Wenn er sie putzen wollte, gut, wenn nicht, dann nicht. Aber da seine Mutter und ich der Meinung waren, dass es nicht egal war, ob er sie putzte oder nicht, würden wir eine Zahnputzliste für die ganze Familie einführen.

Ich zeichnete auf eine Plastiktafel, die in unserer Küche hing, eine Tabelle mit den Wochentagen von Montag bis Sonntag, sämtlichen Familienmitgliedern (unser Sohn, meine Frau und ich) sowie zwei Spalten für morgens und abends. Dann holte ich ein paar dicke Filzstifte und fragte meine Frau:

»Schatz, hast du dir heute Morgen die Zähne geputzt?«

»Ja.«

»Sehr gut«, sagte ich und machte ein blaues Kreuz in das Kästchen für diesen Morgen.

»Und heute Abend?«

»Auch«, sagte sie, und ich machte ein weiteres blaues Kreuz in das entsprechende Kästchen.

»Und du, mein Sohn? Hast du heute Morgen die Zähne geputzt?«

»Nein«, sagte er.

»Sehr gut«, sagte ich so neutral wie möglich. »Dann machen wir hier ein rotes Kreuz.«

»Warum rot?«, fragte mein Sohn.

»Na ja, Blau bedeutet ›geputzt‹, und Rot bedeutet ›nicht geputzt‹.«

»Und was passiert mit den roten Kreuzen, Papa?«, fragte mein Sohn misstrauisch.

»Nichts. Hast du dir heute Abend schon die Zähne geputzt?«

»Hm … Nein.«

»Okay«, sagte ich und machte ein weiteres rotes Kreuz. »Das war's für heute.«

Danach sahen wir uns gemeinsam einen Film an und gingen dann schlafen. So ging das ein paar Tage lang. Der Junge putzte sich nicht die Zähne, wir putzten die Zähne, und ich machte blaue Kreuze bei uns und rote bei ihm.

Nach ein paar Tagen kam mein Sohn zu mir.

»Papa …«

»Ja?«

»Ich mag die roten Kreuze nicht.«

»Ah, das verstehe ich«, sagte ich. »Aber ich kann dir nicht helfen. Blau heißt ›geputzt‹, und Rot heißt ›nicht geputzt‹«, erklärte ich, als handelte es sich um ein Naturgesetz.

Der Junge dachte einen Moment nach und fragte dann:

»Und wenn ich die Zähne putze, machen wir ein blaues Kreuz?«

»Natürlich.«

Mein Sohn verschwand im Badezimmer, und als er nach einer Weile zurückkam, zeigte er mir die Zähne.

»Fertig«, sagte er.

Natürlich ließ ich sofort alles stehen und liegen und ging mit ihm zu der Tafel, um sein erstes blaues Kreuz einzuzeichnen.

Aber mein Sohn überrascht mich immer wieder aufs Neue. Ein paar Minuten später kam er zurück und fragte:

»Sag mal, Papa … Wenn ich mir morgen auch die Zähne putze und übermorgen auch … Können wir dann die roten Kreuze wegwischen?«

»Ja, mein Sohn«, sagte ich gerührt und auch mit ein bisschen schlechtem Gewissen, wenn ich daran dachte, wie der Junge in den letzten Tagen still gelitten hatte.

Es wäre gemein und keinesfalls zielführend gewesen, an dieser Stelle so etwas zu sagen wie:

»Nein! Die roten Kreuze bleiben da, als ewiger Beweis dafür, dass du nicht getan hast, was du solltest.«

Genauso wichtig war es, nicht abwertend oder wertend zu klingen, wenn der Junge zugab, dass er die Zähne nicht geputzt hatte, und nicht der Versuchung nachzugeben zu sagen:

»Bei fünf roten Kreuzen hintereinander gehe ich mit dir zum Zahnarzt.«

Nicht nur, dass man damit den Zahnarzt zur Schreckgestalt macht; aus einer Strategie, die eigentlich überzeugen sollte, wird vielmehr eine Drohung und eine Strafe, und genau das wollen wir vermeiden.

Es gibt noch ein paar Punkte, die zu dieser Geschichte anzumerken sind. Zunächst einmal ging es nicht darum, gute oder schlechte Noten zu geben oder veränderte Verhaltensweisen zu belohnen. Die unterschiedlichen Farben der Kreuze sollten nur die verschiedenen Aktionen markieren, sie stellten kein Werturteil dar. Deshalb denke ich, dass die Maßnahme noch gelungener gewesen wäre, wenn die Kreuze braun und grün (oder lila und gelb) gewesen wären statt blau und rot, denn Rot assoziiert man automatisch mit einem Fehler. Wahrscheinlich ist hier schlichtweg meine eigene Prägung mit eingeflossen, aber zum Glück war mein Sohn noch zu klein, um diese Konnotation der Farbe Rot zu kennen, und hat den Lapsus nicht bemerkt.

Was wir vermitteln wollen, ist, dass Belohnung oder Strafe bereits der Entscheidung des Kindes innewohnen.

Die Sache mit der Tabelle hatte keinen anderen Zweck, als

dem Kind den Unterschied zwischen Zähneputzen und Nicht-Zähneputzen zu veranschaulichen, der ohne die farbigen Kreuze vielleicht zu lange unbemerkt geblieben wäre. So konnte das Kind die langfristigen Folgen seines Verhaltens visualisieren und zudem feststellen, dass seine Eltern in dieser Angelegenheit auf der anderen Seite stehen.

### *Über Grenzen*

In Wissenschaftskreisen (im Nagelstudio, in der Kneipe) ist viel von Grenzen die Rede (Grenzen setzen, seine Grenzen kennen, Grenzen akzeptieren). Mag sein, dass wir mit unserer Meinung auf Widerspruch stoßen, aber was die Elternrolle betrifft, geht es nach unserer Ansicht weniger darum, Grenzen zu setzen, als vielmehr darum, jene Grenzen, die unser Umfeld vorgibt, klar zu erkennen und zu vermitteln.

»Grenzen setzen« ist angebracht, wenn es darum geht, sich nicht vereinnahmen zu lassen. Aber was Kinder betrifft, geht die Idee des Grenzensetzens von der völlig unrealistischen Vorstellung aus, die Welt könnte sich nach ihren Wünschen richten. Man hört immer wieder Sätze wie: »Man muss Kindern Grenzen setzen; es ist nicht gut, wenn sie *alles bekommen.*« Dabei wird übersehen, dass sie niemals alles bekommen werden, aus dem einfachen Grund, weil das nicht geht. Niemand kann alles bekommen.

Bei unserer unermüdlichen Suche nach dem Glück stellen wir immer wieder fest, dass wir Abstriche machen müssen und man »nicht alles haben kann«.

Die Realität setzt uns zwei Arten von Grenzen, auf die wir keinen Einfluss haben. Zum einen leben wir mit anderen Menschen zusammen, die ihre eigenen Wünsche und Ziele haben, und haben Erwartungen an sie. Zum anderen wollen wir viele verschiedene Dinge, die manchmal nicht miteinander zu vereinbaren sind (die Grenze unserer Genussfreude ist der Wunsch, in Form zu bleiben, die Grenze der Faulheit ist der Wunsch, Dinge zu erreichen, die Mühe kosten, die Grenze unserer Kleinkariertheit anderen gegenüber ist der Wunsch, von ebendiesen anderen gemocht zu werden …).

Als Wegweiser haben wir die Aufgabe, dem Kind die Grenzen aufzuzeigen, die das Leben mit sich bringt, und ihm zu erklären, dass unsere eigenen hohen Ansprüche mit Anstrengung verbunden sind.

»Schlecht erzogene« Kinder, wie man sie gerne nennt, handeln so, weil sie der Überzeugung sind, dass sie durchs Leben kommen, ohne etwas dafür tun zu müssen und ohne jemals Verantwortung für ihr Handeln und ihre Grenzüberschreitungen zu übernehmen. Entgegen der landläufigen Meinung liegt die Ursache dieser Fehleinschätzung nicht darin, dass die Eltern ihren Kindern keine Grenzen gesetzt haben, sondern darin, dass sie alles dafür getan haben, ihren Kindern die Konsequenzen ihres Verhaltens oder ihrer Entscheidungen zu ersparen.

In diesem Sinne ist es unsere Aufgabe, unseren Kindern beizubringen, sich auf gesunde Weise mit den Grenzen, die das Leben mit sich bringt, auseinanderzusetzen und zu begreifen, dass zwar nicht alles möglich ist, aber es immer eine Möglichkeit gibt.

### Die Vorteile betonen

Kinder darin zu unterstützen, gute Entscheidungen zu treffen, heißt nicht immer, ihnen die negativen Folgen solcher Entscheidungen vor Augen zu führen, von denen wir abraten. Oft haben wir auch eine wesentlich bessere Möglichkeit, indem wir nämlich auf die positiven Konsequenzen jener Wege hinweisen, zu denen wir sie ermutigen wollen.

Genau wie in den vorherigen Fällen sollten wir hierbei darauf achten, dass ein innerer Zusammenhang zwischen den Vorteilen und dem Handeln besteht und dass diese nicht willkürlich von uns miteinander in Verbindung gebracht werden (»Wenn du deinen Abschluss machst, kaufe ich dir ein Auto.«).

Wenn man mich zum Beispiel fragt, was am meisten dazu beigetragen hat, dass mein jüngster Sohn keine Windeln mehr brauchte, müsste ich zweifellos eine großartige Maßnahme meiner Frau nennen. Als sie merkte, dass der richtige Zeitpunkt gekommen sein könnte, kaufte sie dem Jungen einen großen Pack Unterhosen mit unterschiedlichen Motiven, die der Kleine gut fand: einen Sechserpack mit Power Rangers, einen mit Spiderman, einen mit The Avengers und weitere mit verschiedenen Tiermotiven.

Ahnungslos, wie ich in diesen Dingen war, fragte ich:

»Findest du das nicht ein bisschen übertrieben?«

»Nein«, sagte sie.

Und sie hatte völlig recht. Es war unglaublich, mit welcher Begeisterung der Kleine seine Windeln ablegte und stattdessen die Höschen mit den Superhelden und Tiermotiven trug. Wenn ich von der Arbeit nach Hause kam, empfing er mich eine Zeitlang so:

»Schau mal, Papa, was ich heute für eine Unterhose anhabe. Das ist Ironman … Der ist toll!«

In der Sonntagsbeilage einer argentinischen Zeitung erschien einmal eine Reportage über einen der größten Magnaten des Landes. Darin fragte der Journalist unter anderem:

»Was schenken Sie eigentlich Ihren Enkeln zum Geburtstag?«

Die Antwort des Magnaten:

»Vor Jahren stellte ich fest, wie schwierig es ist, Kindern etwas zu schenken, die schon fast alles haben. Inzwischen frage ich sie, wie viel sie im letzten Jahr gespart haben, und verdopple diese Summe dann. Ich fand das eine gute Methode, ihnen den Sinn des Sparens näherzubringen.«

Das ist ein interessanter Ansatz, denn einerseits steht das Geschenk in unmittelbarem Bezug zu der »Mühe«, die sich die Enkel gemacht haben. Andererseits ist es der natürliche Sinn des Sparens, Geld zur Verfügung zu haben, und das Geschenk verstärkt das Ergebnis dieses Handelns (so wie im vorherigen Beispiel die Power-Ranger-Unterhosen die Vorteile des Sauberwerdens verstärkten, denn so hatte mein Sohn die Wahl, was er anziehen wollte ...).

Wenn es uns immer gelingen würde, unseren Kindern das, was wir für sie wollen, als erstrebenswert erscheinen zu lassen, wären wir auf dem besten Weg.

Das ist der Weg, den wir als Eltern vertiefen sollten.

*Alltagsszenen*

Samstagabends geht Santiago immer aus und kommt erst spät in der Nacht zurück. Das wäre kein Problem für seine Eltern, sie waren schließlich auch mal jung (und zu Santiagos Glück erinnern sie sich daran, wie Saint-Exupéry sagen würde). Schwierig wird es, als der Junge sonntags nicht mehr zum gemeinsamen Mittagessen erscheint, das in der Familie ein wichtiges Ritual ist. Die Eltern haben bereits einiges versucht, ohne Erfolg. Sie haben festgestellt, dass Sätze wie »Das ist hier kein Hotel« nicht fruchten. Ihn um zwölf aus dem Bett zu scheuchen hat zwar ein paar Mal funktioniert, aber dann saß der Junge maulend und mit langem Gesicht am Tisch ... Inzwischen ist den Eltern klargeworden, dass das nicht die Lösung ist, aber auf seine Anwesenheit in der Familienrunde verzichten wollen sie genauso wenig. Stattdessen versuchen sie, das Mittagessen zu einem Ereignis zu machen, das Santiago nicht verpassen will: Manchmal ist ein interessanter Gast eingeladen (zum Beispiel der Onkel vom Land, den der Junge vergöttert), manchmal wird ein lustiges Spiel gespielt, manchmal kocht die Großmutter das Lieblingsessen des Enkels, das niemand so hinkriegt wie sie …

Olivia würde am liebsten den ganzen Tag vor der Spielekonsole sitzen. Ihre Eltern haben beschlossen, die Zeit auf eine Stunde pro Tag zu beschränken. Aber obwohl sie recht flexibel damit umgehen, hören die Diskussionen um das Thema einfach nicht auf. Auch hier wäre die Lösung, dass die Eltern ihrer Tochter stattdessen Dinge anbieten, die ihr erstrebenswert erscheinen. Natürlich ist es nicht leicht, mit der Spielekonsole zu konkurrieren, denn diese Spiele sind wirklich gut gemacht (tatsächlich wurden sie genau dafür entwickelt: dich in ihren Bann zu ziehen). Aber wenn wir kreativ und großzügig sind und uns selbst für Aktivitäten begeistern, die wir dem Kind stattdessen vorschlagen (»Ich male jetzt ein bisschen«, könnte der Vater zum Beispiel sagen, »das macht mir großen Spaß!«), können wir erreichen, dass es hin und wieder (vielleicht sogar immer häufiger) freiwillig die Fernbedienung weglegt und sich mit anderen Dingen beschäftigt. Und dieser gelegentliche Erfolg kann sehr wichtig für seine Zukunft sein.

Man sollte immer wieder darüber nachdenken, wie man die Optionen, die einem für unsere Kinder am besten erscheinen, erstrebenswerter und attraktiver machen kann. Doch dafür muss man sich zunächst von der eigenen Vorstellung verabschieden, dass alles, was »gut« oder »richtig« ist, auf keinen Fall Spaß machen kann.

Man könnte jetzt einwerfen, dass diese Strategie ein wenig nach Manipulation riecht … Wir können diesen Einwand nachvollziehen, aber (es gibt immer ein Aber!) wie sagte schon der argentinische Psychoanalytiker Hugo Dvoskin, von dem wir viel gelernt haben: Um ein guter Vater oder eine gute Mutter zu sein, muss man zum »großzügigen Manipulator« werden. Manipulator, weil man versucht, die Handlungen und Wünsche des Kindes in eine bestimmte Richtung zu lenken. Großzügig, weil man das Beste für den anderen will, nicht für sich selbst.

Und außerdem, welche Erziehungsmethode hat nichts Manipulatives an sich?

## Gefahren und Risiken

*Ich denke, es ist kein Zufall, dass wir uns dieses schwierige Thema bis zum Schluss aufbewahrt haben. Es ist ein Thema, mit dem sich alle Eltern konfrontiert sehen und für das es nicht eine einzige Lösung gibt. Unwillkürlich fällt einem die klassische Zwickmühle ein oder die Sache mit dem Regen und der Traufe.*

Was tun, wenn man voraussieht, dass es katastrophale Folgen für das Kind haben könnte, wenn man es einfach gewähren lässt? Was, wenn der Schaden groß ist und sich nicht wiedergutmachen lässt? Was, wenn es sogar seinen Tod bedeuten könnte?

Wenn man alle Gründe und Argumente ausgeschöpft hat, das Kind jedoch weiterhin auf einem möglicherweise tragischen Weg beharrt, wird man sicherlich auf eine der Methoden zurückgreifen, die wir zuvor diskutiert und verworfen oder doch wenigstens als Standard ausgeschlossen haben. Aber auf welche? Das hängt von der Schwere des Falles ab. Es kann sogar sein, dass man gezwungen ist, schlicht und einfach seine Autorität einzusetzen und ein Machtwort zu sprechen (wir sprachen bereits darüber).

Die Unversehrtheit an Leib und Leben ist die Voraussetzung der Langmut. Aber eines muss klar sein: Wenn man sich entscheidet, diesen Weg zu verlassen und das Kind gegen seinen

Willen zu etwas zu zwingen, dann tut man das, um es zu schützen, aber gleichzeitig hört man auf, es zu erziehen. Man tut es für sich und nicht für das Kind, denn man selbst ist es, der den Gedanken nicht ertragen kann, dass ihm etwas zustößt.

Deshalb ist diese Vorgehensweise einigen wenigen Situationen vorbehalten, bei denen buchstäblich das Leben des Kindes auf dem Spiel steht. Folgende vier Bedingungen sollten erfüllt sein:

1. Das Kind begreift nicht, was auf dem Spiel steht, und nimmt unsere Erklärungen auf die leichte Schulter.
2. Andere Methoden wurden ausprobiert und sind gescheitert.
3. Die Folgen sind vorhersehbar, schwerwiegend und irreversibel.
4. Wir haben mit Hilfe einer Person, der wir vertrauen, sichergestellt, dass die Punkte 1, 2 und 3 gegeben sind.

Um etwas mit Zwang durchzusetzen, reicht es nicht aus, dass einem nicht passt, was das Kind macht, oder dass man glaubt, dass es leiden wird. Wir müssen uns darin üben, es auszuhalten, wenn unsere Kinder ein wenig vom Leben gebeutelt werden, und es zu ertragen, wenn sie uns die Schuld daran geben.

Das heißt aber keineswegs, dass wir die immer wieder zu hörende Ansicht vertreten, dass Kinder wütend auf ihre Eltern sein müssen, denn nur dann hätten diese ihren Job gut gemacht. Eine solche Einstellung beruht auf der Auffassung, dass Erziehen bedeutet, den Willen des anderen zu brechen, und das führt natürlich zu Wut und Widerstand. Wahre Erziehung ist etwas völlig anderes. Das wäre ja sonst, als würde man sagen: »Meine Kinder hassen mich zutiefst. Ich muss so ein toller Vater sein!«

Das ist lächerlich. Wenn wir unsere Aufgabe gut machen wollen, sollten wir weder um die Liebe unserer Kinder buhlen, noch sollten wir alles daransetzen, dass sie uns hassen. Wenn wir als Eltern und Erziehende gute Arbeit leisten, werden uns unsere Kinder am Ende lieben. Bestimmt werden sie auf dem Weg dorthin immer wieder wütend auf uns sein, aber wenn wir stets im Blick behalten, was das Beste für sie ist, werden sie das irgendwann erkennen und anerkennen. Wenn unsere Kinder Groll gegen uns hegen, ist das kein Grund, stolz zu sein; vielmehr sollte es ein Indikator dafür sein, sich zu fragen, was man falsch macht.

## Schüler des Wahren und Guten

Wahre, gute Erziehung hat nichts mit Zwang und Druck zu tun, sondern bedeutet, dass jeder frei entscheidet, was er als das Beste für sich selbst erachtet, und immer besser darin wird, diesen Weg zu erkennen und ihm zu folgen.

Unsere Großeltern haben uns beigebracht, dass nur wer in der Lage ist, alles zu ertragen, die Pflicht an erste Stelle zu stellen und klaglos Opfer zu bringen, alle Hindernisse überwinden könne, die einem im Leben begegnen. Schließlich haben sie selbst es so gelernt. Dabei haben sie vergessen, uns zu sagen, dass uns das weder besonders glücklich macht noch Erfüllung gibt und dass es keineswegs garantiert, dass man den richtigen Weg einschlägt.

Heute wissen wir, dass wir getrost auf diese Strategien verzichten können. Stattdessen sollten wir unseren eigenen Prinzipien treu bleiben und uns nicht von unserem Weg abbringen lassen. Gleichzeitig aber sollten wir akzeptieren, dass ein gewisses Maß an Disziplin nötig ist, um unsere Ziele zu erreichen.

Aber Vorsicht, wir reden hier von wahrer Disziplin. Das Wort Disziplin ist verwandt mit dem lateinischen »discipulo«, was so viel heißt wie Anhänger, Schüler, Lehrling. Disziplin bedeutet nicht, dass man sich dem Willen anderer unterordnet, sondern, dass man den Wunsch hat, dazuzulernen, und sich somit in den Dienst des Wahren, Guten und Schönen stellt.

Unser Erziehungsauftrag als Eltern bedeutet nichts anderes, als dazu beizutragen, dass unsere Kinder die Vorteile dieser Disziplin erkennen und sich aus freien Stücken dafür entscheiden, Schüler des Wahren und Guten zu werden; dass sie uns erlauben, sie darin zu unterstützen, dass sie die richtigen Entscheidungen treffen und den besten Weg für sich finden.

# 9
# Wünsche und Erwartungen

## Was die einen wollen und was die anderen

Eltern wollen im Grunde vor allem eines: dass ihre Kinder glücklich sind. Das können wir jedes Mal feststellen, wenn wir irgendwo über dieses Thema sprechen. Egal, in welchem Land und unabhängig vom jeweiligen Publikum, wenn wir die Väter und Mütter fragen, was sie sich für ihre Kinder wünschen, lautet die einhellige Antwort:

»Dass sie glücklich sind.«

Und das ist die Wahrheit, auch wenn die Kinder das anders sehen. Als wir bei einem Vortrag in Mexiko diese Frage ins Publikum stellten, war unter den vielen Antworten von Erwachsenen, die »Glück« als Ziel nannten, die Stimme eines Jungen herauszuhören, der sagte:

»Eltern wollen vor allem, dass aus uns etwas wird.«

Wie mutig von dem Kleinen, das vor all diesen Leuten zu sagen! Und was für eine Lektion für uns Erwachsene! Das Glück unserer Kinder mag für uns an erster Stelle stehen, aber oft bringen wir das nicht richtig zum Ausdruck und vermitteln ihnen, dass es im Grunde um unwichtigere Dinge geht, eine gute Ausbildung zum Beispiel. Natürlich tun wir das in dem Glauben, dass diese Dinge zum Glück beitragen können, aber wenn wir das so vermitteln, machen wir unseren Job nicht gut.

Die Frage, was Eltern wollen, ist relativ eindeutig zu beantworten. Was die Sicht der Kinder betrifft, sieht das schon anders aus. Wenn wir bei denselben Vorträgen fragen, was Kinder von ihren Eltern erwarten, kommt eine Vielzahl unterschiedlicher Antworten:

»Eltern sollen uns unser eigenes Leben leben lassen.«

»Eltern sollen uns respektieren.«

»Eltern sollen uns vertrauen.«

»Eltern sollen für uns sorgen.«

»Eltern sollen uns das Auto leihen.«

»Eltern sollen uns jeden Abend weggehen lassen.«

»Eltern sollen uns Geld geben.«

»Eltern sollen uns ein Tablet schenken.«

»Eltern sollen uns Spielzeug kaufen.«

All diese Antworten lassen sich auf eine einfache Formel bringen:

Kinder erwarten von ihren Eltern … ALLES!

Und zwar immer oder zumindest dann, wenn das Kind es beschließt. Eltern sollten angesichts dieser Maßlosigkeit nicht entsetzt sein und nicht ihrer allzu nachsichtigen Erziehung die Schuld daran geben. Unmäßigkeit ist die natürliche Reaktion jedes unreflektierten Wesens.

Warum sollten Kinder nicht alles haben wollen (zumindest alles, was sie gut finden)?

Diese Haltung ist keineswegs verurteilenswert, sondern ein Zeichen geistiger Gesundheit.

Wenn ein Kind in eine Spielwarenabteilung voller bunter, blinkender, quietschender Sachen kommt, bleiben wir doch auch gelassen, wenn wir sehen, wie das Kind mit großen Augen von einem Spielzeug zum anderen sieht und sagt:

»Das will ich haben! Und das da! Und das da drüben ist so schön!«

Mit Sicherheit ist uns diese grenzenlose Begeisterung lieber als ein Kind, das nach langem Überlegen mit ernster Miene auf ein Regal zeigt und ohne große Regung sagt:

»Wäre es in Ordnung, wenn ich die Puppe da nehme?«

Ein solches Verhalten ist bei einem kleinen Kind kein Zeichen von Bescheidenheit, sondern vielmehr ein Hinweis darauf, dass es seine Wünsche unterdrückt (weil es glaubt, kein Recht darauf zu haben). Das Kind handelt in vorauseilendem Gehorsam, weil es von vornherein weiß, wie es endet, wenn man zu viel will. Wenn sich ein solches Verhalten festigt und verstärkt, wird aus dem Kind ein Erwachsener, der bei größeren Herausforderungen sofort kapituliert und denkt: »Warum sollte ich es überhaupt versuchen? Das ist nichts für mich … Besser nicht zu viel wollen.«

Das ist nicht die Zukunft und die Lebenseinstellung, die wir uns für unsere Kinder wünschen. Der Preis dafür ist, dass wir eben hin und wieder nein sagen müssen, wenn das Kind nicht genug bekommen kann.

## Sich nicht aufopfern

Denn natürlich hat die Unersättlichkeit eine Grenze.

Es gibt etwas, was kein Kind möchte, selbst wenn die Eltern es bereitwillig anbieten.

Kinder wollen keinesfalls, dass die Eltern ihr Leben für die Kinder ruinieren und sich für sie aufopfern.

Kein Kind, das können wir mit Sicherheit behaupten, möchte die Bürde tragen, dass seine Eltern »immer zurückstecken mussten«.

Kein Kind möchte das einzig Wertvolle im Leben seiner Eltern sein, von dem ihr Glück oder Unglück abhängt.

In unserer Praxis sehen wir immer wieder, wie dankbar und

erleichtert Kinder sind, wenn die Eltern neben den Kindern noch andere Ziele, Wünsche und Interessen haben.

In dem Film *Das Schicksal ist ein mieser Verräter* nach dem gleichnamigen Roman von John Green gibt es eine wunderbare Szene, die das verdeutlicht. Der Film, der ein großer Erfolg bei Jugendlichen auf der ganzen Welt war, erzählt von einer typischen Teenagerliebe, doch Hazel und ihr Freund sind beide an Krebs erkrankt. Gus erholt sich gerade von einer Operation, nachdem ihm aufgrund seiner Knochenkrebserkrankung ein Bein amputiert werden musste; Hazel leidet an einem aggressiven Schilddrüsentumor, der sie früher oder später das Leben kosten wird.

Was Hazel vielleicht noch mehr bedrückt als der Gedanke an ihren eigenen Tod, ist die Vorstellung, »eine tickende Zeitbombe« zu sein, wie sie es ausdrückt. Zu wissen, dass ihr Tod, wenn es so weit ist, denen, die ihr nahestehen, großen Schmerz verursachen wird, insbesondere ihren Eltern. Oder in Hazels Worten: »Es gibt nur eine Sache, die noch schlimmer ist, als Krebs zu haben. Und das ist, ein Kind zu haben, das Krebs hat.«

Hazel will sich nicht binden, auch nicht an Gus, denn das bedeutet noch mehr Leidtragende, wenn »der große Knall« kommt.

In der folgenden Szene will Hazel gerade das Haus verlassen, um sich mit Gus zu treffen. Ihre Mutter sieht sie besorgt an und sagt:

»Du solltest vorher noch was essen.«

»Ich hab' keinen Hunger«, erwidert Hazel.

»Los, komm schon, Hazel«, beharrt die Mutter in mütterlicher Sorge, »du musst auf deine Gesundheit achten.«

Der Satz ist nicht glücklich gewählt, und die entsprechende Reaktion lässt nicht auf sich warten.

»Auf meine Gesundheit achten?«, sagt Hazel ironisch. »Ich bin nicht gesund, Mama. Ich werde sterben, ist dir das klar? Ich werde sterben, und dann habt Papa und du keinen mehr, um den ihr euch kümmern könnt …«

»Hazel«, sagt die Mutter liebevoll. »Ich werde immer deine Mutter sein. Du bist das Wichtigste in meinem Leben.«

»Genau das macht mir ja Angst, Mama.«

»Wie meinst du das?«, fragt die Mutter verwirrt.

»Wenn ich sterbe, habt Papa und du kein eigenes Leben mehr. Ihr werdet an die Wände starren oder über Selbstmord nachdenken ...«

»Hazel, Liebling, das wird nicht passieren«, beteuert die Mutter, als sie schließlich begreift. »Es wird entsetzlich weh tun, dich zu verlieren ... Aber du weißt besser als jeder andere, dass man mit dem Schmerz leben kann.«

Hazel schweigt. Sie kann es noch nicht glauben.

»Weißt du ...«, fährt die Mutter fort. »Ich habe wieder angefangen zu studieren. Seit ein paar Monaten gehe ich zur Uni. Ich möchte Sozialarbeiterin werden.«

»Warte mal ... Wie bitte?«, fragt Hazel überrascht.

»Ich dachte, ich könnte anderen mit dem helfen, was wir durchgemacht haben. Ich wollte es dir nicht sagen, weil ich nicht wollte, dass du dich im Stich gelassen fühlst.«

»Im Stich gelassen?«, sagt Hazel mit einem breiten Lächeln. »Mama, das ist die beste Nachricht seit Jahren!«

Die beiden sehen sich an und fallen sich weinend und tief berührt in die Arme.

Um ihre Tochter nicht »im Stich zu lassen«, hat Hazels Mutter ihr das Beste verschwiegen. Das, was ihre Tochter am meisten brauchte, nämlich zu wissen, dass es auch nach ihrem Tod einen Sinn im Leben ihrer Eltern geben wird.

Vielleicht ist das ein extremer Fall, aber wir finden, er enthält eine wichtige Botschaft für alle Eltern. Wir dürfen nicht zulassen (oder gar darauf hinarbeiten), dass unsere Kinder sich dafür verantwortlich fühlen, dass wir ihretwegen auf Dinge verzichten. Und das geht nur, wenn wir uns von dem Gedanken verabschieden, dass Väter und Mütter sich aufopfern sollen, und wenn wir aufhören, unsere Kinder als einzigen Lebensinhalt zu sehen.

### Das Symptom der doppelten Frustration

Dass Kinder »alles« wollen, bedeutet keinesfalls, dass wir als Eltern uns dem beugen müssen. Wir sollten unseren Kindern nur nicht böse deswegen sein.

»Mama, kriege ich ein Stückchen Schokolade?«

»Ja, mein Herzchen, hier, nimm.«

Eine Weile später:

»Mama, kriege ich noch ein Stückchen Schokolade?«

»Hm. Na gut.«

Nach einer Weile:

»Mama, kriege ich noch eins?«

»Nein! Du weißt einfach nicht, wann Schluss ist!«

Irgendwann muss man nein sagen, aber es gibt keinen Grund, wütend zu werden. Dass Kinder *mehr* von dem wollen, was sie angenehm und schön finden, ist nur logisch und gesund. Wir sollten ihnen nicht böse sein, weil sie »keine Grenzen kennen«, denn die sind nicht von Natur aus eingebaut. Tatsächlich besteht ein Teil unserer Elternarbeit darin, dem Kind dabei zu helfen, diese Grenzen zu erkennen und einzuhalten.

Dass wir unseren Kindern wünschen, dass sie glücklich sind, heißt keinesfalls, dass wir dafür verantwortlich sind, sie glücklich zu machen. Das mag unser Wunsch sein, aber es ist nicht unsere Aufgabe. Unsere Aufgabe ist es, ihnen die Mittel an die Hand zu geben, damit *sie selbst* zu ihrem Glück finden. Wir können unsere Kinder nicht glücklich machen, und das aus einem guten Grund: Kein Mensch kann einen anderen glücklich machen.

*Diesen Punkt betone ich immer wieder, seit ich mit dem Schreiben begonnen habe, und mit den Jahren ist er mir immer wichtiger geworden:*

*Kein anderer kann dich glücklich machen.*

*Mag sein, dass es mich glücklich macht, mit dir zusammen zu sein, aber das liegt nicht an dir, sondern an mir. Jeder ist für sein eigenes Leben verantwortlich; die Zügel einem anderen zu überlassen wäre ein schwerer Fehler.*

*Deshalb warne ich immer davor, wenn jemand kommt und folgenden Satz sagt, den wir so gerne hören:*

*»Du machst mich sooo glücklich!«*

*»Nein, nein!«, sollte man in solchen Fällen sofort abwehren. »Es freut mich wirklich sehr, wenn du glücklich mit mir bist. Aber das ist nicht mein Verdienst.«*

*Wenn wir das nicht deutlich machen, sondern die Schmeichelei und damit auch die Verantwortung für das Glück des anderen annehmen, müssen wir auch damit klarkommen, wenn der andere sagt:*

*»Du machst mich so unglücklich!«*

*In diesem Fall allerdings würden wir gern widersprechen, und das mit Recht.*

Noch komplizierter wird die Sache durch die irrige Annahme, Glück sei gleichbedeutend damit, alles zu haben. Es stimmt, Kinder wollen alles (zumindest alles, was ihnen guttut), aber das bedeutet nicht, dass sie deshalb glücklich werden. Wir alle (Eltern und Kinder) machen uns etwas vor, wenn wir glauben, dass alles zu bekommen glücklich macht.

Daraus entsteht ein Teufelskreis: Die Eltern glauben aus falsch verstandenem »Pflichtgefühl« heraus, sie müssten ihren Kindern alles ermöglichen, um sie glücklich zu machen. Wenn sie dann feststellen, dass die Kinder trotzdem nicht ganz und gar glücklich sind, werden sie ungehalten, weil diese ihre guten

Absichten nicht zu würdigen wissen (»Wieso bist du nie zufrieden? Du bekommst doch wirklich alles von uns!«). Man hadert mit dem Kind, weil es einem das Gefühl gibt, ein schlechter Vater, eine schlechte Mutter zu sein. Das ist ziemlich ungerecht, aber so funktioniert die Sache.

Umgekehrt ist es genauso: Wenn das Kind feststellt, dass es nicht alles von den Eltern bekommt, schließt es daraus, dass ihre Liebe nicht so groß sein kann, wie sie immer behaupten, und zieht sich in seinen Schmollwinkel zurück.

Diese Situation kommt so häufig vor und ist so stereotyp, dass sie eine eigene Bezeichnung verdient. Wir nennen sie »Das Symptom der doppelten Frustration«. Als Graphik sähe das Ganze folgendermaßen aus:

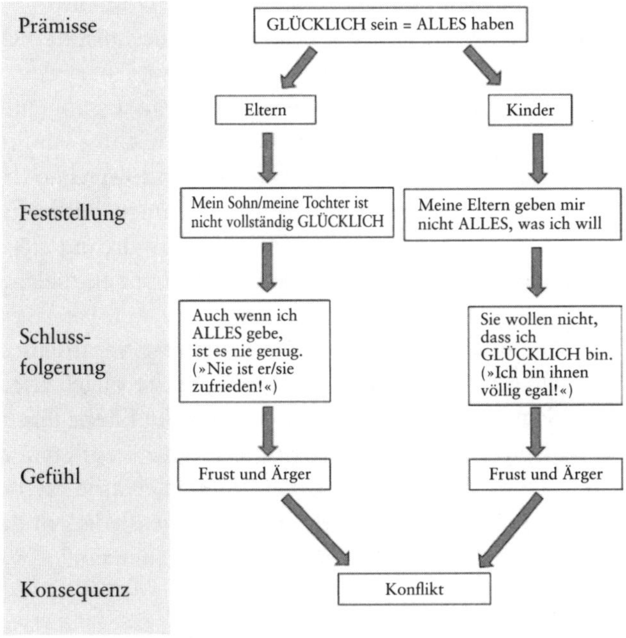

Die Schlussfolgerungen in dieser Graphik sind absolut logisch, die Gefühle, die sie auslösen, nachvollziehbar, und die letzte Konsequenz (der Konflikt) ist unvermeidlich. Also ist klar, dass man aus dieser Falle nur herauskommt, wenn man die Prämisse ändert. Das heißt, man muss sich klarmachen, dass Glück nicht gleichbedeutend damit ist, alles zu haben.

Wenn wir hier von »haben« sprechen, meinen wir damit nicht nur materielle Dinge (ein Haus, ein Auto, die neueste Jeans, das schnellste Laptop …). Dass diese Dinge allein nicht glücklich machen, liegt auf der Hand. Was wir meinen, geht weiter und umfasst vieles, was man sich für sein Leben wünscht: einen bestimmten Partner, einen bestimmten Job, einen Titel, Erfolg oder Bewunderung …

So betrachtet, ist ziemlich klar, warum Eltern ihren Kindern nicht ALLES geben können, selbst wenn sie wollten.

Um eines klarzustellen: Wir bestreiten keinesfalls, dass diese ideellen und materiellen »Dinge« wichtig sind. Aber nichts davon ist für sich gesehen eine zwingende Voraussetzung, um im Leben glücklich zu sein. Es kann allerdings wichtig sein, nach solchen Dingen zu streben. Aber nach etwas zu streben ist ein aktiver Vorgang, den niemand anders für mich übernehmen kann, und damit ist klar, dass die Verantwortung für das eigene Glück nicht delegiert werden kann (nicht einmal an die Eltern!).

Das Kind muss sich von der Vorstellung verabschieden, dass Glück und die Erfüllung aller Wünsche gleichzusetzen sind, und das Beste aus dem machen, was die Eltern ihm mitgeben können. Die Eltern wiederum müssen akzeptieren, dass sie ihren Kindern nicht alles geben können, was diese brauchen, um glücklich zu sein, und dass sie ihnen lediglich dabei helfen können, die richtige Richtung einzuschlagen.

*Trost bieten*

Wenn wir als Eltern begreifen, dass es im Leben unserer Kinder notwendigen, unvermeidlichen und sogar heilsamen Kummer gibt, Probleme, die nichts mit uns zu tun haben und die wir ihnen weder ersparen noch für sie lösen können, dann öffnet sich die Tür zu etwas, das wir als eine der wichtigsten Aufgaben als Eltern ansehen, über die aber nur selten gesprochen wird: Trost spenden.

Trost spenden hat einen schlechten Ruf, im alltäglichen Leben ebenso wie in Wissenschaftskreisen. Wir jedoch glauben, dass Trösten eines der wichtigsten Dinge ist, die wir von den Menschen um uns herum erwarten und erhalten können. In Situationen, für die es keine »Lösung« gibt, bei Verlusten, die einfach nur weh tun, wenn nichts so läuft wie erhofft, können wir dem Betroffenen anbieten, für ihn da zu sein, damit er weiß, dass wir mit ihm fühlen und seinen Kummer teilen.

Die Hauptfigur in dem wunderbaren Film *Lars und die Frauen* hat große Probleme damit, Zugang zu seinen Gefühlen zu finden. Es gibt eine Szene, in der Lars einen Verlust erleidet, der für ihn sehr einschneidend ist, auch wenn er von außen betrachtet absurd erscheinen mag: Seine lebensechte Gummipuppe liegt im Sterben. Die Frauen in der kleinen Stadt im Norden der USA, in der Lars lebt, kommen zu ihm nach Hause, setzen sich schweigend zu Lars und stricken.

»Was macht ihr da?«, fragt Lars.

»Wir sitzen hier«, sagt eine der Frauen sanft. »Das macht man so in solchen Fällen. Man geht hin und setzt sich dazu.«

Und eine andere fügt hinzu:

»Fühlst du dich nicht besser jetzt?«

Lars muss trotz aller Trauer lächeln. Ja, es fühlt sich tatsächlich besser an, wenn jemand da ist.

Während wir versuchen, Lösungen zu finden oder Ratschläge zu geben, vergessen wir oft, dass Kinder in vielen Fällen vor allem das Bedürfnis haben, dass wir Eltern einfach da sind, uns zu ihnen setzen und still ihren Kummer teilen. Oder sagen:

»Es tut mir leid, Kind. Es ist ganz normal, dass du traurig bist. Das, was dir da passiert ist, ist nicht schön. Aber es wird vorbeigehen …«

Vor nicht allzu langer Zeit formulierte ein junger Patient dieses Bedürfnis ganz explizit. Er machte eine schwierige Zeit durch, und der Therapeut schlug ihm vor, mit den Eltern zu sprechen und ihnen zu offenbaren, wie es ihm gerade ging. In der nächsten Sitzung berichtete der Patient:

»Es war ein Fehler, es ihnen zu sagen. Sie haben einen Schreck gekriegt und mir einen Haufen Lösungen vorgeschlagen, die überhaupt nicht passten … Ich brauche das nicht. Ich wollte nur, dass sie mich verstehen und mich trösten.«

Da sein. Zuhören. Verstehen. Trösten.

Wir sollten nicht unterschätzen, wie wertvoll das alles ist, auch wenn es sich so einfach anhört.

## Erwartungen und Ideale

Als Eltern wollen wir, dass unsere Kinder glücklich sind. Aber wie wir in den vorherigen Kapiteln gesehen haben, ist es nicht der einzige Wunsch, den wir in Bezug auf die Kinder haben. Da gibt es so viel, was wir von und für unsere Kinder wollen. Wenn wir eine Liste all dieser Dinge erstellen würden, sie wäre schier endlos. Eltern wünschen sich, dass ihre Kinder …

… glücklich sind

… Erfolg haben

... sich gut benehmen
... gehorchen
... verständig sind (das heißt: normal)
... uns lieben (bewundern, ehrlich gesagt. Und manchmal auch, dass sie Papa lieber mögen als Mama)
... sich in der Gesellschaft zurechtfinden, nicht verschlossen sind, Freunde haben
... mutig sind
... kreativ sind
... niemals leiden (als ob das möglich wäre!)
... das Leben ihrer Eltern vollkommen machen (indem sie das tun, was man selbst nicht tun konnte)
... etwas Besonderes sind (Maradona, die Callas oder Einstein)
... Glück haben
... verantwortungsvolle, engagierte Menschen werden
... ihre Fehler annehmen
... ihre Ziele verfolgen
... ihre Ängste überwinden
... sich wehren können
... ein »ganzer« Kerl oder ein »anständiges« Mädchen werden
... die Liebe annehmen können, die man ihnen gibt
... besser werden als ihre Eltern
... ehrlich sind
... die Eltern nicht im Stich lassen
... das Leben genießen, lachen und Freude haben
... und natürlich noch vieles andere mehr

Über einige dieser Erwartungen haben wir bereits gesprochen oder werden es im Anschluss tun. An dieser Stelle geht es vor allem um die Frage, woher diese Wünsche rühren und was uns dazu bewegt, dieses oder jenes von den Kindern zu erwarten. Darauf näher einzugehen wird dabei helfen, bestimmte Erwartungen in Bezug auf unser Kind besser einordnen zu können. Wir können diese Wünsche und Erwartungen in drei Kategorien unterteilen:

Zu der ersten gehören solche Wünsche, die letztlich auf das Glück des Kindes ausgerichtet sind: Ich wünsche meinem Kind Glück, weil mir klar ist, dass nicht alles in seiner oder meiner Hand liegt; also wird ihm ein wenig Glück auf seinem Weg helfen. Ich möchte, dass es seine Ängste überwindet, weil das seinen Horizont erweitern wird. Ich möchte, dass es Erfolg hat, weil Glück und Erfolg für mich zusammengehören …

Auch die große elterliche Sorge um die Gesundheit der Kinder gehört ganz klar in diese Kategorie.

*An dieser Stelle muss ich an den sarkastischen Humor meines Großvaters denken. Wenn er seine jüdischen Witze erzählte, machte er immer jemanden zur Hauptperson, den er persönlich kannte.*

*In der folgenden Geschichte geht ein Junge aus seinem Dorf zu seinem Vater und bittet ihn um dessen Segen für seine Hochzeit.*

*»Und wen willst du heiraten?«, fragt der Vater.*

*»Sara, die Tochter des Schneiders«, antwortet der Junge.*

*»Sarita? Wie kommst du denn auf die Idee? Ihr Vater ist ärmer als eine Kirchenmaus. Die einzige Mitgift, die du da erwarten kannst, sind ein paar Knöpfe. Heirate lieber Judith, die Tochter des Goldschmieds. Der Mann schläft auf goldenen Kissen! Und sie sieht dich immer ganz sehnsuchtsvoll an, wenn du ihr begegnest.«*

*»Das weiß ich, Vater. Aber darum geht es nicht«, erklärt der Junge. »Ich liebe Sara. Nur mit ihr kann ich glücklich werden!«*

*»Glücklich? Was nützt es, glücklich zu sein, wenn man kein Geld hat?«*

*Auf den ersten Blick sieht es so aus, als würde die Einstellung dieses Vaters allem widersprechen, was wir bisher gesagt haben. Aber wenn man ein wenig darüber nachdenkt, ist es wahrschein-*

*lich so, dass in den Augen dieses Vaters ein gutes Leben ohne Geld undenkbar ist. Mit Glück und Schwärmerei kann er nichts anfangen, aber er hat dennoch das Wohl seines Sohnes im Sinn und will nur das Beste für dessen Zukunft, indem er das, was* ihm selbst *wichtig ist, auf den Sohn projiziert.*

Wir sollten diese Kategorie von Erwartungen allerdings regelmäßig einer sorgfältigen Prüfung unterziehen, um sicherzugehen, dass das, was wir für gut und richtig halten (wenn X eintritt, wird das Kind glücklicher sein), auch weiterhin für uns und vor allem für das Kind gilt.

Zur zweiten Kategorie zählen all jene Dinge, die wir in Wirklichkeit für uns selbst wünschen, nicht der Kinder wegen: Ich will, dass sich das Kind benimmt, damit ich in Ruhe meinen Film schauen kann. Ich will, dass mein Kind bei mir bleibt, weil ich es sonst vermissen werde. Ich will, dass mein Kind zu Ende bringt, was ich nicht geschafft habe, damit ich zufriedener bin.

Man sollte diese Erwartungen nicht per se verurteilen, denn nur weil sie egoistisch sind, müssen sie nicht schlecht sein. Man braucht sie deswegen nicht zu unterdrücken, aber man sollte sie nicht als Selbstlosigkeit tarnen. Denn in diesen Fällen geben wir nichts, sondern bitten um etwas, und damit sollte klar sein, dass der andere nicht verpflichtet ist, diese Erwartungen zu erfüllen (auch wenn sie an unsere Kinder gerichtet sind). Sonst sind es keine Erwartungen, sondern Forderungen.

Die dritte und letzte Kategorie ist die schwierigste, weil unklar bleibt, ob man im eigenen Interesse oder im Interesse der Kinder handelt. In dieser Kategorie geht es um die Umsetzung unserer eigenen Ideale. Wir tun uns schwer damit, wenn ein Kind nicht unseren Vorstellungen entspricht, und können nicht verstehen, dass jemand trotzdem glücklich werden kann: Ich möchte, dass mein Sohn ein Draufgänger ist, weil ich den Gedanken nicht ertrage, der Vater eines Schwächlings zu sein, denn ein richtiger Mann bringt es weiter im Leben. Ich möchte, dass meine Tochter ein anständiges Mädchen wird, weil ich den Gedanken nicht ertrage, die Mutter eines »Flittchens« zu sein, das mit jedem rummacht und von keinem ernst genommen wird. Ich möchte, dass meine Kinder sich durchsetzen können, weil ich Leisetreter verabscheue und man seine eigene Meinung haben sollte.

Wenn es um unsere eigenen Ideale geht, werden wir den Kindern gegenüber besonders deutlich. Wir geben ihnen nicht nur Ratschläge, sondern werden sehr ungehalten, wenn sie nicht danach handeln. Man muss also hier ganz besonders genau hinschauen, um erzieherische Leitlinien von den eigenen Vorurteilen zu trennen. Viele Konflikte zwischen Eltern und Kindern rühren daher, dass die Kinder nicht so sind, wie die Eltern es sich vorgestellt haben. Denn ganz gleich, wie »gut geraten« ein Kind ist und wie stolz die Eltern auf es sind: Es wird nie genau so sein, wie die Eltern erwartet haben. Als Eltern sollte man sich von dem Gedanken verabschieden, dass die Kinder die eigenen Erwartungen erfüllen, und sich lieber darüber freuen, dass sie besonders und einzigartig sind.

# 10

# Das Ende des Erziehungsauftrags

*Die Zeit vergeht,*
*wir werden alt,*
*die Liebe strahlt nicht mehr*
*wie gestern.*
*Über jedem Wort,*
*jedem Kuss, jeder Umarmung,*
*liegt nun ein Hauch*
*von Furcht.*
Pablo Milanés

## Wenn die Arbeit getan ist

Wir hören dich jetzt förmlich sagen:

»Von welchem Ende redet ihr?« »Eltern bleibt man ein Leben lang.« »Ihr habt doch vorhin selbst gesagt, das Entscheidende am Elternsein sei, die Kinder bedingungslos und für immer zu lieben.«

Rekapitulieren wir:

Wir sagten am Anfang dieses Buches, dass es drei unterschiedliche Aspekte des Elternseins gibt: die Entscheidung, Eltern zu werden, die elterliche Liebe und die elterliche Aufgabe. Jeden dieser drei Aspekte füllt man auf unterschiedliche Weise aus.

Die Entscheidung, Kinder zu bekommen, bedeutet, ganz für diese da zu sein, die Elternrolle anzunehmen und ein tiefes Gefühl der Zusammengehörigkeit zu entwickeln. Sie gründet auf dem Entschluss, die Kinder anzunehmen, sie zu »adoptieren«, und ist unwiderruflich. In diesem Sinne bleiben wir immer Eltern, auch wenn die Kinder uns nicht mehr brauchen. Es ist wie bei einem Schüler, der auch dann nicht aufhört, den Lehrer als seinen Mentor anzusehen, wenn er diesen überflügelt hat: Die gemeinsame Geschichte und die Art ihres Verhältnisses sorgen dafür, dass der eine Lehrer bleibt und der andere Schüler, auch wenn der eine dem anderen nichts mehr beibringen kann. Mit Eltern und Kindern ist es genauso: Die Form der Beziehung mag sich ändern, doch die Eltern bleiben immer die Eltern, und die Kinder bleiben die Kinder.

Die elterliche Liebe ist eine bedingungslose Liebe, grundlos und ohne Notwendigkeit, erwidert zu werden, und bleibt als solche bestehen, solange die Eltern leben.

Doch was die elterliche Aufgabe angeht, für die Kinder zu sorgen und sie zu erziehen, so ist diese (zum Glück für alle Beteiligten) irgendwann zu Ende. In diesem letzten Kapitel geht es genau darum: die Tatsache anzunehmen, dass der Erziehungsauftrag der Eltern irgendwann erfüllt ist.

Zehn oder fünfzehn Jahre bevor meine Großmutter starb, eröffnete eine ihrer Schwestern meinem Vater und meinem Onkel, dass die Großmutter angedeutet habe, sie und ihr Mann steckten in finanziellen Schwierigkeiten. Mein Vater war überrascht, denn auf ihn machte es keinesfalls diesen Eindruck, aber er beschloss, mit seinem Bruder darüber zu sprechen. Schließlich suchten die beiden Söhne das Gespräch mit meinem Großvater Elías.

»Hör zu, Papa«, sagte mein Vater ganz offen. »Ich weiß, dass Mama gesagt hat, ihr braucht ein bisschen Geld …«

»Deine Mutter übertreibt«, antwortete mein Großvater wie erwartet. Er war ein Mann, der nicht gerne klagte und zudem nicht viel brauchte, um glücklich zu sein.

»Mag ja sein, Papa«, sagte mein Vater versöhnlich. »Aber vielleicht gibt es ja das eine oder andere, das Mama gerne hätte … Sollen wir dir nicht jeden Monat ein bisschen Geld geben?«

Mein Großvater dachte einen Moment nach und willigte dann überraschenderweise ein.

Die drei verständigten sich über eine monatliche Summe, die mein Vater und mein Onkel ihren Eltern dann zukommen ließen. Tatsächlich erinnere ich mich, dass ich meinem Großvater gelegentlich in der Praxis meines Vaters begegnete (ich machte damals ein Praktikum dort), wenn er einmal im Monat das Geld abholen kam.

Es vergingen ein paar Monate, bis meine Großmutter in einem Gespräch mit meinem Vater beiläufig einfließen ließ:

»In den letzten Wochen ist das Geld ein bisschen knapp bei uns …«

Noch überraschter als beim ersten Mal wendete sich mein Vater erneut an meinen Großvater.

»Papa, Mama hat mir gesagt, dass ihr mit dem Geld nicht auskommt …«

»Also bitte!«, wiegelte mein Großvater ab. »Ich hab's euch ja schon mal gesagt, eure Mutter übertreibt gerne.«

»Aber Papa! Ich verstehe das nicht. Reicht das Geld nicht, das wir dir geben? Braucht ihr mehr?«

»Nein, auf keinen Fall«, sagte mein Großvater. »Ich habe euer Geld gar nicht angerührt.«

»Wie, du hast es nicht angerührt?«, fragte mein Vater ungläubig.

»Ich habe es zur Seite gelegt«, erklärte mein Großvater.

»Es war zum Ausgeben gedacht, Papa! Warum legst du es zur Seite?«

Und mein Großvater antwortete, als wäre es das Selbstverständlichste auf der Welt:

»Na ja, falls ihr mal was braucht!«

So war mein Großvater: von einer Großzügigkeit und Bescheidenheit, wie ich sie selten erlebt habe. Aber darüber hinaus zeigt diese Geschichte auch, wie er sein Vatersein lebte. Wenn es um seine Söhne ging, war seine Denkweise automatisch die des Vaters, selbst dann noch, als sie ihn weniger brauchten als er sie. Er blieb ein Leben lang in seiner *Rolle* als Vater. Genauso war es mit der *bedingungslosen Liebe* (oder hört man aus dieser Geschichte nicht deutlich heraus, wie viel Liebe dieser kleine große Mann in sich trug? Falls nicht, habe ich sie schlecht erzählt ...). Vielleicht könnte man hier eine gewisse Schwierigkeit erkennen, seine *Funktion* als Vater aufzugeben ... Aber wenn, dann behielt er es für sich. Er legte das Geld stillschweigend zur Seite und sparte es für seine Söhne, ohne deswegen über sie zu bestimmen oder Kritik an ihnen zu üben.

Mein Respekt und meine Bewunderung gilt meinem Großvater, Don Elías, in liebevoller Dankbarkeit für diese Lektion und dieses Vermächtnis.

## Veränderte Bedingungen

In den letzten dreißig Jahren ist viel passiert. Die Gesellschaft, in der wir leben, ist nicht mehr dieselbe, und auch wir und unsere Kinder haben uns verändert.

Diese Veränderungen betreffen auch jede Art von Beziehung und zwingen zu einem gewissen Umdenken in sämtlichen Lebensbereichen. Die Eltern-Kind-Beziehung macht da keine Ausnahme. Hier ist es sogar besonders kompliziert, was ebenso an den einzelnen Menschen wie an den strukturellen Veränderungen in Familie und Gesellschaft liegt.

Die Jugendlichen sind rebellischer und widerständiger geworden. Die frühere Fügsamkeit ist verschwunden, vielleicht für immer. Dafür sind wir Eltern, die heute über vierzig sind, zu großen Teilen mitverantwortlich, denn wir haben unseren Kindern beigebracht, dass sie das Recht haben, nein zu sagen (und das ist gut so, denn damit können wir sie vor vielem bewahren, auch vor uns selbst).

Wir haben tiefgreifende Veränderungen der ethischen Grundwerte unserer Gesellschaft miterlebt. Dabei sprechen wir nicht von einem Werteverlust, sondern von einem Hinterfragen jener Ideale, die frühere Generationen geleitet haben. Heute wird vieles als normal angesehen, was fünfzig Jahre vorher noch unmöglich gewesen wäre.

Viele Eltern haben einen Horror davor, ihre Tochter könnte gleich beim ersten Date Sex haben.

»Zu unserer Zeit gab es das nicht«, sagen sie.

Stimmt, gab es nicht. Aber es gab andere Dinge, die damals vielleicht genauso revolutionär waren, auch wenn es heute nicht mehr so erscheint (zum Beispiel war es vor einigen Jahren noch unvorstellbar, dass ein Paar vor der Hochzeit zusammenlebte).

Man sollte sich bewusstmachen, dass unsere Eltern sich darüber genauso empörten, wie wir es heute angesichts des Verhaltens vieler Jugendlicher tun.

Dass wir bestimmte Verhaltensweisen, Vorstellungen oder Überzeugungen befremdlich finden, sollte nicht dazu führen, dass wir sie per se als gefährlich, schädlich oder unmoralisch verurteilen.

Wenn etwas symptomatisch für unsere Zeit ist, dann der unmittelbare Zugang zu Wissen und Kommunikation. Es ist noch nicht lange her, da war der Zugang zu jeglicher Art von Information mühsam und Kommunikation über weitere Entfernungen kompliziert, wenn nicht gar unmöglich. Heute verfügen wir über Medien, die uns vor das gegenteilige Problem stellen, nämlich bei der Flut an Angeboten das Wichtige vom Unwichtigen und das Nützliche vom Schädlichen zu unterscheiden.

Für Eltern hat das zur Folge, dass ihre Kinder von einer Vielzahl unterschiedlichster Diskurse durchdrungen und beeinflusst werden. Daraus ergeben sich zwei durchaus komplexe Herausforderungen: Eltern müssen ihren Kinder dabei helfen, zu entscheiden, was sie mit all diesen Inhalten anfangen. Und sie müssen auch weiterhin einen eigenen Standpunkt vertreten, auch wenn die Kinder zunehmend einer Vielzahl anderer Meinungen und Einflüsse ausgesetzt sind und deswegen dazu neigen, die elterliche Autorität in Frage zu stellen. Beides sind keine leichten Aufgaben, aber unerlässlich im Zeitalter von Information und Technologie.

Aufgrund der immer längeren Lebenserwartung stehen wir vor der neuen Situation, dass man seinen Platz als Eltern von erwachsenen Kindern finden muss, die selbst vielleicht bereits Eltern oder gar Großeltern sind (Vater eines Großvaters sein? Das war so nicht vorgesehen!).

Noch zu Beginn des 20. Jahrhunderts war jedes vierte Kind an seinem fünfzehnten Geburtstag Vollwaise. Fünfzig Jahre später, nach dem Zweiten Weltkrieg, hatte nur einer von zwanzig Jugendlichen keine Eltern mehr, wenn er volljährig wurde. Im Jahr 2000 gab es einen Bericht, nach dem die Hälfte von uns die Gelegenheit haben wird, den fünfzigsten Geburtstag mit mindestens einem Elternteil feiern zu können.

Dieser Paradigmenwechsel führt zur Herausbildung neuer Regeln im Verhältnis zwischen Eltern und Kindern. Eine Folge ist zum Beispiel die Verlängerung der Pubertät, die vielen Experten zufolge heute bis zum achtundzwanzigsten, dreißigsten Lebensjahr andauert (zumindest in Familien der städtischen, westlichen Mittelschicht).

Ein letzter Punkt ist der schwindende Einfluss jener Institutionen, die in unmittelbarer Verbindung zu Erziehung und Bildung stehen, wie Schule, Familie, Partner oder Kirche. Eine Entwicklung, die in der Konsequenz dazu führt, dass das Wort der Älteren (seien es Lehrer, Eltern oder Geistliche) nicht mehr denselben Stellenwert besitzt wie früher.

## Erwachsene Kinder

Wann also endet der Erziehungsauftrag?

Die erste Antwort könnte intuitiver nicht sein: Wenn die Kinder erwachsen sind.

Aber wann ist das? So einfach ist es nicht.

In den prähispanischen Kulturen Südamerikas wurden die Jungen mit zehn Jahren zum Krieger. In der jüdischen Kultur trat man mit dreizehn Jahren ins Erwachsenenleben ein (Bar Mitzwa oder Beschneidung). In der christlichen Tradition ist die Konfirmation für viele die erste bewusste Entscheidung, die ein junger Mensch für seine Zukunft trifft. In der westlichen Welt beginnt die gesetzliche Volljährigkeit mit allen Rechten und Pflichten (zum Beispiel dem Wahlrecht) mit Vollendung des siebzehnten oder achtzehnten Lebensjahrs.

Fragen wir uns also erneut:

Wann sind Kinder erwachsen? Ein exakter Zeitpunkt lässt sich nicht nennen, aber wir können einige Anhaltspunkte umreißen:

Wenn sie nicht mehr finanziell von den Eltern abhängig sind und ihre eigenen Entscheidungen treffen.

Wenn sie nicht mehr die Zustimmung der Eltern brauchen.

Wenn sie nicht mehr auf die Fürsorge und den Schutz ihrer Eltern angewiesen sind, weil sie gelernt haben, auf sich selbst und ihre Lieben aufzupassen.

Aber nicht mehr auf die Eltern angewiesen zu sein bedeutet nicht zwangsläufig, dass man ihre Unterstützung nicht mehr in Anspruch nehmen darf. Man kann durchaus die finanzielle

Unterstützung seiner Eltern annehmen, ohne deswegen weniger erwachsen zu sein, solange man ohne diese Hilfe leben *könnte* (sei es, weil man selbst Geld verdient, sei es, weil man auch mit weniger zurechtkommen könnte). Entscheidend ist, dass Eltern und Kind wissen, dass diese Unterstützung eine beiderseitige freie Entscheidung ist und keine wie auch immer geartete Verpflichtung.

Das gilt auch für andere Aspekte: Es ist nichts dagegen einzuwenden, wenn ein bereits erwachsenes Kind den Rat oder die Fürsorge seiner Eltern in Anspruch nimmt, solange es nicht darauf angewiesen ist und das, was es braucht, auch von anderen (oder sich selbst) bekommen könnte.

Doch erwachsene Kinder haben auch eine Verantwortung, die über ihr eigenes Leben hinausgeht, denn sie sind das Bindeglied zwischen der Kultur und Tradition der Eltern und der neuen Generation, die nach ihnen kommt.

Mit dem Erwachsenwerden müssen sie die Kontrolle und die Verantwortung für Dinge übernehmen, die bislang in den Entscheidungsbereich der Eltern fielen (und das gilt nicht nur für die Familie, auch die Gesellschaft wird Erwartungen an sie stellen).

Auf dem letzten Wegstück vom Jugendlichen zum Erwachsenen brauchen Kinder eine ganze Menge Hilfe von ihren Eltern, in Form von:

Unterstützung
Dialog
Rat
Vertrauen
Respekt vor ihren Entscheidungen

Und nicht zuletzt Toleranz und Verständnis dafür, dass Kinder sich notwendigerweise von den Eltern distanzieren müssen.

Eine schwierige Situation für die Eltern, wie wir sehen werden, aber auch für die Kinder. Wie den eigenen Eltern erklären, dass man jetzt erwachsen ist, ohne dass dieser Schritt einem Dolchstoß gleichkommt?

*Ohne mich als Beispiel hinstellen zu wollen, erscheint es mir sinnvoll, zu erzählen, wie dieser Prozess in meiner Familie ablief.*

*Viel später, als ich gewollt hätte, aber mit umso größerem Bewusstsein für die Bedeutung dessen, was ich da tat, schrieb ich meinen Eltern irgendwann einen Brief. Darin stand in etwa Folgendes:*

Liebe Raquel, lieber Elías,

ich schreibe Euch heute, an meinem dreißigsten Geburtstag, diesen Brief, um Euch zu sagen, wie unendlich dankbar ich Euch für all die wunderbaren Dinge bin, die Ihr mir in diesen gemeinsam verbrachten Jahren gegeben habt, angefangen damit, dass Ihr mir das Leben geschenkt habt. Ich weiß, dass Ihr es gern getan habt, aber für mich wart Ihr immer so voller Liebe und Großzügigkeit. Es ist unmöglich, Euch alles zu vergelten oder zurückzugeben, was Ihr für mich getan habt, und deswegen erkläre ich jede Schuld hiermit für beglichen.

Dazu zählt auch alles, was Ihr nicht so gut hinbekommen habt, und ich vergesse auch nicht jene Dinge, die mir weh getan haben. Ich weiß, dass Ihr beide Euer Bestes gegeben habt, und deswegen gibt es auch hier nichts aufzurechnen.

Ab dem heutigen Tag braucht ihr nichts mehr für mich zu tun, Ihr müsst Euch nicht mehr um meine Probleme kümmern oder für mein Wohlergehen sorgen. Ihr seid nicht länger verpflichtet, mir zu helfen, wenn ich in der Klemme sitze, oder Dinge für mich zu lösen, mit denen ich nicht klarkomme. Genauso werde ich nicht länger überlegen, wie ich Euch vergelten kann, was Ihr für mich getan habt, ich werde nicht mehr wie früher das Gefühl haben, mich vor Euch rechtfertigen zu müssen, oder Euch um Erlaubnis bitten, wenn ich irgendwelche Risiken eingehen möchte. Von nun an geht es nur noch darum, uns zu lieben, unabhängig davon, dass wir zufällig Eltern und Kind sind.

Danke für alles. Ich liebe Euch aus ganzem Herzen.

Euer Ex-Sohn Jorge

*Meine Mutter nahm den Umschlag entgegen, öffnete ihn (seltsamerweise, ohne auf meinen Vater zu warten) und las meinen Brief.*

*Nach ein paar Minuten sah sie mich an und sagte, ganz typisch für sie:*

*»Klingt, als würde jemand sterben …« Es war dieser ironische Ton, den sie immer dann hatte, wenn etwas nicht ernst genug war, um es ganz ernst zu nehmen, und nicht lustig genug, um darüber zu lachen.*

*»Nein, es stirbt keiner«, erklärte ich. »Ich möchte nur, dass ihr wisst, dass ihr nicht für immer in der Pflicht steht, Eltern zu sein, und ich will nicht für den Rest unseres Lebens euer Sohn sein.«*

*Meine Mutter schüttelte den Kopf und verschwand in der Küche. Wahrscheinlich dachte sie (völlig zu Recht), dass ihr Sohn – oder Ex-Sohn – ein bisschen verrückt war.*

*Jahre später erfuhr ich, dass meine Mutter diesen Brief sorgsam aufbewahrte und ihn gelegentlich ihren engsten Freundinnen zeigte. Ich weiß das, weil meine Mutter es mir viele Jahre später selbst erzählte und eingestand, dass es eine Weile gedauert hatte, bis sie verstand.*

## *Der Heldenweg*

Die Lebensgeschichte eines jeden Menschen ist einzigartig, was uns zu dem Schluss führen könnte, dass es nichts bringt, einen genauen Blick auf das Leben anderer zu werfen. Aber in unserem individuellen Leben beschreiten wir alle bestimmte

Wege, die in irgendeiner Weise universell sind. 1949 veröffentlichte Joseph Campbell ein wunderbares Buch mit dem Titel *Der Heros in tausend Gestalten*, das Ergebnis jahrelanger Forschung über die Mythen und Legenden dieser Welt.

Die Studie zeigte auf, dass es ein narratives Muster gibt, das sich in den traditionellen Erzählungen aller Völker wiederholt. Alle Helden durchlaufen einen ähnlichen Weg, um am Ende zu unsterblichen Vorbildern werden.

Campbell nannte dieses Muster den »Weg des Helden«. Es lässt sich in den Lebensgeschichten so bedeutender realer Persönlichkeiten wie Moses, Jesus oder Buddha ebenso wiederfinden wie in der Jugendliteratur, in berühmten Abenteuerfilmen und auch in der Biographie eines jeden von uns.

Die Figur des Helden ist Teil der Kultur aller Völker und Epochen. Wenn wir die Herausbildung unserer Persönlichkeit als Mission betrachten, lässt sich auch unser Weg zur persönlichen Reife als eine solche Heldenreise verstehen. Solange ein Heranwachsender nicht erkennt, dass er auf seinem Weg seinen »inneren Helden« finden muss, wird er in Abhängigkeiten verharren und sein Potential und seine Energie damit verschwenden, nach Wegen zu suchen, um seine Umwelt zu manipulieren, statt seine eigene Zukunft zu schmieden.

Der Weg des Helden umfasst traditionell zwischen sechs und zehn Stationen. Manche können fehlen oder mit anderen verschmelzen, aber im Grunde lässt sich der Ablauf wie folgt beschreiben:

Der zukünftige Held führt ein alltägliches Leben, über das er zwar klagt, in dem er sich aber dennoch bequem eingerichtet hat. Irgendwann jedoch lockt das Abenteuer (das ist zum Beispiel der Moment, in dem Jack entdeckt, dass seine Zauberbohnen in den Himmel gewachsen sind). Zunächst zögert der Held, doch schließlich siegt seine Abenteuerlust, und er macht sich auf den Weg.

Er erkennt, dass er etwas verändern möchte, auch wenn er ahnt, dass dies mit Gefahren verbunden sein wird. Wenn er dann tatsächlich die Entscheidung trifft, sich auf den Weg zu machen, fühlt er sich ein wenig verloren und weiß nicht so recht, wo er anfangen soll. Hilfe erhält er durch Bücher, Geschichten, Begegnungen, unerklärliche oder synchrone Ereignisse. So lernt er und bereitet sich auf das Abenteuer vor. Er ist neugierig und begeistert, aber es gibt auch Momente der Enttäuschung, weil es langsamer vorangeht als erhofft. Ein Lehrmeister ist dabei Ratgeber und schützender Begleiter (jeder erinnert sich beispielsweise an die Begegnung zwischen Luke Skywalker und Meister Yoda in dem Filmklassiker *Star Wars: Episode V – Das Imperium schlägt zurück*).

Der Held verinnerlicht die Regeln der neuen Welt und richtet seine Energie auf Höheres. Dabei durchläuft er ein Wechselbad der Gefühle, doch schließlich macht er sich auf ins Unbekannte, er meistert Gefahren und findet Verbündete. Mit jeder Prüfung, die der Held besteht, entwickelt er sich weiter, wird stärker, geschickter, weiser, mächtiger.

Nach einer Weile steht die größte aller Prüfungen bevor: Der Abenteurer sieht dem Tod ins Auge. Er empfindet Angst und Entschlossenheit zugleich. Er kennt seine Stärken und Schwächen, hat gelernt, auf seine innere Stimme zu hören. Er wird die Prüfung bestehen, überleben und seinen Lohn erhalten. Das ist der Moment der Versöhnung mit der Umwelt und mit sich selbst. Die Erleuchtung und Erhöhung.

Ein Teil von ihm möchte in diesem Zustand verharren, der andere möchte zurückkehren, um das Gelernte weiterzugeben (hier können wir zum Beispiel die Rückkehr von E. T. in seine Welt nennen, nachdem er Freundschaft mit den Erdbewohnern geschlossen hat). Am Ende kehrt der glorreiche Held in seine Welt zurück. Er ist gereift und erstarkt und weiß um sein Potential. Er kehrt nicht zurück, um zu kämpfen, sondern um sein Licht an den Ort zu bringen, von dem er kam.

Auch der Prozess des Erwachsenwerdens gleicht dem Weg des Helden, so wie Campbell ihn schildert. Eine Reise, die in der Adoleszenz beginnt und endet, wenn der Jugendliche erwachsen und in der Lage ist, diese neue Lebensrealität auch vor den Eltern zu vertreten.

Bei diesem Prozess lassen sich deutlich sechs Etappen ausmachen:

**Die Phase der Unschuld:** Der Jugendliche befindet sich im »Familienparadies«. Eine nicht sehr ausgewogene Situation, denn der Jugendliche lebt in Abhängigkeit von den Eltern, die für ihn sorgen und ihn lieben. Die von Anfang an sagen, dass sie ihm alles bieten, ohne etwas dafür zu verlangen.

**Der Weckruf:** Der Jugendliche wird sich der Differenzen und Unstimmigkeiten bewusst. Hier tauchen zum ersten Mal das Erleben und der Wunsch nach einer eigenen Identität auf (»Ich bin anders«). In dieser Phase haben Kinder häufig die Phantasie, dass die Eltern nicht die richtigen Eltern sind (»Ich bin so toll und sie nicht ... Ich muss adoptiert sein!«).

**Der Aufbruch:** Der Jugendliche begehrt auf und kehrt dem Paradies den Rücken, das für ihn zum Gefängnis geworden ist. Schon die Geschichte von Adam und Eva zeigt uns, dass Ungehorsam zugleich inneres Wachstum bedeutet.

**Training und Ausprobieren:** Eine Zeit voller Enttäuschungen und Frustrationen, in der Jugendliche ihre eigenen Möglichkeiten entdecken, ihre Fähigkeiten entwickeln und neuem Wissen, Personen und Gruppen begegnen, die die Funktion des sagenhaften Lehrmeisters übernehmen. In dieser Phase lernen Jugendliche ihre eigenen Grenzen kennen und stellen fest, dass der eine oder andere Reisegefährte kein guter Begleiter ist.

**Die Prüfung (der Kampf)**: So gerüstet, zieht der halbfertige Held (oder die Heldin) in den Kampf, in dem er zumindest seine eigenen Gespenster besiegen muss. Er muss aufhören, seinen Eltern die Schuld zuzuweisen, muss Verantwortung übernehmen und seine Zukunft selbst in die Hand nehmen. Mit Sicherheit wird er sich bei diesem Prozess mit seinem inneren Vater oder seiner inneren Mutter und manchmal auch mit dem wahren Vater/der wahren Mutter auseinandersetzen müssen, um zu einem erwachsenen Kind zu werden.

**Die Rückkehr**: In dieser letzten Etappe kehrt das Kind in die Familie zurück, um das Gelernte zu teilen und den Eltern wiederzubegegnen. Dennoch ist nichts mehr wie früher: Diese Kinder sind nicht mehr unsere Kinder, sondern, wie Khalil Gibran sagt, Söhne und Töchter des Lebens. Und vielleicht ist die Familie, in die sie »zurückkehren«, die, die sie selbst gründen werden.

Kehren wir nun zu dem zurück, was wir am Anfang sagten: Um sich von der Rolle des Kindes zu lösen, ist es wichtig, zu akzeptieren, dass die Aufkündigung unseres Kind-Seins nicht die Aufkündigung der gesamten Beziehung bedeutet. Aber diese Rolle ist nur ein Teil der Person, die ich bin, und vor allem ein Teil der Person, die ich war.

Wir alle müssen uns mit unserem Kind-Sein auseinandersetzen, um frei zu werden in unseren Entscheidungen und tatsächlich erwachsen zu werden.

Der Neuseeländer Peter Jackson führte Regie bei der Verfilmung von J. R. R. Tolkiens *Der Herr der Ringe*. Ich finde, der Weg einer der Figuren, Aragorns, verdeutlicht sehr gut den Weg zum Ex-Kind. Aragorn ist der Thronerbe von Gondor, dem größten und edelsten Reich der Menschen. Trotz dieser Herkunft versteckt sich Aragorn seit Jahren unter dem Namen Trancos im Schatten und gibt vor, ein einfacher Herumstreicher zu sein. Tatsächlich hätte Sauron, der dunkle Herrscher, ihn vielleicht entdeckt und zu vernichten versucht, hätte er seine wahre Identität zu früh enthüllt. Aber Aragorns »low profile« entspringt auch einer heimlichen Scham. Denn Aragorn ist ein Nachfahre Isildurs, des letzten Königs von Gondor, der ehemals Sauron besiegte, jedoch den Ring nicht zerstörte, den dieser trug, und so zuließ, dass das Böse weiter existiert.

Am Anfang der Filmtrilogie sehen wir, wie Aragorn betrübt Isildurs zerbrochenes Schwert betrachtet.

»Weshalb fürchtest du die Vergangenheit?«, fragt die Frau, die ihn liebt. »Du bist Isildurs Erbe, nicht Isildur selbst. Du bist nicht an sein Schicksal gebunden.«

Doch Aragorn antwortet:

»Das gleiche Blut fließt durch meine Venen, die gleiche Schwäche.«

Er ist noch nicht bereit, könnte man denken.

Er ist immer noch ausschließlich »Sohn«.

Mit dem Fortschreiten der Handlung geht auch Aragorns Abenteuer (und innere Reise) dem Ende entgegen.

Als sich die Helden auf die letzte Schlacht vorbereiten, erhält Aragorn Besuch von dem weisen Elbenherrscher Elrond, dem Vater seiner Geliebten.

»Ich komme im Auftrag von jemand, der dich liebt«, sagt er und überreicht Aragorn einen Gegenstand, der in ein Tuch eingeschlagen ist.

Aragorn packt ihn aus und stellt fest, dass es Isildurs altes Schwert ist, das eingeschmolzen und zu einem neuen Schwert geschmiedet wurde.

»Sauron hat das Schwert nicht vergessen, das ihn vernichtete«, sagt er, während er die Waffe aus der Scheide zieht.

»Sei nicht länger der Vagabund, der du bis heute warst«, sagt der Elbe. »Werde zu dem, als der du geboren wurdest.«

»Sei nicht länger Vagabund« bedeutet hier: Hör auf, dich zu schämen, verabschiede dich von dem Gedanken, dass dein Weg durch die Taten derer vorherbestimmt ist, die vor dir kamen. Sei nicht länger Sohn und werde der, als der du geboren wurdest: du selbst, mehr noch, du selbst in der bestmöglichen Form (ein König im Falle Aragorns).

Einer der Schlüssel zur inneren Reife liegt darin, zu begreifen, dass sich aus der Kinderrolle zu lösen keinesfalls bedeutet, dass man nie Sohn oder Tochter gewesen ist, ganz im Gegenteil.

Zu behaupten, dass wir keine Söhne oder Töchter mehr sind, würde bedeuten, uns von allem loszusagen, was wir als Kind waren und hatten. Zu sagen »Von alldem ist nichts geblieben«. Das ist ein kranker oder doch zumindest falscher Weg, denn er nimmt uns einen großen Teil dessen, was wir gelernt haben (auch wenn viele im rebellischen Überschwang der Jugend diese Phantasie haben).

Um Ex-Sohn oder Ex-Tochter zu sein, muss man zuerst Sohn oder Tochter gewesen sein. Man muss die Erfahrung des Kind-Seins gemacht haben und in irgendeinem Kästchen die Erinnerung an all das bewahren, was uns aus diesen vergangenen Zeiten geblieben ist.

## Alternde Eltern

Solange die Kinder klein sind und wir voll und ganz in unserer Elternfunktion aufgehen, ist unser ganzes Sinnen und Streben darauf ausgerichtet, den Kindern dabei zu helfen, ihre Probleme zu lösen. Wenn die Kinder dann erwachsen werden, ist das vielleicht immer noch so. Sie hingegen werden, völlig zu Recht, immer weniger wollen, dass wir mit unseren Lösungsvorschlägen ankommen, und stattdessen unsere stillschweigende Unterstützung erwarten.

Studien behaupten, wenn Kinder flügge werden und das Nest verlassen, leiden die Frauen, weil die Kinder nun ihrer Wege gehen, und die Männer, weil sie merken, dass sie die gemeinsame Zeit nicht genügend genossen haben. Ob das nun stimmt oder nicht, mit Sicherheit werden beide, Mutter und Vater, mit der Leere zu kämpfen haben, die das nun erwachsene Kind hinterlässt, ohne sich unbedingt darüber im Klaren zu sein, dass dieses Gefühl daher rührt, dass ihre Aufgabe erfüllt ist. Wenn die Kinder erwachsen werden und das Haus verlassen, verspüren viele Eltern die Notwendigkeit, sich neu zu definieren. Es ist der Moment des Abschiednehmens, weniger von den Kindern selbst als vielmehr von der Verantwortung, die man für sie hatte (und über die man sich so oft beklagt hat, die dem Leben aber auch Sinn gegeben hat).

*Es war einmal eine Schäferfamilie, die hatte ihre Schafe auf der Weide stehen. Sie fütterte sie, hütete sie, führte sie zu neuen Weiden.*

*Hin und wieder versuchten die Schafe wegzulaufen.*

*Dann kam der älteste Schäfer und sagte zu ihnen: »Ihr dummen, selbstgefälligen Schafe wisst nicht, dass dort im Tal viele Gefahren lauern. Nur hier bekommt ihr Wasser, Futter und vor allem Schutz vor den Wölfen.«*

*Normalerweise genügte das, um den Freiheitsdrang der Schafe zu bremsen.*

*Doch eines Tages wurde ein Schaf geboren, das war anders als die anderen. Ein schwarzes Schaf, sozusagen. Es war aufmüpfig und ermunterte seine Artgenossen immer wieder, den Weg in die Freiheit zu wagen.*

*Immer häufiger kam der alte Schäfer, um die Schafe vor den Gefahren der Welt da draußen zu warnen. Dennoch waren die Schafe unruhig, und es wurde zunehmend schwierig, die Herde zusammenzuhalten.*

*Bis das schwarze Schaf die anderen eines Nachts überzeugte.*

*Die Schäfer bemerkten erst im Morgengrauen, dass der Zaun durchbrochen und die Weide leer war.*

*Jammernd liefen sie zum alten Familienoberhaupt und klagten:*

*»Sie sind weg! Sie sind weg!«*

*»Sie werden verhungern!«*

*»Verdursten!«*

*»Und der Wolf!«*

*»Was wird aus ihnen ohne uns?«*

*Der Alte räusperte sich, zog an seiner Pfeife und sagte: »Es stimmt, was wird aus ihnen ohne uns? Aber was noch viel schlimmer ist: Was wird aus uns ohne sie?«*

Eltern fällt es aus den verschiedensten Gründen schwer, den Thron des Familienoberhaupts zu räumen, obwohl sie doch von Anfang an wussten, dass sie irgendwann abdanken müssen, und sogar darauf hingearbeitet haben. Doch wenn es dann so weit ist, erscheint es ihnen immer zu früh.

Manchmal merken die Eltern als Erste, dass der Erziehungsauftrag sich dem Ende zuneigt, manchmal sind es die Kinder. Derjenige, der es zuerst merkt, leidet vielleicht ein bisschen weniger, dafür ist es an ihm, der anderen Seite klarzumachen, was da gerade passiert.

Eltern sollten begreifen lernen, dass die Abnabelung der Kinder nichts mit Abneigung, Groll oder Verlassenwerden zu tun hat. Es geht einzig und allein um Freiheit, für beide Seiten. Das Verhältnis zueinander und die Liebe bleiben bestehen, lediglich der Erziehungsauftrag ist zu Ende, weil er nicht mehr nötig ist. Die Eltern werden in den Ruhestand entlassen, das

Kind in die Freiheit, könnte man sagen. Und das ist gut so, für alle. Erwachsene Kinder freuen sich im besten Fall über verständnisvolle Eltern; Verständnis und Einfühlungsvermögen sind vielleicht das Beste, wenn nicht gar das Einzige, was Eltern ihnen in dieser Phase geben können.

Weshalb ist diese Phase des Umbruchs so schwierig? Liegt es lediglich daran, dass man das kleine bisschen Macht aufgeben muss, das einem die Elternrolle verleiht? Nun, natürlich nicht. Am schwersten fällt es, mit dem Schmerz klarzukommen, dass man nicht mehr gebraucht wird.

Bei reflektierten Eltern könnte das folgendermaßen klingen:

»Als die Kinder klein waren, war klar, wie wir es anstellen müssen, damit sie auf uns hören … Und jetzt plötzlich hat diese Art der Kommunikation ausgedient.«

Als die Kinder klein waren, haben sie an unserem Rockzipfel gehangen und unsere ganze Aufmerksamkeit beansprucht, und jetzt gehen sie plötzlich auf Abstand und werfen uns vor, wir würden uns in ihr Leben einmischen.

Als die Kinder klein waren, haben sie alles nachgemacht, was wir sagten und taten, und jetzt sollen wir plötzlich akzeptieren, dass sie anders denken als wir und dass wir sie nicht mehr zwingen können, das zu glauben, was wir glauben, oder so zu leben, wie wir leben.

Wir haben unser halbes Leben damit verbracht, unsere Kinder zu behüten, zu erziehen und uns um ihr Wohlergehen zu sorgen, und jetzt plötzlich erwarten sie von uns, dass wir aufhören, ihnen auf diese Art unsere Liebe zu zeigen, und stattdessen auf Abstand gehen.

Aber so ist es eben. Irgendwann müssen wir uns daran gewöhnen, dass unsere Kinder auf eigenen Füßen stehen.

## Wenn sich die Beziehung verändert

Die neue Art des Umgangs zwischen Eltern und Kindern führt auch zu neuen Unstimmigkeiten. Beide Seiten haben mit neuen Herausforderungen zu kämpfen, die es vorher nicht gab.

Bei den Eltern sind es nun zunehmend gesundheitliche Sorgen, innere Konflikte aufgrund des schwindenden Einflusses, der tiefe Einschnitt der Pensionierung, Gedächtnisprobleme und natürlich der unaufhaltsame Verlust der Jugend.

Die Kinder wiederum sind mit ihrer beruflichen Karriere oder mit geschäftlichen Projekten beschäftigt, sie übernehmen zunehmend Verantwortung auf der Arbeit, in der Gesellschaft und der Familie (wenn auch nicht in ihrer Ursprungsfamilie, die für sie nun nicht mehr an erster Stelle steht).

*Irgendwann fragte ich meinen Großvater:*

*»Was ist schwieriger: Kind zu sein oder Vater?«*

*Mein Großvater war damals bereits über achtzig. Er hatte den Krieg miterlebt und kannte tausendundeine Geschichte zu fast allem, was ein Mensch so erleben kann.*

*»Beides ist nicht einfach«, sagte er. »Aber ich glaube, Vater sein ist noch ein bisschen schwieriger.«*

*Ich dachte, es wäre nur so dahingesagt, also hakte ich nach:*

*»Und warum?«*

*In seiner einzigartigen Weisheit, die ihm die Lebenserfahrung verlieh, antwortete er:*

*»Weil Eltern* immer *mit ihren Kindern fühlen, Kinder aber nicht immer mit ihren Eltern.«*

Wenn ein Kind mit Problemen zu kämpfen hat, leiden die Eltern mit. Es ist ein Ausmaß an Sorge, das die Erfolge der anderen Kinder nicht wettmachen können.

Manche dieser Sorgen bereiten größeren Kummer als andere. Wenn Probleme auftreten, die einem unglücklichen Zufall geschuldet sind (eine Erkrankung zum Beispiel), ist das für die Eltern weniger schlimm, als wenn das Problem nach Meinung der Eltern vermeidbar gewesen wäre (vielleicht, weil die Eltern die Schuld bei sich suchen und sich vorwerfen, das Unglück mit verursacht oder zumindest nicht rechtzeitig eingegriffen zu haben).

Am meisten trifft es die Eltern, wenn ein Kind Probleme hat, die aus unangemessenem Verhalten, falschen Entscheidungen oder unglücklichen Beziehungen herrühren. Wenn das Kind Drogen nimmt, beruflichen Misserfolg hat oder die Ehe scheitert. In solchen Fällen verfallen viele Eltern in alte Muster und behandeln den Sohn oder die Tochter wie ein kleines Kind.

Verständlicherweise reagieren erwachsene Kinder besonders ungehalten, wenn die Eltern ihre Entscheidungsfreiheit nicht akzeptieren und sich über die Maßen in ihre Privatangelegenheiten oder ihr Familienleben einmischen.

### *Ungebetene Ratschläge*

Zu den größten Spannungen zwischen Eltern und erwachsenen Kindern kommt es, wenn Erstere ihren Ex-Kindern ungebetene Ratschläge geben. Wenn ein erwachsenes Kind den Eltern von seinen Sorgen und Problemen erzählt, hofft es in der Regel nur auf das offene verständnisvolle Ohr der Menschen, die es am meisten lieben. Muss der junge Mensch dann feststellen, dass die Eltern erneut versuchen, ihm vorzuschreiben, was er tun oder lassen soll, ist die Wahrscheinlichkeit groß, dass das Unbehagen darüber in Ärger umschlägt.

Ein typisches Beispiel für einen solchen Konflikt ist die junge Mutter, die ihr erstes Kind bekommt und ihre eigenen Erfahrungen machen will, während die eigene Mutter, nun frischgebackene Großmutter, ihr einen gutgemeinten Rat nach dem anderen gibt.

»Du musst das Baby so anlegen …«

»Es weint, weil ihm heiß ist. Es ist zu warm angezogen …«

»Du darfst das Kind nicht so lange schlafen lassen …«

Erwachsene, selbständige Kinder haben ein Recht darauf, ihr eigenes Leben zu leben, eigene Entscheidungen zu treffen und die Ratschläge der Eltern in den Wind zu schlagen. Aber auch in dieser Lebensphase haben die Eltern durchaus noch das Recht, eine eigene Meinung bezüglich der Entscheidungen ihrer Kinder zu haben und auf bessere Möglichkeiten hinzuweisen, wenn sie solche sehen.

Dabei ist es egal, wie oft sie von den Kindern gehört haben: »Misch dich nicht in mein Leben ein. Lass mich in Ruhe. Es interessiert mich nicht, was du sagst.« Eltern werden sich ein Leben lang in das Leben ihrer Kinder einmischen. Um zu verhindern, dass dieses Verhalten als ärgerlich und übergriffig empfunden wird, müssen Eltern die Haltung überdenken, aus der heraus sie mit ihren bereits erwachsenen Kindern sprechen. Es muss für alle Beteiligten klar sein, dass es nicht mehr die Elternposition ist, die dem Vater oder der Mutter das Recht gibt, einen Rat zu geben oder ihre Meinung zu äußern.

Ich mische mich nicht ein, weil du mein Sohn bist.

Ich sage das nicht, weil ich deine Mutter bin.

Ich äußere meine Meinung, weil ich dich liebe. Diese Liebe ist es, die mir das Recht dazu gibt.

Wenn ich dich liebe und sehe, dass du meiner Meinung nach einen Fehler machst, soll ich dann zulassen, dass du blind in dein Verderben rennst? Soll ich aus Respekt vor deiner Freiheit schweigen, obwohl ich denke, dass ich dir helfen könnte?

Wir finden nicht.

Die Liebe gibt den Eltern (und jedem anderen, der es gut mit einem meint) das Recht (und nimmt ihn in die Pflicht), sich einzumischen. Einmischen bedeutet hier: nachfragen, die eigene Meinung äußern, von eigenen Erfahrungen erzählen, aber natürlich nicht die Meinung des anderen abwerten, seine Privatsphäre missachten, die eigene Sichtweise über alles andere stellen, nur weil man der Vater oder die Mutter ist. Wenn Eltern sich gar nicht mehr in das Leben ihrer Kinder einmischen, ist das manchmal weniger ein Zeichen von Respekt als vielmehr ein Ausdruck von Trägheit, Gleichgültigkeit oder Angst vor der Reaktion des anderen.

Wenn Eltern sich liebevoll einmischen, kann das Kind etwas von dem annehmen, was sie zu sagen haben, und es als Bereicherung verstehen, ohne sich deshalb in seiner Autonomie beschnitten zu fühlen. Es kann den Rat auch einfach zurückweisen, jedoch ohne sich darüber zu beschweren, dass es besser gewesen wäre, sie hätten gar nichts gesagt.

Die »lästigen« Ratschläge der Großmutter, wie man mit einem Baby umgeht, können es durchaus wert sein, angehört zu werden, selbst wenn man sie nachher für sich ausschließt. Wenn erwachsene Kinder der festen Überzeugung sind, dass letzten Endes sie selbst entscheiden, was zu tun ist, was schadet es dann, sich andere Meinungen anzuhören, auch wenn es die der eigenen Eltern ist? Vielleicht ärgert man sich gar nicht so sehr über die Einmischung an sich, sondern weil man immer noch besonders empfänglich für die Kritik der Eltern und allzu sehr auf ihre Zustimmung angewiesen ist. Vielleicht ist es ein Hinweis darauf, dass man an diesem Punkt noch arbeiten muss. Das ist kein Grund zum Verzweifeln, denn vielleicht ist dieses Bedürfnis nach Anerkennung und Zustimmung der Eltern die letzte Abhängigkeit, von der man sich freimachen muss.

Die Phase, in der die Kinder erwachsen und die Eltern alt werden, ist für gewöhnlich eine Zeit, in der viele ungeklärte Dinge erneut an die Oberfläche kommen. Unterdrückter Groll, Fragen, auf die es nie eine Antwort gab, frühere Verletzungen, die nicht verheilt sind. Nicht immer sind solche alten Konflikte noch aktuell, aber wir haben jetzt andere Möglichkeiten, darüber zu sprechen oder mit ihnen umzugehen, deswegen kommen sie wieder ins Bewusstsein.

Deshalb ist es oft nötig und gut, in dieser Phase die Annäherung zu suchen, um das Verhältnis zu den Eltern zu klären und eine neue Form des Umgangs zu finden. Dieser Prozess verlangt ein großes Maß an Umsicht, denn die Gefühle auf beiden Seiten sind gleichermaßen tief und stark. Das wissen wir von vielen Menschen, die diesen Weg gegangen sind.

Wenn du eine solche Wieder-Begegnung beabsichtigst, solltest du zuallererst entscheiden, wie das Szenario aussehen soll. Am besten findet die Begegnung außerhalb der familiären Umgebung statt. Wähle einen neutralen Ort; ein gemeinsamer Ausflug oder ein gemeinsam verbrachtes Wochenende wären eine gute Idee. Anders als im Film entwickeln sich gute Gespräche langsam und benötigen Raum und Zeit, um das Gesagte zu verarbeiten. Besonders Väter sprechen besser darauf an, wenn sie etwas mit dem Sohn oder der Tochter unternehmen. Männer empfinden gemeinsame Unternehmungen als entspannend und reagieren weniger heftig als bei einer direkten Konfrontation.

Das Fernsehen gaukelt uns vor, dass sich alles durch eine Umarmung und den Satz »Ich liebe dich« lösen lässt. Aber so funktioniert das nicht. Die Details sind wichtig. Man muss ein paar Umwege nehmen, um an diesen Punkt zu gelangen.

Ein solches Gespräch sollte unter vier Augen stattfinden.

Gute Kommunikation findet selten in der Gruppe statt, schon gar nicht innerhalb der Familie. Wenn die ganze Familie beisammen ist, fällt man meist in alte Muster zurück, und die guten Absichten werden im Keim erstickt.

Sollte sich jeder diese Mühe machen?

Wir finden, ja.

Die Auseinandersetzung mit dem Vater oder der Mutter kann das wichtigste Ritual deiner ersten Lebenshälfte sein, der endgültige Schritt zum vollständigen Erwachsenwerden.

## Zum Schluss

Nun, da wir am Ende angelangt sind, stellen wir fest, dass das Buch chronologisch den einzelnen Entwicklungsschritten der Eltern-Kind-Beziehung folgt, auch wenn das gar nicht unsere ursprüngliche Absicht war.

Begonnen haben wir mit dem Kinderwunsch der Eltern, der oft früher existiert als das Kind selbst. Weiter ging es mit dem Annehmen des Kindes bei seiner Geburt. Dann folgten die wesentlichen Fragen der Kindheit, wie etwa die Erziehung. Wir sprachen über das Aufbegehren der Jugendlichen und das, was wir ihnen mitgeben können. Wir stellten fest, wie wichtig der Abnabelungsprozess ist und wie sich das Gesicht der Beziehung zwischen erwachsenen Kindern und ihren Eltern ändert …

Wenn wir diesem chronologischen Ablauf weiter folgen (und wir finden, das sollten wir), bleibt nur noch ein letzter Punkt in der Entwicklung der Eltern-Kind-Beziehung, vielleicht einer der schwierigsten. Aber welche Phase, über die wir in diesem Buch sprachen, ist schon einfach?

Die Rede ist von der Aufgabe der Kinder, die Eltern ins hohe Alter zu begleiten.

Es ist schwer zu ertragen, wenn die Menschen, die uns großgezogen haben, körperlich oder geistig abbauen. Der zunehmende zeitliche und pflegerische Aufwand führt oft zu Überforderung, begleitet von Schuldgefühlen und Selbstvorwürfen. Was tun angesichts dieser Situation, die vielen von uns bevorsteht? Wie stellt man es an, damit sowohl die schwächer werdenden Eltern als auch die längst erwachsenen Kinder möglichst wenig unter der Situation leiden?

Es gibt keine allgemeingültigen Antworten auf diese Fragen; wir können lediglich einige Anhaltspunkte geben.

Beginnen wir mit einem Satz, den wir oft von Leuten hören, deren Eltern alt werden. Da heißt es: »Sie haben sich um uns gekümmert, als wir klein waren, jetzt sind wir an der Reihe, uns um sie zu kümmern.«

Das ist ein sehr nobler Gedanke, der allerdings das Problem hat, dass er von einer Art Handel ausgeht. Und wir betonten ja bereits, dass wir nicht glauben, dass Kinder in irgendeiner Weise in der Schuld der Eltern stehen. Folglich brauchen sie auch nichts zurückzugeben.

Die Vorstellung, dass man in der Schuld der Eltern steht, führt automatisch zu dem Schluss, dass man verpflichtet ist, sich im Alter um sie zu kümmern. Und wie wir alle wissen, erfüllt man Pflichten im Allgemeinen eher widerwillig.

Es wäre wünschenswert, wenn wir uns deshalb um unsere alten Eltern kümmern, damit sie so gut wie möglich durch diese Lebensphase kommen. Dass wir sie aus eigener, freier Entscheidung begleiten und unterstützen, statt zu denken: »Mir bleibt ja gar nichts anderes übrig, nach allem, was sie für mich getan haben.«

Eine Hilfe, die durch die gemeinsame Geschichte erzwungen und von Schuldgefühlen getragen ist, kann nie die beste

Lösung sein und hat oft zur Folge, dass erwachsene Kinder bei der Pflege der Eltern über ihre eigenen Grenzen gehen, als wollten sie ihre eigenen Versäumnisse durch ein »Zuviel« wettmachen.

Wo liegt diese Grenze? Was ist zu viel?

Es ist nicht leicht, eine allgemeine Regel aufzustellen, aber wenn der Pflegende das Gefühl hat, dass sein eigenes Leben stillsteht, oder er genervt und verärgert ist, statt traurig darüber zu sein, wie es dem geliebten Menschen geht, kann es sein, dass diese Grenze überschritten wurde. Hier sollte man sehr genau achtgeben, denn sonst kann es passieren, dass die Kinder irgendwann voller Vorwürfe sind und die Eltern das Gefühl bekommen, für ihre Lieben nur noch eine Last zu sein.

Wenn diese Grenze erreicht ist, sollte man unbedingt darüber nachdenken, sich professionelle, qualifizierte Hilfe von außen zu holen, denn nur dann kann die Liebe intakt bleiben und wir können den Eltern in aufrichtiger, tief empfundener Zuneigung zur Seite stehen, in der Gewissheit, dass wir einzig und allein aus Liebe für sie da sind, egal, was kommen mag.

Das beinhaltet gleichzeitig auch unveränderten Respekt vor den Eltern und vor ihrer Entscheidung, wie sie ihre letzten Jahre verbringen wollen.

Mein Urgroßvater väterlicherseits war ein starker Raucher. Er rühmte sich, am Tag nur ein einziges Streichholz zu brauchen, nämlich das erste am Morgen, weil er danach eine Zigarette an der anderen anzündete. Er muss Mitte siebzig gewesen sein, als mein Vater und mein Großvater mit ihm zum Arzt gingen, weil seine Gesundheit sehr zu wünschen übrigließ. Der Arzt untersuchte ihn und stellte wie vorauszusehen fest, dass seine Lunge stark in Mitleidenschaft gezogen war.

»Sie müssen unbedingt mit dem Rauchen aufhören«, sagte er, nachdem er mit der Untersuchung fertig war. »Sonst sind Sie in ein paar Monaten tot.«

»Und wie lange hätte ich noch, wenn ich aufhöre?«, fragte mein Urgroßvater.

»Wenn Sie die Finger von den Zigaretten lassen, haben Sie bestimmt noch zehn Jahre!«, antwortete der Arzt mit einem hoffnungsvollen Lächeln.

»Zehn Jahre, ohne zu rauchen!«, entfuhr es meinem Urgroßvater. »Sie sind verrückt.«

Ich sage immer im Scherz, wenn der Arzt fünf Jahre gesagt hätte, wäre mein Urgroßvater vielleicht darauf eingegangen, aber zehn Jahre waren einfach zu lang.

Er rauchte weiter wie ein Schlot und starb zwei Jahre später.

Das soll keinesfalls ein Loblied auf das Rauchen sein oder gesundheitsschädliches Verhalten verherrlichen. Aber diese Geschichte zeigt, dass die Sorge um die Gesundheit im Sinne einer Lebensverlängerung nicht der einzige Punkt ist, wenn Entscheidungen über das Leben eines anderen zu treffen sind. Im Extremfall muss man auch bedenken, wie dieses verlängerte Leben aussehen wird. Vielleicht waren für den Urgroßvater die zwei Jahre als Raucher tatsächlich besser als zehn Jahre als Nichtraucher.

Kann man wirklich wissen, was besser für den anderen ist, ganz gleich, ob es sich um die Eltern oder die eigenen Kinder handelt? Die Wünsche unserer alternden Eltern im Blick zu behalten, abzuwägen, was ihr Leben lebenswert macht, ist eine Aufgabe, bei der wir Kinder besonders achtsam sein müssen, auch wenn das bedeutet, von dem egoistischen Wunsch Abstand zu nehmen, sie noch länger bei uns zu haben.

*Beglichene Rechnungen*

Auch wenn es für beide Seiten ein gutes Stück Arbeit bedeutet, ist die Beziehung zwischen den Eltern und ihrem erwachsenen Kind bestenfalls eine Beziehung, in der es keine offenen Rechnungen mehr gibt.

Ich bin dir nichts schuldig, und weil das so ist, erwächst alles, was ich tue, aus meiner Liebe zu dir.

Du bist mir nichts schuldig, und weil das so ist, erwächst alles, was du für mich tust, aus deiner Liebe zu mir.

# Nachwort

Die hawaiianische Sprache besitzt wesentlich weniger Wörter als die unsere.

Das Wort *majal* oder *mahalo* bedeutet wörtlich übersetzt so viel wie »Ich danke dir für das, was du für mich getan hast«.

Bemerkenswert dabei ist, dass man diesen Dank mit exakt demselben Wort erwidert: *majal*.

Wenn wir davon ausgehen, dass Sprache auch etwas über ihre Sprecher aussagt, zeigt das die große Weisheit der Hawaiianer. Denn wenn dort jemand etwas für einen anderen tut, bedankt er sich auch bei demjenigen für die Erlaubnis, ihm helfen zu dürfen.

In der Kultur dieser paradiesischen Inseln erhält derjenige, der gibt, genauso viel, wie er gegeben hat; der Ratgebende lernt selbst dazu, indem er sein Wissen weitergibt; wer einem anderen hilft, ist in der glücklichen Lage, helfen zu können.

*Majal* – Danke, dass du mir geholfen hast.

*Majal* – Danke, dass ich dir helfen durfte.

Nachdem wir so viele Monate gemeinsam an diesem Buch gearbeitet haben und ich ihn ein Leben lang kenne, könnte ich am Ende einen Satz sagen, der für viele Kinder Geltung hat:

Majal, Papa.

*Nachdem wir so viele Monate gemeinsam an diesem Buch gearbeitet haben und ich die besten Jahre meines Lebens mit ihm verbracht habe, entscheide auch ich mich am Ende für einen Satz, den alle Eltern so sagen könnten:*

*Majal, mein Sohn.*

# Quellenverzeichnis

## Filme

*Das Schicksal ist ein mieser Verräter,* Josh Boone, 2014.
*Der Pate I und II*, Francis Ford Coppola, 1972/1974.
*Der Herr der Ringe I–III*, Peter Jackson, 2001/2002/2003.
*Lars und die Frauen*, Craig Gillespie, 2007.
*Rapunzel – Neu verföhnt*, Nathan Greno und Byron Howard, 2010.
*Star Wars, Episode IV, V, VI,* George Lucas, 1977/1980/1983.
*The Kids Are All Right*, Lisa Chodolenko, 2010.
*Zurück in die Zukunft I–III,* Robert Zemeckis, 1985/1989/1990.

## Bücher


Auster, Paul (Hrsg.): *Ich glaubte, mein Vater sei Gott: Wahre Geschichten aus Amerika.* (Übersetzt von Thomas Gunkel) Rowohlt 2003.
Benedetti, Mario: *Danke für das Feuer*. (Übersetzt von Marie-Louise Nobs) Für die deutschsprachige Übersetzung: © 1987 Rotpunktverlag AG Zürich.
Bradshaw, John: *Das Kind in uns. Wie finde ich zu mir selbst.* (Übersetzt von Bringfried Schröder) Droemer Knaur 2000.
Bucay, Demián: *Mirar de nuevo*. Del Nuevo Extremo/Sudamericana 2002.
Burroughs, Edgar Rice: *Tarzan*. Heyne 2013.
Campbell, Joseph: *Der Heros in tausend Gestalten.* (Übersetzt von Karl Koehne) Insel 2011.
Dvoskin, Hugo: *De la obsesión al deseo*. Letra Viva 2001.
–: *El amor en tiempos de cine*. Letra Viva 2011.
–: *Pasiones en tiempos de cine*. Letra Viva 2014.

Gibran, Khalil: *Der Prophet.* (Übersetzt von Ursula Assaf) Patmos 2012.
Green, John: *Das Schicksal ist ein mieser Verräter.* (Übersetzt von Sophie Zeitz-Ventura) Hanser 2014.
Hermann Hesse: *Demian.* Suhrkamp 1974. Textauszug aus: Hermann Hesse, *Demian*, in: ders., Sämtliche Werke in 20 Bänden. Herausgegeben von Volker Michels, Band 3: *Roßhalde, Knulp, Demian, Siddhartha.* © Suhrkamp Verlag Frankfurt am Main 2001. Alle Rechte bei und vorbehalten durch Suhrkamp Verlag Berlin.
James, Oliver: *They f*** you up. How to survive family life.* Da Capo Press 2005.
Kipling, Rudyard: *Das Dschungelbuch.* (Übersetzt von Peter Torberg) S. Fischer 2016.
Lacan, Jacques: *Das Seminar, Buch* 8. (Übersetzt von Hans-Dieter Gondek) Passagen 2008.
Osherson, Samuel: *Finding Our Fathers.* MacGraw-Hill 2001.
Packer, Alex: *Wie erziehe ich meine Eltern. Das ultimative Handbuch für Jugendliche.* Schneider Buch 1995.
Rascovsky, Arnaldo: *Filicide. The Murder, Humiliation, Mutilation, Denigration and Abandonment of Children by Parents.* Jason Aronson Inc. Publishers 1995
Saint-Exupéry, Antoine: *Der kleine Prinz.* (Übersetzt von Peter Stamm) S. Fischer 2015.
Savater, Fernando: Ética para Amador. Ariel 1991.
Shelley, Mary: *Frankenstein.* (Übersetzt von Heinz Widtmann) Fischer Taschenbuch 2009.
Solomon, Andrew: *Weit vom Stamm. Wenn Kinder anders als die Eltern sind.* (Übersetzt von Henning Dedekind, Antoinette Gittinger, Enrico Heinemann, Ursula Held) S. Fischer 2013.
Zinker, Joseph: *Gestalttherapie als kreativer Prozess.* (Übersetzt von Lore Perls) Junfermann 1993.

Jorge Bucay

**Komm, ich erzähl dir eine Geschichte**

Aus dem Spanischen von Stefanie von Harrach

Mit zahlreichen Illustrationen von Gusti

Band 52171

»Jorge Bucays Geschichten haben eindeutig Suchtpotential.«

*Frankfurter Allgemeine Zeitung*

Jorge Bucays »Komm, ich erzähl dir eine Geschichte« ist Millionen Menschen auf der Welt zum treuen Begleiter geworden. Wie begegnet man den Wirrnissen des Lebens? Mit Geschichten, sagt der argentinische Psychotherapeut, der die Gabe hat, das Komplizierte einfach werden zu lassen. Reisen Sie mit durch Märchen und Gleichnisse, Zen-Weisheiten und Sagen – selten liest man so viel Leichtes und Witziges, Lehrreiches und Unterhaltsames über das Leben!

fi 52171 / 1

Jorge Bucay
**Eine traurige, gar nicht so traurige Geschichte**
Aus dem Spanischen von Lisa Grüneisen
Mit Illustrationen von Gusti
Deutsche Erstausgabe
Band 52080

Sofía ist elf, und sie kann nicht wissen, dass sich hinter der Kälte und Unnahbarkeit ihrer Großmutter die tragische Geschichte von Verlust und Schuld verbirgt. Jorge Bucay erzählt in dieser wundersam-traurigen und zugleich ermutigenden Geschichte von dem Unheil, das unverarbeitete Gefühle anrichten können, und davon, wie es gelingen kann, sich selbst zu verzeihen und ins Leben zurückzufinden. Mit farbigen Bildern des preisgekrönten argentinischen Illustrators Gusti.

fi 52080 / 2